古代歷史文化 研究輯刊

六 編

王明蓀 主編

第 **14** 冊

晚清東北基督教傳播及民教衝突（1860~1911）

楊福興 著

國家圖書館出版品預行編目資料

晚清東北基督教傳播及民教衝突（1860~1911）／楊福興 著 ——
初版 —— 新北市：花木蘭文化出版社，2011〔民100〕
目 4+228 面；19×26 公分
（古代歷史文化研究輯刊 六編：第 14 冊）
ISBN：978-986-254-608-6（精裝）
1. 基督教　2. 傳教史　3. 晚清史
618　　　　　　　　　　　　　　　　　　100015462

ISBN-978-986-254-608-6

9 789862 546086

古代歷史文化研究輯刊
六　編　第十四冊　　　　　　ISBN：978-986-254-608-6

晚清東北基督教傳播及民教衝突（1860~1911）

作　　者	楊福興
主　　編	王明蓀
總 編 輯	杜潔祥
出　　版	花木蘭文化出版社
發 行 所	花木蘭文化出版社
發 行 人	高小娟
聯絡地址	新北市永和區中正路五九五號七樓
	電話：02-2923-1455／傳真：02-2923-1452
網　　址	http://www.huamulan.tw 信箱 sut81518@gmail.com
印　　刷	普羅文化出版廣告事業
初　　版	2011 年 9 月
定　　價	六編 25 冊（精裝）新台幣 40,000 元

晚清東北基督教傳播及民教衝突（1860~1911）

楊福興　著

作者簡介

楊福興，1980 年 6 月 8 日生，彰化二林人，2004 年 6 月畢業於逢甲大學中國文學系，獲得文學學士學位；2009 年 7 月畢業於逢甲大學歷史與文物研究所，獲得文學碩士學位。撰寫碩士論文，承蒙周樑楷、查時傑、莊吉發、陳方中等老師指導論文，研究晚清東北基督教史，主題為「晚清東北基督教傳播與民教衝突（1860-1911）」，透過東北基督教傳教過程，重新檢視中西文化交流的歷史課題。

提　要

　　本文以咸豐十年（西元 1860 年）至宣統三年（西元 1911 年）基督教在中國東北地區傳播及民教衝突為研究重點。基督教在東北的傳教活動，反映出在華傳教工作的複雜性，其中包括自然環境、人為政策、內部問題、外力干擾等問題，同時也說明基督教在異質文化衝突的處境與關鍵性。《中法北京條約》簽訂後不久！清廷的禁教政策、東北的封禁政策也隨之解禁。於是傳教據點增加了，但是民教衝突也層出不層。民教衝突造成損傷過巨，傳教士為了重建據點，向清廷索取賠償，彌補精神上與物質上的損失，以復原東北的傳教工作。清廷與基督教為了處理民教衝突，透過和解、文化教育、慈善醫療，為東北傳教活動，開創新契機。

目

次

第一章 緒 論

　　本文以咸豐十年（西元 1860 年）中英天津條約中，議定開放牛莊爲起年，與清王朝結束，宣統三年（西元 1911 年）爲終年，討論這時期西方傳教士在東北傳播與其社會的影響。因此，逐條思考基督教在東北的傳教歷程、東北基督教置產與登記、東北民教衝突高峰傳教上的損害傷亡、基督教在東北衝突的調和方式。本文主旨在於脫離通論性大範圍論述的中國教會史，將焦點聚集於東北這個移民社會，希冀能在民教衝突的中國教會史，以及傳教士對中國近代社會影響的架構下，以個別區域探討。而後透過已有之研究基礎，以及筆者檢視到的檔案資料，勾勒出「晚清東北基督教傳播及民教衝突（西元 1860～1911 年）」的面貌。

第一節　研究動機及目的

　　雅各布・布克哈特（Jacob Burckhardt）是十九世紀（西元 1818～1897 年）的歷史學家，他在其著作《歷史的反思》中，論述關於國家、宗教和文化，以及這三種力量之間的相互作用，並被喻爲是「人類瞭解文明史的指南」。〔註1〕

〔註1〕布克哈特（Jacob Burckhardt，西元 1818～1897 年）被認爲是 19 世紀德語國家中與蘭克（Leopold Ranke，西元 1795～1886 年）、德羅伊森（Johann Gustav Droysen，西元 1808～1884 年）、蒙森（Theodor Mornmsen，西元 1817～1903 年）齊名的最重要的歷史學家。他屬於標榜爲「歷史至上主義」（Htistorismus）的研究學派，但他同時對 20 世紀的歷史及其歷史思想有獨到的預見。雅各布・布克哈特著，施忠連譯，顧曉鳴校閱，〈序〉，《歷史的反思》（臺北：桂冠出版社，西元 1992 年），頁 9～25。

雅各布‧布克哈特對於宗教的描述，直接點明宗教在人類社會的重要性。書中有一段是這樣描述：

> 宗教是人類本性形而上需要（metaphysical need）的表達方式，這種需要是永恆的和不可剝奪的。它們的偉大之處是它們代表了人的全部超感官的補足物（super sensual complement），以及人不能給予他自己的一切。與此同時，它們又是全部文明的民族和時代在一個偉大的「不同者」（a great「other」）身上的反映，或是說這些民族和時代打到永恆之上的印記和痕跡（the impress and contour）。〔註2〕

宗教是人性靈上的需要，此一需要是不受時間與空間的限制的，人們以這種超感官的產物，作爲人心靈空白處的填充，補足受限心理與生理的缺憾，基督教就是在這需求下產生的。在前述的背景下，民族與時代在歷史洪流產生的變異，就造成「宗教」的誕生。周樑楷在其〈歷思意識是種思維方法〉的史譜中，以虛線表Ｓ和Ｔ的關係，並以古諺天道、人道、地道作爲解釋二者之間的關係，當中的天道代表宗教自然；人道代表社會文化；地道代表國家區域，此論述與宗教、國家、文化交互作用的觀點不謀而合。〔註3〕又之，王成勉在其《教會、文化與國家：對基督教史研究的思索與案例》一書中討論基督教的研究方向，成書的靈感源自《歷史的反思》，其將「宗教」改易「教會」爲題。〔註4〕由此，亦知雅各布‧布克哈特定義「西方宗教」的角色非常貼切，因此談論教會史不免提及到教會、文化、國家三者之間的交互作用關係，才能窺得教會史的全貌。

本文題目晚清時代的斷線，以咸豐十年（西元1860年）中英天津條約中，議定開放牛莊爲起年，與清王朝結束，宣統三年（西元1911年）爲終年。東北區域界定方面，歷史上的中國東北一詞有廣義和狹義兩種解釋。廣義包括今遼寧、吉林、黑龍江三省和內蒙古自治區的赤峰市、通遼市、興安盟和呼倫貝爾市等地區。本文取狹義之說，僅指遼寧、吉林、黑龍江地區。

〔註2〕節錄自雅各布‧布克哈特著，施忠連譯，顧曉鳴校閱，〈三種力量〉，《歷史的反思》（臺北：桂冠出版社，西元1992年），頁32～48。

〔註3〕Ｓ：人的主體的意識和生命意識。Ｔ：從文化到自然。周樑楷，〈歷史意識是種思維的方法〉，收於《當代》，2006年2月，第112期，頁128～129。

〔註4〕王成勉，《教會、文化與國家：對基督教會史研究的思索與案例》（臺北：宇宙光全人關懷出版社，西元2006年）。

圖 1-1 奉天將軍所屬形勢圖

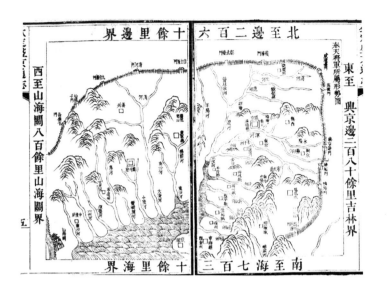

資料來源：遼寧省圖書館編，《盛京風物：遼寧省圖書館藏清代歷史圖片集》（北京：中國人民大學出版社，西元 2007 年），頁 46。出處：《欽定通盛京通志》。

圖 1-2 吉林將軍所屬形勢圖

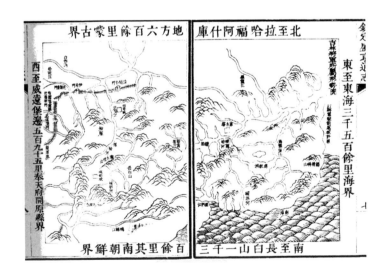

資料來源：遼寧省圖書館編，《盛京風物：遼寧省圖書館藏清代歷史圖片集》（北京：中國人民大學出版社，西元 2007 年），頁 89。出處：《欽定通盛京通志》。

圖 1-3　黑龍江將軍所屬形勢圖

資料來源：遼寧省圖書館編，《盛京風物：遼寧省圖書館藏清代歷史圖片集》（北京：中國人民大學出版社，西元 2007 年），頁 94。出處：《欽定通盛京通志》。

　　基督教定義的分界，廣義的基督教包括羅馬天主教（Roman Catholicism）、東正教（the Eastern Orthodox Church）和基督教（Protestantism）的眾多支派。廣義的基督教最初盛行於羅馬帝國，而後東羅馬和西羅馬的教會，經過長期分歧之後，在北宋仁宗至和元年（西元 1054 年）正式決裂。以東羅馬帝國（拜占庭帝國）為首的教會，被稱為「正教」（Orthodox Church），也稱「東正教」，盛行於東歐及舊俄國，以希臘為中心。〔註 5〕以西羅馬帝國

〔註 5〕中國東正教的發展，十七世紀中葉，沙俄政府派遣武裝人員占領黑龍江流域的雅克薩（俄人稱阿爾巴津）。隨軍中有一名叫葉爾莫根的東正教傳教士，他在雅克薩修建了一座教堂，定名為「主復活教堂」。五年後，他又在此處興建了一座修道院，取名為「仁慈救世主修道院」，此是東正教最初入華的記載。康熙二十四年（西元 1685 年）至康熙二十五年（西元 1686 年），經康熙皇帝批准，東正教司祭馬克西姆帶一批俄人來北京傳教。康熙五十一年（西元 1712年），馬克西姆去世，教堂失去領導人。康熙五十五年（西元 1716 年），沙皇彼得一世徵得中國皇帝的同意，決定正式派遣東正教傳教士團來華。從康熙五十五年（西元 1716 年）至民國二十二年（西元 1933 年），沙俄政府和俄國東正教會先後向北京派出共 20 屆傳教士團，傳教人員 200 餘人。在其傳教過程，建立了北京、哈爾濱、天津、烏魯木齊、上海五大教區。參閱樂峰，〈東正教與中國文化〉，《世界宗教研究》，第 4 期（北京，西元 2000 年），頁 77～78。

爲首的教會，則稱爲「公教」（Catholic Church），又以羅馬爲中心，故也稱爲「羅馬公教」（Roman Catholic Church），在中國則稱之爲「天主教」。〔註6〕公元十六世紀，德國馬丁路德（Martin Luther）提倡宗教改革，全國各地紛紛響應，脫離教皇的控制，自此教皇失去北歐教會陣地。〔註7〕馬丁路德所提倡的新教，以聖經爲依據，排斥羅馬教皇的權威，這就是所謂「恢原派」，亦稱「抗議派」（Protestantism，Protestant），在中國稱爲基督教或耶穌教，即狹義的基督教。〔註8〕本文討論的基督教範疇，包括天主教、耶穌教，東正教則不在討論的範圍，僅對西方的基督教探討之。其原因在於清代基督教檔案資料，關於天主教與耶穌教有部分割不明確，因此爲了便於論述，採取新舊教共同討論的方式。在主題的鎖定，以基督教的傳播及民教衝突爲討論中心，分析其在東北各階段的波動，顯示晚清東北社會與基督教之間的交互作用。

「晚清」此時期是中西異質宗教文化，互相激起衝突與融合，開啓中西方的宗教文化交流。最初，中國士紳認爲基督教的蠻夷文化，遲早會如同蒙古人、滿人一般被中國文化同化，但實非所願，西方文化竟是如此的強勢，不但沒有被同化反而激起了巨濤。〔註9〕雖然強勢的基督教文化，灌輸本土文化之後，也產生本色化的現象，或稱基督教中國化，但是西方的宗教文化仍處於強勢。〔註10〕晚清中西宗教文化交流，影響華人世界文化上的變異與中

〔註6〕祁伯爾（B.K.Kuiper）著，李林靜芝譯，〈教會分裂〉，《歷史的軌跡：二千年教會史》（臺北：校園書房出版社，西元1986年），頁102～107。

〔註7〕馬丁‧路德（Martin Luther，西元1483～1546年），新教宗教改革的發起人。他本來是奧斯定會的教士、神學家和神學教授，本來也想避免教會的分裂來達到教會改革的目的。他的演說和寫作天才以及他的令人尊重的爲人使他的主張獲得了很大的歡迎。他的改革終止了中世紀天主教教會在歐洲的獨一地位。他翻譯的路德聖經迄今爲止仍是最重要的德語聖經翻譯，其在艾斯萊本逝世。對路德而言，人與上帝溝通的方式乃只有神的話——聖經。參閱卓新平，《基督教小辭典》（上海：上海辭書出版社，西元2008年），頁198～199。

〔註8〕基督教以《聖經》爲依據，反對教會階級化與教士的教導，直接訴諸於聖經；天主教除了《聖經》外，還相信教會的傳授，以羅馬教會規範爲準則。基督教各派共同的經典爲《聖經》（Holy Bible），《聖經》由《舊約》和《新約》所組成，成書於公元前的經典爲《舊約》，成書於公元後的經典爲《新約》，合稱爲《聖經全集》。祁伯爾（B.K.Kuiper）著，李林靜芝譯，〈教會分裂〉，《歷史的軌跡：二千年教會史》，頁189～202。

〔註9〕呂實強，〈儒家傳統與反教〉，《中國官紳反教的原因（西元1860～1874年）》（臺北：中央研究院近史所，西元1985年），頁12～26。

〔註10〕「本色化」（indigenization）不只包含神學思想的努力，也包含「三自」的努

國的近代化，不僅改變了外部的生活方式，更改變儒教世界的性靈觀感，更增添了西方基督教性靈元素。中國社會文化在此衝擊之下，打破過去以儒、道、釋為主的社會，其也逐漸從保守轉至開放的社會形態，所以有許多學者致力於中國教會史，因其為中西交通史的重要課題。然而東北中西交流的奮起，與基督教傳教士能迅速進入傳教，始於《中英天津條約》的第十一款，其原文節錄如下：

> 廣州、福州、廈門、寧波、上海五處，已有江寧條約舊准通商外，即在牛莊、登州、臺灣、潮州、瓊州等府城口，嗣後皆准英商辦可任意與無論何人買賣，船貨隨時往來。至於聽便居住、賃房、買屋、租地起造禮拜堂、醫院、墳塋等事，並另有取益防損諸節，悉照已通商五口無異。〔註11〕

據上述論旨，說明因法商的請託，因而有開港傳教之議，事實上並非如此，是因為時勢所趨。隨著鴉片戰爭的發生，西方挾帶著工業革命資本化的能量，用武力威逼清廷，結束長達百年的鎖國政策，中國最終於也是要與世界接軌，自此兩方文化交流日益頻繁，因此中國社會產生了前所未有的變化。基督教的傳入，造成中西兩方之間的摩擦，衍生了許多社會文化上的問題，所以有許多學者專家致力於解決這些問題，但是大部分的論述，都偏向大範圍的歷史研究。基督教在華傳播的研究，由於史料庋藏豐富，加上外文資料不斷的湧出，所以研究者剖析這些問題時，真是曠日費時。由於大範圍論述過於龐雜，所以近年來不少學者已將研究取向，著重在區域性的地方研究。但是專論東北這個區塊的晚清基督教與地方社會的議題，仍少有學者戮力於此，故思成文以勾勒出基督教在東北的面貌，加以討論雖然不能畢盡其全功，但希冀對東北的中西文化交流方面，略盡綿薄之力。

　　東北基督教的傳教已行之有年，然而基督教何時傳入一直眾說紛紜。相傳羅馬天主教派遣使節到東北、內蒙古地區是在宋理宗淳祐五年（西元 1245 年），而在元史記載，成吉思汗統一蒙古部落之前，蒙古部族已有不少的上層

力：即教會的自立、自養、自傳。本意在於教會能在地紮根，不需要靠外國教會的援助。參閱楊森富，《中華基督教本色化論文集》（臺北：宇宙光全人關懷出版社，西元 2006 年），頁 2～3。

〔註11〕本條約於西元 1860 年 10 月 24 日在北京交換批准。本條約原無名稱，通常稱為《天津條約》，又稱為《中英續約》。本修約及專條見《咸豐條約》，卷 5，頁 6～18。英文本見《海關中外條約》，卷 1，頁 404～420。

貴族信奉景教。〔註12〕時至清代，傳教士南懷仁（Ferdinandus Verbiest）作爲康熙皇帝的隨從兩次到東北旅行，在南懷仁的日記中，記載了東北已有幾代的天主教徒。〔註13〕康熙三十三年（西元 1694 年），教廷制定教區的界線，北京管轄直隸、河南、山東、山西、陝西、四川、遼東、蒙古及高麗。〔註14〕東北成爲北京教區的一個分區。康熙四十八年（西元 1709 年）耶穌會傳教士進入東北，傳教士白晉（Joachim Bouvet）、雷孝思（J.B.Regis）、杜德美（Petrus Jartoux）奉皇帝之命到東北、蒙古各地勘測，製成了皇輿全覽圖。〔註15〕道光十八年（西元 1838 年），因爲河北、山東地區的天主教信徒多數移居到東北各地，於是熱衷海外傳教的額我略的十六世（Gregorius XVI），他把中國東北和蒙古合爲一個獨立的教區。〔註16〕

　　方若望（Emmanuel-Jean-François Verrolles）任滿洲及遼東首任代牧，至光緒四年（西元 1878 年）。〔註17〕方若望歿，杜伯勒（Constanit Dubail）接任滿洲代牧，至光緒十三年（西元 1887 年）。祁類思（Louis-Hippolyte-Aristide Raguit）升滿洲代牧，至光緒十五年（西元 1889 年）。然紀隆（Laurent Guillon）、

〔註12〕龔方震，《融合四方文化的智慧》（浙江：浙江人民出版社，西元 1990 年），頁 40。景教（Nestorianism）是第五世紀轟斯多略（Nestorius）所創立的教派。主張基督有兩個位格及兩性體，瑪利亞只是基督人性的母，非天主之母，公431 年被視爲基督教異端。參閱主徒會，《天主教英漢袖珍辭典》（臺北：恒毅月刊社，西元 2001 年），頁 289。

〔註13〕方豪，《中國天主教史人物傳》（北京：宗教文化出版社，西元 2007 年），頁 349。

〔註14〕趙慶源，《中國天主教教區劃分及其首長接替年表》（臺南：聞道出版社，西元 1980 年），頁 16。

〔註15〕方豪，《中國天主教史人物傳》，頁 432～433；白晉（Joachim Bouvet，西元 1656～1730 年），一稱白進，字明遠，原名若阿基姆‧布韋，耶穌會法國傳教士。白晉出生於法國芒市，西元 1678 年加入耶穌會，西元 1684 年受法王路易十四選派出使中國傳教，出發前被授予「國王數學家」稱號，入法國科學院爲院士。雷孝思（Joan Bapt Regis，西元 1663～1738 年），清初來華的天主教傳教士，字永維，法國人，西元 1697 年入耶穌會。康熙三十七年（西元 1698 年）來華，在北京學習滿、漢語文。杜德美（Petrus Jartoux，西元 1668～1720 年），清初來華的天主教傳教士。字嘉平。法國人。西元 1687 年入耶穌會。康熙四十年（西元 1701 年）來華，旋即北上赴京。參閱卓新平，《基督教小辭典》，頁 240、241、243～244。

〔註16〕額我略的是十九世紀偉大的傳教教宗。在十八世紀時傳教事業已停頓一時。但了十九世紀初，尚未起色。但至額我略的十六世，教務開始重整。參閱鄔保祿，《歷代教宗簡史》（臺南：聞道出版社，西元 1983 年），頁 366。

〔註17〕趙慶源，《中國天主教教區劃分及其首長接替年表》，頁 32。

蘇裴理斯（Marie-Félix Choulet）之後，光緒二十四年（西元 1898 年）東北分
為南北兩部，稱北滿及南滿教區。〔註18〕耶穌教的傳入，咸豐二年（西元 1852
年），德籍傳教士郭實臘（Karl Friedrich August Gützlaff）從暹羅（今泰國）乘
鴉片船來東北出售《聖經》，先到錦州，繼而到營口。因當時河口結凍，所乘
船只膠滯難行，改由蓋平縣（蓋縣）下船，地方官予以優厚的接待。〔註19〕
此時，東北才開始有基督新教的傳播。咸豐十年（西元 1860 年），蘇格蘭長
老會韋廉臣（Dr. A. Williamson），登陸牛莊經伯都訥（今吉林省扶餘縣境內），
先後到阿什河（今阿城市），三姓（今依蘭縣）等地散發《聖經》，遊歷布道。
這是目前所知最早見於記載的基督新教在東北地區的傳教。〔註20〕

　　本文於史料運用以清廷官方文書為主，主體架構以中央研究院近史所編
成《教務教案檔》，共七輯二十冊，時迄咸豐十年（西元 1860 年）總署成立
起至宣統 3 年（西元 1911 年）為止，匯編清廷教案教務的資料，以時間、
空間為經緯編排，其在研究中華基督教史立下基石。《清末教案》由中國第
一歷史檔案館與福建師範大學合編，按照年月編排，檢索較為容易。〔註21〕

〔註18〕同上註，頁 265～266。
〔註19〕郭實臘（Karl Friedrich August Gützlaff，西元 1803～1851 年），又名郭士立
　　　　生於德國東部波美拉尼亞出生。西元 1826 年，在荷蘭傳道會畢業。西元 1827
　　　　年先抵達爪哇，向當地的華僑學習漢語。西元 1828 年經新加坡去暹邏，繼
　　　　續在華僑中學習漢語和傳教。西元 1829 年接受倫敦會的津貼，前往馬六甲，
　　　　協助倫敦會工作。西元 1831 年，到澳門轉到廣州見馬禮遜，出任英國東印
　　　　度公司翻譯，並到中國海岸，搜集政治、經濟、軍事情報。西元 1832 年 2
　　　　月，他陪同英國東印度公司商業間諜林賽（Hugh Hamilton Lindsay 化名胡
　　　　夏米）乘坐「阿美士德號」商船北上，經廈門、福州、舟山、寧波、威海
　　　　衛等地，遠達朝鮮、日本。9 月返回澳門。同年 10 月，他乘鴉片商查頓商
　　　　船「氣精號」（Sylph），再次北上，到達東北牛庄（今營口）。參閱卓新平，
　　　　《基督教小辭典》，頁 264。
〔註20〕遼寧省地方志編纂委員會編，《遼寧省志·宗教志》（瀋陽：遼寧人民出版社，
　　　　西元 2002 年），頁 170；韋廉臣（Alexander Williamson，西元 1829～1890 年），
　　　　出生在蘇格蘭 Falkirk。他是七兄弟中的長子。年輕時任職於一個大型商業機
　　　　構，後來為來到中國傳教而進入格拉斯哥大學。他在大學學習文科和神學，
　　　　加入倫敦會來華的申請被接受。他在中國傳教七年時間，研究中文，並且旅
　　　　行。他的健康受到損害，於是在西元 1858～1863 年回到蘇格蘭修養。西元 1863
　　　　年，韋廉臣代表蘇格蘭聖經會（Narional Bible Society of Scotland）回到中國，
　　　　在山東煙台，並到處旅行（包括北京、蒙古和滿洲），散發中文聖經。參閱卓
　　　　新平，《基督教小辭典》，頁 276。
〔註21〕福建師範大學歷史系、中國第一歷史檔案館，《清末教案》，北京，中華書局，
　　　　1998 年。

《籌辦夷務始末》，清政府官修的對外關係檔案資料彙編，以諭旨、奏摺時間編輯，可以補充背景史料的不足。東北地方省志在其宗教篇，透過它可以聚焦地方區域上，以彌補通論性大範圍研究的不足。官辦報紙與今人期刊，對於此研究議題，有莫大的啓迪作用。但是大部分的中國基督教的研究，傾向討論通論性質的問題，對於個別區域著力不深。然而在地域性的研究，大部分論及廣東、福建等東南沿海省分，特別是在廣東，其是清代鎖國政策時，唯一的對外通商口岸，又接近葡屬的澳門，故中西交流特別密切，香港地區對此研究的成果頗豐。反觀東北地區，由於是清王朝的龍興之地，清廷在政策上保護，使得外來文化進入比較遲緩，所以基督教在此地區發展較晚，但是自從開放沿海通商口岸之後，基督教藉著殖民母國的力量，逐漸在東北開展起來，因此筆者以本文探究此時期的歷史脈絡，據「晚清東北基督教傳播及民教衝突（西元 1860～1911 年）」為題討論之。

第二節　研究回顧

　　基督教在華研究重要的相關著述，陳垣在撰寫《陳垣早年文集》、《陳垣集》兩書，探討西方宗教在華的傳教史，目的在於知己知彼，透過研究基督教在華傳史，瞭解西方的宗教文化，以加快中國現代化的腳步。〔註 22〕張星烺的《中西交通史料彙編》，該書收錄唐、元、明、清中西交通史料，爲中國基督教史的史料奠下基礎。〔註 23〕向達在其《中西交通史》一書，點出明清時期天主教西學東傳的課題。〔註 24〕方豪出版的《中西交通史》、《中國天主教人物傳》，前者爲明清中西文化交流史；後者爲天主教 305 位在華傳教士與平信徒的小傳。〔註 25〕王治心出版的《中國基督教史綱》，以本色化立場撰寫中國基督教史，闡述明清基督教對於中國社會文化的影響，繼而肯定基督教在華傳教的意義。〔註 26〕呂實強、李恩涵、王爾敏、王樹槐等，

〔註 22〕陳垣，《陳垣早年文集》，臺北：中央研究文哲所，1992 年；陳垣、黃夏主編，《陳垣集》，北京：中國社會科學出版社，1995 年 12 月。
〔註 23〕張星烺編注；朱傑勤校，《中西交通史料彙編》，北京：中華書局，2003 年。
〔註 24〕向達，《中西交通史》，上海：民國叢書編輯委員會編，1996 年。
〔註 25〕方豪，《中西交通史》，臺北：中國文化大學出版部，1983 年；方豪，《中國天主教史人物傳》，北京：宗教文化出版社，2007 年。
〔註 26〕王治心，《中國基督教史綱》，上海：上海古籍出版社，2007 年 3 月。

主持編纂中央研究院近史所庋藏清季總理衙門的《教務教案檔》。〔註27〕呂實強在其《中國官紳反教的原因》一書，點釋出中國反對洋教的原因，並非只有文化衝突說。〔註28〕李恩涵撰寫的《同治年間反基督教的言論》，討論同治年間的民間反教言論。〔註29〕王爾敏編輯《教務教案檔》時，對於中國基督教史產生了興趣，因而，將《教會新報》、《萬國公報》影印出版，促成基督教在華傳教史料的開拓。〔註30〕王樹槐出版的《外人與戊戌變法》一書，提到了基督教與中國現代化的看法。〔註31〕林治平創設宇宙光全人關懷機構，透過文字的傳媒，宣揚基督教與中國文化，推出宇宙光基督教與歷史文化叢書。〔註32〕

　　查時傑的《中國基督教人物小傳》，收錄了近代 40 位著名傳教士、平信徒的生平與資料，其中有 30 名是民國時期的人物，無疑是將中國基督教史的斷代，下移至民國時期。〔註33〕陳方中在其博士論文《法國天主教傳教士在華傳教活動與影響（西元 1860～1870 年）》中，以法國巴黎外方教會為其論文主軸，專論這個修會在華的活動與其影響。〔註34〕顧衛民的《基督教與近代中國社會》一書，時間橫跨範圍較大、從唐元的基督教一直描述至民國三十八年（西元 1949 年），屬於通論性的書籍。他檢視了西方及臺灣、香港的研究成果，在內容上較其他大陸學者有者不同的看法。從中國社會內部變化來看基督教在華傳教活動，認為中國上層官紳因外力的進入，產生對基督教

〔註27〕中研院近史所，《教務教案檔》（1～7）輯，臺北，中研院近史所，1974 年。

〔註28〕呂實強，《中國官紳反教的原因（西元 1860～1874 年）》，臺北：中國學術著作獎助委員會，1973 年。

〔註29〕李恩涵，〈同治年間反基督教的言論〉，《大陸雜誌》卷 35，期 3～6（臺北：中央研究院史語所，西元 1968 年），頁 32。

〔註30〕《教會新報》（Church News）是新教傳教士林樂知（Young‧John Allen）在上海創辦和主編的中文周刊，為清末最有影響的報刊《萬國公報》（Chinese GlobeMagazine）之前身。《教會新報》初名《中國教會新報》，西元 1868 年 9 月 5 日創刊，六年中總共出版發行 300 期，其中自西元 1872 年 8 月 31 日第 201 期起改稱《教會新報》，爾後自西元 1874 年 9 月 5 日第 301 期起更名《萬國公報》出版。姚興富，〈序〉，《耶儒對話與融合：《教會新報》（1868～1874）研究》（北京：宗教文化出版社，西元 2005 年）頁 1。

〔註31〕王樹槐，《外人與戊戌變法》，臺北：中央研究院近代史研究所，1980 年。

〔註32〕林治平，《序論合集》，臺北：基督教宇宙光全人關懷機構出版，2006 年。

〔註33〕查時傑，《中國基督教人物小傳》，臺北：中華福音神學院，1983 年。

〔註34〕陳方中，《法國天主教傳教士在華傳教活動（西元 1860～1870 年）》，臺灣師範大學：臺灣師範大學博士論文。

的排斥。〔註 35〕顧長聲的《傳教士與近代中國》文中，認爲基督教傳教策略和列強侵華政策是相結合的，以現今觀點看來皆有失偏頗，忽視傳教士在社會文化與教育活動，及對近代中國社會的影響。〔註36〕

　　中國教會史研究繁多，實在不能備載而至，筆者僅能將自己所處的研究環境略述一番。同樣，中國基督教史之研究，種類繁多議題複雜，時迄於唐元終於今時，非徒一篇窘文而能備至，僅能收錄近期議題關於晚清基督教史的論文，加以分類整理，遂分類四大主題：

一、民教衝突的研究

　　民教衝突的研究，以義和團議題爲最多，關於義和團的民教衝突，在光緒二十六年（西元 1900 年），華北基督教社群組織了教會武裝，與義和團發生了多次衝突。從某種意義上，他們的武裝活動已經是歷史悠久的集體性活動的防衛性組織。外國傳教士利用不平等條約得到的特權地位，領導基督教社群獲取並控制各種資源。作爲鄉村精英的傳教士，在天主教社群面臨危難的時刻，組織教徒武裝，度過了義和團的風暴。義和團民教衝突的高潮，天主教社群的武裝防禦活動，是內部環境和外部因素相結合的產物。〔註37〕對於外國教會在華持有武裝問題，晚清政府實行有限的禁止政策，這種政策由不同層次的基本政策和具體政策構成，造成表面看來是《大清律例》自身的法律彈性，與近代中外大局下的政教互動關係，根本原因還是晚清時期國力孱弱，政府無能，實施這種政策的目的是，爲了實現社會控制、維持中外相安、借用先進技術三個方面。該政策從咸豐三年（西元 1853 年）起步，至光緒三十四年（西元 1908 年）完備，實施到民國元年（西元 1912 年）清廷滅亡結束。其間，以光緒二十七年（西元 1901 年）爲界，分爲前後兩個階段，彼此相較政策呈現出類型由簡單而豐富、內容由粗疏而詳明、執行由鬆弛而嚴格的三大特徵。〔註38〕

　　義和團與基督教的衝突有相同之處，他們都是從宗教的角度理解光緒二

〔註35〕顧衛民，《基督教與近代文化》，上海：上海人民出版社，1996 年。

〔註36〕顧長聲，《傳教士與近代中國》，上海，上海人民出版社，1995 年。

〔註37〕〔德〕狄德滿，〈義和團和天主教徒在華北的武裝衝突〉，《歷史研究》，第 5 期（北京，西元 2002 年），頁 79～93。

〔註38〕楊大春，〈晚清政府關於外國教會在華持有武裝政策述論〉，《安徽史學》，第 5 期（合肥，西元 2003 年），頁 36～41。

十六年（西元 1900 年）的衝突，雙方都以宗教來解釋旱災、以宗教來解釋戰爭，也都攻擊對方的宗教及法術宣揚。因此，只有把主導雙方成員的宗教假設放在中心位置，才能全面和精確理解這場衝突。〔註39〕清廷對於義和團的官方態度，朝廷對神拳的借重提示其對中學正統的失望，故走向基層，在中國傳統異端方面，尋求救亡圖存的力量，但卻因此產生清廷不能控制的局面。清廷啓用怪力亂神的舉措，實際上促成了異端的上升，出現了各種怪力亂神的猖獗。在尊西崇新的大趨勢下，當中國文化在整體思想日益邊緣化的同時，原來的異端卻以一種詭論性的方式，不知不覺中成了正統。〔註40〕

次之，因信仰習俗的民教衝突，基督教與中國社會的衝突，主要是政治面的侵略，其中鄉土的迎神賽會，造成了民教衝突。西方傳教士無視這個傳統習俗，禁止教徒參加迎神賽會活動，民教衝突因此產生。士紳爲了維護其領導的權威，以及滿足自身心理需求，並在世紀末的嚴重乾旱，將原來存在的衝突推向高潮。〔註41〕祭祖的糾紛，祭祖衝突大多發生於祭祀產業、家族產業上的糾紛，以經濟利益爭奪爲引子，並介入行政、外交等手段，從而質變爲中西文化衝突的一種模式。因此，產權利益得失，是中國教民首先面對嚴峻的問題。同時，族群歸宿所帶來的認同感，也嚴重困擾著中國教民。中國教民在產權利益、族群歸宿與外來信仰間無從抉擇，其搖擺變易的形象，反映了身處祭祖糾紛困境，中國教民的兩難心態。〔註42〕中國教民的角色定位，晚清基督教憑藉武力進入中國，在社會上造就了一個特殊的社會群體。教民不祭祀祖宗，不繳納戲分，既違背中國舊有的傳統，又疏離現實的村社生活，還借助教會的權勢而獲得某些殊遇，對晚清傳統社會權勢格局形成衝擊，引發民教衝突。在晚清歷史條件和社會氛圍中，夾在華洋之間的教民，成爲非教民口中的「二毛子」，官方眼裡的「另類百姓」，洋人心中的「大清子民」，身分頗爲尷尬。〔註43〕習俗民教衝突的原因，基督教和中國習俗的衝

〔註39〕〔美〕〈柯文，義和團、基督徒和神——從宗教戰爭角度看 1900 年的義和團鬥爭〉，《歷史研究》，第 1 期（北京，西元 2001 年），頁 17～28。

〔註40〕羅志田，〈社會分野與思想競爭：傳教士與義和團的微妙互動〉，《清史研究》，第 1 期（北京，西元 2002 年 2 月），頁 48～61。

〔註41〕趙英霞，〈鄉土信仰與異域文化之葛——從迎神賽社看近代山西民教衝突〉，《清史研究》，第 2 期（北京，西元 2002 年 5 月），頁 68～75。

〔註42〕范正義，〈清末中西祭祖糾紛與中國教民〉，《廈門大學學報》（哲學社會科學版），第 5 期（廈門，西元 2002 年），頁 102～109。

〔註43〕鄧常春，〈晚清教民的尷尬身分：「二毛子」、另類百姓、大清子民〉，《西南民族

突是基督教和中國傳統思想衝突的延續，而且是在更廣泛層面上的民教衝突。〔註44〕

再之，以官紳爲主角的民教衝突，中國反基督教之所以這麼強烈，是基督教在華傳教事業所具有的侵略性質，引起了中國官紳的惡感，加上影響其所享有的社會利益、地位與尊嚴，因此基督教傳入有很大的影響，因此引起官紳的反彈，反駁以往以文化衝突的主軸，提出另一個思維方式。〔註45〕以官紳爲主角的實例，在同治八年（西元 1869 年），發生的安慶教案是，近代史上反抗外來侵略，捍衛民族利益的重大事件。參加這次反基督教抗爭有官紳及平民，但眞正的鼓動者和策劃者多爲官紳階層。此次基督教抗爭主要出於民族情感，信仰危機及文化衝突。〔註46〕清廷對教案的處理態度，採取了種種措施來預防教案，可惜效果不大。此後，清廷制定和實行的教案政策，大致上有損國家民族利益。〔註47〕在教案處理態度的實例，直隸總督曾國藩奉旨辦理天津教案期間，委屈求全奏請將平日頗得民心，並無大過的天津知府張光藻、知縣劉杰交部治罪。對於情輕法重之舉，曾國藩事後十分愧疚，爲挽回己疚，他對內外力爭判決從輕發落。然而張、劉二人，仍被朝廷從重流放黑龍江，曾國藩爲此憂傷終生。〔註48〕

最後，民教衝突的數據探討，提供新角度來看清末教案，即利用統計數據說明教案發生的各項因素。分析的重點著重於社會方面：反基督教的運動不僅受到當時清廷政策，以及傳教方式的影響，也與當時教士的素質、列強護教政策、中國官紳態度、風俗習慣、人民性格也有很大的影響。〔註49〕

大學學報》（人文社科版），第 177 期（成都，西元 2006 年 5 月），頁 217～222。

〔註44〕 溫欽虎，〈從近代教案看基督教和中國社會習俗的衝突〉，《甘肅社會科學》，第 3 期（蘭州，西元 2000 年），頁 47～53。

〔註45〕 呂實強，《中國官紳反教的原因（西元 1840～1874 年）》（臺北，中研究近史所，西元 1985 年），頁 195～201。

〔註46〕 黃文治、陸發春，〈安慶教案與近代官紳階層研究〉，《安慶師範學院學報》（社會科學版），第 4 期（安慶，西元 2006 年 7 月），頁 23～26。

〔註47〕 莫宏傳、郭漢民，〈清政府與近代中國教案〉，《貴州文史叢刊》，第 2 期（貴州，西元 2003 年），頁 19～23。

〔註48〕 孫春芝，〈曾國藩辦理天津教案中的懺傷——略論曾國藩對天津知府張光藻、知縣劉杰的處置〉，《西南師範大學學報》（哲學社會科學版），第 5 期（成都，西元 1998 年），頁 110～115。

〔註49〕 陳銀崑，《清季民教衝突的量化分析西元 1860～1899 年》（臺北，商務印書館，西元 1991 年），頁 2～3。

文化上的民教衝突引起的教案數量很少，而且在有關於文化的民教衝突的重大案例中，起了決定作用仍是列強的侵略，和教會勢力的不法行徑，充分說明文化上的民教衝突，僅是晚清教案的次要原因而已。那種認爲晚清教案的起因，主要是由於中西文化衝突的觀點顯然難以成立。〔註50〕民教衝突的興起與消亡，據統計從道光二十八年（西元 1848 年）青浦教案開始，到光緒二十六年（西元 1900 年）的義和團爲止，各地先後發生四百餘起教案。〔註51〕晚清民教衝突的原因很複雜，但就意識角度而言，在一定範圍內和一定程度上，民教衝突的規模和強烈度，不僅取決於西方教會如何做，也取決於地方民眾對他們如何看。〔註52〕民教衝突的調和，以巴黎外方傳教會爲例，在傳教經費來源上與法國政府雖有一定的關係，但就其本質而言，它首先是一個在組織上直屬於羅馬的傳教團體（Association），而非宗教修會（Congregation），其主要目的是協助傳信部建立遠東土著教會，因此巴黎外方傳教會，對於天主教中國化進行推動。本色化的過程，有益於彼此衝突的調和。〔註53〕另一面，清廷對基督教政策的變化，由禁止，限制到部分允許傳教再至放任乃至保護，從這一側面反映中國社會也在妥協，以致民教衝突日漸減少。〔註54〕

二、傳教士及其慈善事業的研究

傳教士其慈善事業形成的背景，中國很早就具備主權的各項要素，但在極爲優越的自我認同及王道觀念下，將中國延伸爲「天下」，阻礙了對外部世界的瞭解，也使近代外交體系與國際關係遲遲未能形成。鴉片戰爭後，在帝國主義強權政治和近代工業文明的雙重夾擊下，條約與主權的意識漸次萌

〔註50〕趙潤生、趙樹好，〈晚清教案起因的量化分析〉，《人文雜志》，第 2 期（西安，西元 1996 年），頁 112～115。

〔註51〕胡維革、鄭權，〈文化衝突與反洋教鬥爭——中國近代「教案」的文化透視〉，收於《東北師大學報》（哲學社會科學版），第 1 期（長春，西元 1996 年），頁 20～29。

〔註52〕程歟、張鳴，〈晚清鄉村社會的洋教觀——對教案的一種文化心理解釋〉，《歷史研究》，第 5 期（北京，西元 1995 年），頁 108～116。

〔註53〕郭麗娜、陳靜，〈論巴黎外方傳教會對天主教中國本土化的影響〉，《宗教研究》，第 4 期（北京，西元 2006 年），頁 128～134。

〔註54〕朱雲鵬、盧國強，〈從清政府對西洋教態度的變化看中國近代社會的半殖民地化〉，《柳州師專學報》，第 4 期（柳州，西元 1996 年 12 月），頁 5～10。

生，並逐步從維護「天朝體制」轉化爲近代主權觀念。〔註55〕在此背景下，西方教會利用政治手段，達到其傳教目的，使得中國百姓不滿，成爲近代教案頻繁發生，和義和團變亂的基本因素。〔註56〕後期民教關係的調和，是由於中國百姓的反抗，和傳教士對中國瞭解加深，再加上教會內部的變化，促成其傳教策略的改變。教會開始包容中國文化，拉攏士紳階層，興辦高等教育，希望重回上層的傳教路線，同時也加快其內部的改革。〔註57〕

　　傳教士在華的經濟活動，其利用不平等條約，藉傳教之機，廣泛從事各種經濟活動，對中國傳統社會小農經濟結構產生了影響。〔註58〕爲了經濟上的活動，傳教士始有在華置產的想法，西方教會在近代中國通商口岸購置地產的法律是，依據《南京條約》、《黃埔條約》和《天津條約》等，而在內地置產的依據是中法咸豐十年（西元 1860 年）《北京條約》（中文本）、同治四年（西元 1865 年）柏爾德秘密協議，與光緒二十一年（西元 1895 年）的內地置產協議。各教會在華置產的規模和數量相差懸殊，方式及用途相異，對近代中國社會的影響也格不相同。〔註59〕整體而言，傳教士置產項目，以慈善機構爲多，教會團體及傳教士認爲治病救人效法了耶穌基督生前的濟世善舉，既是一種有效的傳教手段，同時也是一項有利民生的慈善事業。教會創辦醫療的主要目的，本是以治病施藥爲手段，吸引中國百姓信仰基督教，但間接地緩解了鄉村和邊疆地區缺少醫藥的狀況，推動了西方的醫療技術在中國的傳播和發展，培養了人們的公共衛生意識，促進了中國社會風俗的改良。道光十五年（西元 1835 年）開始，醫藥事業不斷擴大，成爲基督教在華，僅次於布道、教育事業的第三大傳教方式。〔註60〕醫療活動是在華基督教事業中，一個重要的構成部分，它的開創和發展本意上，是爲了服務於基督教傳

〔註55〕馬自毅，〈從「天下」到「主權」——從條約、傳教看清末社會觀念的變化〉，《史林》，第 6 期（上海，西元 2004 年），頁 15～22。

〔註56〕陳重耕，〈基督教在中國近代傳教權的攫取〉，《文山師範高等專科學校學報》，第 1 期（文山，西元 2003 年 3 月），頁 40～42。

〔註57〕呂厚軒、張偉，〈清末基督教在華傳教策略改變述論〉，《濟南大學學報》，第 6 期（濟南，西元 2004 年），頁 34～38。

〔註58〕任念文，〈清末在華教會、傳教士的經濟活動及其影響述略〉，《晉陽學刊》，第 3 期（太原，西元 2002 年），頁 79～84。

〔註59〕王中茂，〈近代西方教會在華購置地產的法律依據及特點〉，《史林》，第 3 期（上海，西元 2004 年），頁 69～76。

〔註60〕陳建明，〈近代基督教在華醫療事業〉，《宗教學研究》，第 2 期（北京，西元 2000 年），頁 96～104。

教事業，但在無形中卻成爲中國醫療衛生近代的推手。〔註61〕教會醫療對於邊疆地區的幫助，西方醫藥科學和技術也直接輸入到中國邊疆少數民族地區，雖然從而通過這種手段逐步擴大了基督教社會的影響，同時也促進邊疆地區醫療衛生事業的發展。〔註62〕

同樣，位於邊疆的東北，在二次鴉片戰爭後，營口被開闢爲商埠，基督教開始向中國東北發展。爲了消弭人民的抵抗情緒，順利發展教會事業，基督教差會採取以醫療活動掩護「福音」傳播的措施。司督閣在中國東北的醫療布道活動，就是在此背景進行的。醫療活動爲傳教開闢了道路，同時也促進了東北地區西醫事業的發展。〔註63〕晚清政府對待教會醫療事業的態度和政策，在嚴禁基督教的政策下，清廷對教會醫療事業採取了容忍的態度和政策。在兩次鴉片戰爭間，清廷在不平等條約的壓制下，被迫接受教會醫療事業，但是仍想加以抗拒。第二次鴉片戰爭後，條約制度得建立，與此同時，清廷對外來文化的態度發生了變化。此後，清廷對教會醫療事業的態度和政策雖有變化，但基本上是保護、支持和利用的態度和政策。〔註64〕清廷與基督教的外交關係，也受醫療傳教的影響，一些醫學傳教士充任中國領事和外交官；有的以客卿身分參與外交，有的積極對外交施加影響，他們在不同程度上對近代中國外交產生了直接或間接的影響。〔註65〕

除了醫療傳教，教會在其他的慈善事業也不遺餘力，有育嬰機構的成立，教會與晚清政府常因育嬰政策不同，演變成中外交涉。在此背景之下，形成由地方官府和民間興辦育嬰堂，與教會育嬰堂相互競爭的種類型，教會育嬰機構不斷成長，和育嬰政策逐步放寬有關。〔註66〕平時的慈善事業外，當災荒發生時，教會也全力投入，因爲傳教士在傳播上帝「福音」的同時，將賑

〔註61〕田濤，〈清代民初在華基督教醫療衛生事業及其專業化〉，《近代史研究》，第5期（北京，西元1995年），頁169～185。

〔註62〕王東、徐永志，〈清末民國西方教會在邊疆民族地區醫療衛生活動述略〉，《經紀人學報》，第3期（北京，西元2006年），頁100～103。

〔註63〕邱廣軍，〈司督閣在中國東北施醫布道初探〉，《遼寧師範大學學報》（社會科學版），第5期（瀋陽，西元2005年9月），頁116～118。

〔註64〕李傳斌，〈晚清政府對待教會醫療事業的態度和政策〉，《史學月刊》，第10期（開封，西元2002年），頁41～46。

〔註65〕李傳斌，〈醫療傳教與近代中國外交〉，《南都學壇》（人文社會科學學報），第4期（南陽，西元2005年7月），頁27～30。

〔註66〕楊大春，〈晚清政府的教會育嬰政策述論〉，《貴州師範大學學報》（社會科學版），第4期（貴州，西元2000年），頁80～83。

災作爲其傳教事業的一部分，而將近代西方救濟思想傳到中國，深刻地影響和改變了中國民間救濟事業的發展方向。〔註 67〕最著名的實例應屬「丁戊奇荒」時期的賑災活動，英國傳教士李提摩太（Timothy Richard）積極參與「丁戊奇荒」賑災。他的賑災行爲，直接使災民受益，贏得災民的尊敬。他的實地災情報告，被刊載於申報中，標題爲李提摩太等西方人是賑災的榜樣。他救災的善舉得到了清朝官員的承認與支持，這也是日後李提摩太之所以能夠廣泛涉足中國政治，與他賑災獲得的社會聲望有關。〔註 68〕

三、教會教育事業的研究

　　教會教育事業的研究，中國近代教會學校是西方傳教士傳揚「基督福音」的過程中，附帶介紹西方文明的一部分，整個近代教會學校的形成過程，是基督文明對儒家文明主動攻擊和適應的過程，也是儒家文明向基督文明的反抗、屈服和學習的過程。中國近代教會學校在一定的意義上，就是西方基督文明在近代中西交流的一種形式，這種形式也爲中國教育的近代化，提供了動力和學習的典範，進而推動整個儒家傳統文化的創新提供了殷鑒。〔註 69〕教會學校的特點，就是以西式的教學方法，在中國這個還是科舉制度的國家引起了化學變化。教會學校在課程設置、招生對象、教學等方面，完全不同於中國的學堂制度。〔註 70〕辦教育雖與其他侵華活動不同，它也有侵略的一面，與中國利益交合的部分。教會學校是中西文化交流的重要橋樑，它爲中國培養一批人才，把新的教育模式帶到中國，爲一些人創造學習的條件。〔註 71〕同樣，位於邊疆的

〔註 67〕華洋義賑會（全稱「中國華洋義賑會救災總會」）就是新教救災思想主導的產物。它誕生於 20 世紀 20 年代初，終結於 40 年代末，是由傳教士與中國社會新興力量聯合籌設的一個專業性救災組織，最盛時影響遍及全國 16 個省，設立地方分會、事務所、賑務顧問委員會 17 個，成爲當時全國最大的民間性救災組織。參閱蔡勤禹，〈傳教士與華洋義賑會〉，《歷史檔案》，第 3 期（北京，西元 2006 年），頁 73～79。

〔註 68〕高鵬程、池子華，〈李提摩太在丁戊奇荒時期的賑災活動〉，《社會科學》，第 11 期（上海，西元 2006 年），頁 132～138。

〔註 69〕劉金玉，〈中國近代基督教教會學校的生成探討〉，《衡陽師範學院學報》（社會科學），第 1 期（衡陽，西元 2004 年 2 月），頁 111～115。

〔註 70〕何華偉、鐘海濤，〈晚清教會學校的特點〉，《首都師範大學學報》（社會科學版），增刊（北京，西元 2004 年），頁 12～14。

〔註 71〕趙啓重，〈教會學校在中國近代教育史上的地位〉，《松遼學刊》（社會科學版），第 2 期（四平，西元 1995 年），頁 27～31。

東北，隨著「營口」開港，西方列強勢力的侵入，基督教傳教士也紛至沓來，遍布了東北的城鎮和鄉村，傳教布道，創辦學校。從十九世紀末到二十世紀中葉，基督教在東北創辦了幼稚園、小學、中學、女學到大學等，體制完備、制度健全的不同類別的學校。其目的在於傳播宗教，同時也對東北的教育事業，在客觀上促進中西學交流的作用。〔註72〕受教的對象也不同以往，教會女子學校的產生，改變了中國婦女教育的現狀，直接催生中國第一批女子學校，而這種影響已超出宗教範圍。〔註73〕在教育文化的報導上，對於《萬國公報》有深入探討，儘管《萬國公報》不是一份教育專業期刊，但它卻是晚清來華傳教士，介紹西方近代教育制度和理論的一個重要媒介。傳教士當時所撰寫或翻譯的教育學著作，大部分內容在該刊連載，有時在該刊優先發表，有時在該刊部分發表，有時是廣告宣傳。該刊還發表了一些教育學的論文，所涉及的內容較為豐富，這些都是非常有價值和影響的。〔註74〕

　　教會教育事業，並非只有學校教育，在晚清時期，基督教在中國的出版事業蓬勃發展，教會及教士在中國設立許多出版機構，出版了包括自然科學和社會科學在內大量書刊，並通過贈閱等手段得到較大範圍的傳播。基督教在華的出版事業無疑是為了傳教服務的，其作用主要表現幾個方面，其一，直接推動了中國近代出版事業的產生與發展；其二，極力促進西學在中國的傳播；其三，對晚清中國的政治走向產生了很大的影響。〔註75〕雖然西學的傳播在晚清達到了一個高潮，但傳播的速度與深入的程度如何，卻是一個值得探討的問題。因為洋務運動官員的提倡，與啟蒙思想家的吶喊，並不完全等於人民大眾的實踐，而且大眾對西學的體認，也與知識界與官界有相當大的差距。以往的研究只著重上層階級對西學的認知及體驗，對於一般士人及大眾對於西學的態度並不明。〔註76〕對於此，筆者舉山東教育傳播為例，清

〔註72〕高樂才、鄒丹丹，〈近代中國東北基督教教會學校評析〉，《長春師範學院學報》，第5期（長春，西元2006年9月），頁50～53。

〔註73〕楊瑞，〈近代中國基督教教會學校與清末女子教育〉，《吉林廣播電視大學學報》，第2期（長春，西元2007年），頁116～120。

〔註74〕孫邦華，〈《萬國公報》對西方近代教育制度的植入〉，《北京師範大學學報》（人文社會科學版），第3期（北京，西元2002年），頁99～107。

〔註75〕楊清芝，〈晚清時期基督教在中國的出版事業〉，《重慶師範大學學報》（哲學社會科學版），第2期（重慶，2006年），頁70～75。

〔註76〕張曉靈，〈晚清西書的流行與西學的傳播〉，《檔案與史學》，第1期（上海，西元2002年），頁36～43。

末民初基督教在山東傳播形式的變化，致使教會教育在山東普遍興起。隨著教會教育的發展，官方成立新式教育的起步，兩種教育形式形成了互相競爭，相互促進的態勢，進一步推動了山東教育文化現代化的過程。〔註77〕

　　在教會教育事業發展的迅速時期，中國知識分子的態度又如何呢？基督教代表的西方文化傳入中國後，雖遭到排斥與拒絕，但自傳入之日起，中國的知識分子即開始與西方文化接觸、吸納西方文化。從平民到學識廣博的學者、文人，從資產階級維新派到民主革命者，從新文化運動到一批作家、詩人，清末民初以來，中國知識分子分別透過各種途徑，改變著與基督教敵對的態度，進而轉變成資助、西學東漸、改良、革命、改造民眾的有利武器和工具。而接納的過程又是一個揚棄的過程，它不僅促進了中國文化近代的新陳代謝，更為世界文化廣泛交流有卓越貢獻。〔註78〕以梁啓超與西學接觸的過程，可略知一二，他透過西方傳教士李提摩太的介紹，漸漸對於西學洞識，從「盲目崇洋」而發展出，對西方文化有批判性的選擇，與接受之心路歷程，並指出他在早期對西方傳教士所代表的「文化訊息」，已經能夠分辨出現代學術文化的意義和價值、西方宗教傳統及成見、西方列強在華的既得利益和需求。〔註79〕

四、地方區域性研究

　　臺灣基督教的區域研究，莊吉發透過光緒十九年（西元1893年）的夏季清冊分類列表整理與分析，主要根據檔案文獻資料，旨在說明臺灣基督教會的傳播與發展。經營上，集中於清朝中後期；經營地域方面，以臺灣南部為中心，向北滲透。臺灣基督教會在辦文化教育、醫療等事業，客觀上也很有貢獻。〔註80〕黃德寬翻譯的《天主教在臺開教記》，這本書是西班牙道明會傳教士書信來往的總匯，記述當時傳教士在臺灣遭遇的情況，和教會對大環境

〔註77〕任銀睦，〈清末民初基督教在山東的傳播與山東教育的教育文化現代化〉，《聊城大學學報》（哲學社會科學版），第2期（聊城，西元2002年），頁67～71。

〔註78〕夏俊霞，〈清末民初知識分子對基督教的接納與認同〉，《世界宗教研究》，第3期（北京，西元1999年），頁75～86。

〔註79〕陳啓雲著、宋鷗譯，〈梁啓超與清末西方傳教士之互動研究——傳教士對於維新派影響的個案分析〉，《史學集刊》，第4期（長春，西元2006年7月），頁79～96。

〔註80〕莊吉發，〈清代臺灣基督教的教堂分布及其活動〉，《清史論集（十四）》，（臺北：文史哲出版社，西元2004年），頁267～297。

改變下所做的調整，都有詳細的記錄。這類書信是可靠的史料，而且許多做臺灣基督教史的學者，需要引用的史料。這些書信的產生，是由於傳教士都有各自屬於的修會與差會，他們定期都必須向其上級單位，報告其工作狀況，書信就是這背景產生的。〔註81〕

　　基督教在西南地區的傳播，早在康熙二十九年（西元 1690 年），法國天主教即已進入苗族主要聚於雲南、貴州、四川等省，但由於中國政府和中國法律的制約，傳教活動並不順利。直到鴉片戰爭前的一百五十年中，僅在四川彭水縣城、柘坪、文復等地建立了教堂和拓展教務。〔註82〕在四川東部的湖北省，其長陽擔子山堂口依靠徵收「養臘錢」、「柴臘錢」，以及經營地產形成了，較為固定的經濟運行機制，為學校和慈善事業以及教會的其他工作，奠定了經濟基礎。而在學校管理和慈善工作中，外國傳教士既依靠中國教徒進行運作，又廣泛結交軍政要人和地方官紳尋求經濟支持，為教會的發展贏得了廣闊的空間。〔註83〕再往東邊的江蘇美國監理會，在同治九年（西元 1870 年），於蘇州開創了教會事業。在此後的幾十年間，監理會在蘇州的傳教事業是成功的。成功的原因歸於監理會親和的面對地方社會，因此贏得蘇州社會各階層的好感，也得到包括兩江總督劉坤一、江蘇巡撫恩壽、江蘇巡撫鹿傳麟等，在內的地方官員大力支持。監理會提高「自養」水準，努力不依賴母會的撥款，與提出教會在華的領導權最終得移交給華人，在此「本色化」的方針下，自然衝突減少許多。〔註84〕

　　在中國北方區域，法國人巴斯蒂用法國的檔案資料說明，直隸省義和團變亂的前夕，教民和非教民之間存在激烈敵對，並不能準確地反映出直隸正定府代牧區的情況。因為從保定、北京、獻縣等地得出的結論不應被普遍化，而要對天主教教民融入當地社會的情況，進行深入的瞭解、與客觀具體的研究，因此不能以狹隘單獨區域評價義和團反對洋教鬥爭的性質，也不能判定

〔註81〕費南德茲（Fernandez, Pablo）、黃德寬譯，《天主教在臺開教記：道明會士百年的耕耘》，臺北：光啟出版社，1991 年。

〔註82〕石朝江，〈天主教、基督教在西南苗族地區的傳播和影響〉，《貴州社會科學》，第 6 期（貴陽，西元 1997 年），頁 93～97。

〔註83〕龍群、張議丹，〈來華傳教士鄉村經濟活動研究（西元 1840～1949 年）——以長陽擔子山堂山為個案〉，《重慶社會科學》，第 6 期（重慶，西元 2007 年），頁 83～87。

〔註84〕王國平，〈晚清美國監理會在蘇州傳教活動的若干特點及影響〉，《社會科學》，第 5 期（上海，西元 2006 年），頁 67～72。

這種抗爭在何種程度上，可稱爲民族主義和反對帝國主義的運動。〔註 85〕在陝西的基督教傳教，張曉紅透過對晚清至民國時期陝西基督教宣教區進行個案研究，指出以功能文化區形式出現的宣教區，其空間結構特徵，一方面受制於中國傳統的文化地域格局，另一方面，則與各差會在陝西發展的歷史過程，與權力關係有著密切的關係。〔註 86〕陝西三邊的基督教傳播，湯開建、馬占軍利用《教務教案檔》、《清末教案》等清宮檔案資料及其他第二手材料，結合西人著作，對聖母聖心會從同治十三年（西元 1874 年）到民國四年（西元 1914 年）間，三邊地區的傳教活動作了較爲系統的梳理，展現聖母聖心會在陝西三邊的面貌。〔註 87〕

　　在塞外的傳教史方面，古偉瀛在其《塞外傳教史》中集合數篇文章，以呈現在塞外傳教的各種層面，不論在宏觀面，微觀面，或人物方面都有詳細的介紹；並附有數十幀珍貴照片及地圖，更有來華聖母聖心會士的中外文名冊，以及三百多位民國三十九年（西元 1950 年）以前在塞外傳教的外國籍神父資料，在塞外傳教史資料極爲珍貴，是一本研究塞外傳教史值得參考的資料。〔註 88〕在寧夏地區，湯開建、馬占軍以時間爲主線索介紹了，聖母聖心會在寧夏傳教的四個階段，分爲寧夏開教時期、寧夏傳教的初期、寧夏的兩起教案、寧夏傳教的發展時期，較爲全面和系統地梳理了，該會晚清時期在寧夏四十年的傳教活動。〔註 89〕在呼和浩特的情況，張或撰寫聖母聖心會的傳教，分爲晚清時期、民國時期。晚清時期，聖母聖心會傳教士把傳教的重點放在鄉村，在呼和浩特並無所作爲。進入民國後，調整傳教策略，遷址主

〔註 85〕　〔法〕巴斯蒂，〈義和團運動期間直隸省的天主教教民〉，《歷史研究》，第 1 期（北京，西元 2001 年），頁 29～45。

〔註 86〕　功能文化區：一種重要的文化類型，目前在我國歷史文化地理學研究中並沒有受到重視。究其原因，是因爲中國傳統文化的地域分布多以形式文化區，或是感覺文化區的形態出現，很少能構成眞正意義上的功能文化區。參閱張曉紅，〈晚清至民國時期陝西基督宣教區研究〉，《中國歷史地理論叢》，第 4 期（上海，西元 2006 年 10 月），頁 39～52。

〔註 87〕　湯開建、馬占軍，〈晚清天主教在陝西三邊的傳播〉，《西北師大學報》（社會科學版），第 4 期（蘭州，西元 2004 年 7 月），頁 53～59。

〔註 88〕　古偉瀛，《塞外傳教史》，臺北：光啓文化出版社，2002 年。

〔註 89〕　湯開建、馬占軍，〈晚清聖母聖心會寧夏傳教述（西元 1874～1914 年）（上）〉，《西北民族研究》，第 1 期（蘭州，西元 2004 年），頁 50～66；湯開建、馬占軍，〈晚清聖母聖心會寧夏傳教述（西元 1874～1914 年）（下）〉，《西北民族研究》，第 2 期（蘭州，西元 2004 年），頁 31～39。

教府，興辦醫院、學校等公益事業，取得較大的成果。〔註90〕

　　在東北基督教的區域研究，曹曉峰、徐海燕從結構功能主義的角度看，遼寧基督教團體自身是一種有機體，是一種擁有組織功能與運轉機制的有機體系，作用於宗教信奉者進行宗教活動，和宗教生活有關的機構、團體、組織、社區或其他形的群體。運用社會人類基本概念與理念對遼寧基督教團體的組織形式與運作機制的部分，並提供認識和理解遼寧基督教組織的新角度。〔註91〕在吉林省方面，徐炳三認為近年來學術界，對於中國基督教區域史的研究取得很大的成果，但對中國東北基督教史的研究力度卻明顯不足，所撰寫文章對近代吉林省天主教的傳播和發展情況作一簡要概述。〔註92〕同樣的，邱廣軍也撰寫一篇關於近代吉林省傳教活動的探察文章，內容關於英國基督教長老會傳教士高積善，在近代吉林地區傳教幾十年。在此之際，他像在華其他傳教士一樣，遭到當地人民強烈的反抗。他排除阻力，傳播基督教，採取以創辦施醫院、開辦醫療助手培訓班等輔助傳教。這些活動幫助他成功地把基督教傳入吉林地區的同時，也把西方醫學知識和技術輸入此地，在一定程度上促進了該地區西醫事業的發展。〔註93〕在黑龍江區域舒景祥介紹黑龍江省天主教、基督教概況及其教徒信仰趨向的調查分析結果，提出了加強全省天主教、基督教工作的措施和總體思路。〔註94〕

　　在比較完備的研究基礎上，邱廣軍探究營口被開闢為商埠，東北門戶在外國列強的炮口下打開了。在不平等條約的保護下，基督教的差會開始向東北派遣傳教士，開展傳教活動。由於中西方文化傳統差異，以及近代基督教借助強權庇護進入中國等因素的影響，初來東北的傳教士遇到當地社會各階層的強烈排斥。為了緩解人民的抵抗情緒，順利發展教會事業，傳教差會利用教育、醫療、慈善等活動作媒介，以達到傳播福音的目的。在這些方法中，以醫療活動

〔註90〕張彧，〈聖母聖心會呼和浩特傳教述論〉，《陽山學刊》，第 6 期（陽山，西元2006 年 12 月），頁 24～27。

〔註91〕曹曉峰、徐海燕，〈遼寧宗教團體組織形式與運作機制的社會人類學研究〉，《社學科學輯刊》，第 4 期（瀋陽，西元 2003 年），頁 41～45。

〔註92〕徐炳三，〈近代天主教在吉林省的傳播和發展〉，《中國天主教》，第 2 期（長春，西元 2006 年），頁 37～39。

〔註93〕邱廣軍，〈高積善在近代吉林傳教活動探察〉，《長春師範學院學報》（人文社會科學版），第 4 期（長春，西元 2007 年），頁 36～39。

〔註94〕舒景祥，〈關於黑龍江省天主教、基督教概況及其教徒信仰趨向的調查分析〉，《黑龍江民族叢刊》，第 3 期（哈爾濱，西元 2003 年），頁 113～118。

傳播福音取得較突出的效果，使居民由懷疑到接受乃至認同，而打開傳教的局面。〔註95〕鄒丹丹則認爲要打開傳教局面，必須採取適應中國國情的傳教手段，由教堂轉向課堂，傳教士視此爲拯救東北人民靈魂、傳播基督福音之捷徑。因此，手拿《聖經》的傳教士先後在東北創辦教會學校，在相當長的一段時期內，充當了中國東北和西方文化交流的主角。〔註96〕李國輝以東北地方史志和歷史文獻資料爲基礎，考察了民國元年（西元 1912 年）前天主教、基督教在東北地區傳播的狀況，對洋教傳入對東北社會的影響進行探討。〔註97〕徐炳三又以近代中國東北社會變遷和政局變動爲背景，以東北基督教會在不同時期的處境、對政治問題的回應、以及這種互動對教會發展的影響爲主線，著力揭示近代東北教會這樣一個特殊的組織與各種政治勢力之間的關聯，及影響政教關係的種種因素；揭示在政治影響下信徒群體之間、教會宗派之間、人與人之間的複雜關係；揭示政治對基督教傳播和發展的深刻影響。在種種揭示中進一步展現與東北基督教發生關聯的國內和國際問題，在一個更爲宏大的社會背景下探討中國東北教會的境遇和特殊點。〔註98〕

第三節　史料運用與章節架構

本文史料運用方面，以清代官方檔案爲主要骨幹，收錄運用檔案之於《教務教案檔》、《清末教案》、《東北義和團檔案史料》、《籌辦夷務始末》、《清代三姓副都統衙門滿漢文檔案選編》、《清代東北阿城漢文檔選編》、《清代黑龍江歷史檔案選編》等漢文資料。〔註99〕《教務教案檔》是庋藏咸豐十年（西

〔註95〕邱廣軍，《清末民初基督教在東北施醫布道探析》，長春：東北師範大學碩士論文，2005 年。
〔註96〕鄒丹丹，《近代中國東北基督教教會學校研究》，長春：東北師範大學碩士論文，2006 年。
〔註97〕李國輝，《清末洋教傳入對東北社會的影響》，長春：東北師範大學碩士論文，2007。
〔註98〕徐炳三，《近代中國東北基督教研究──以政教關係爲視角（西元 1867～1945 年）》，武漢：華中師範大學博士論文，2008 年。
〔註99〕中研院近史所，《教務教案檔》（1～7）輯，臺北，中研院近史所，1974 年；中國第一歷史檔案館、福建師範大學歷史系合編，《清末教案》（1～5 冊），北京：中華書局，1996 年；遼寧省檔案館、遼寧社會科學院歷史研究所合編，《東北義和團檔案史料》，瀋陽：遼寧人民出版社，1981 年；寶鋆等修，《籌辦夷務始末》，臺北：文海出版社，1970；遼寧省檔案館，《清代三姓副都統衙門滿漢文檔案選編》，遼寧：遼海出版社（遼瀋書社），1995 年；東北師大清史

元 1860 年）至宣統三年（西元 1911 年），清廷官方處理教案教務的資料彙編。編輯方式，分別以時間、地區編排成七輯。《清末教案》收錄中國第一歷史檔案館保存的有關文書檔案，以及翻譯的英、美、法有關外文檔案三百餘萬字。前三冊是漢文檔案部分；第四冊為法國外交文件及傳信年鑑的選擇編譯；第五冊是美國對外關係文件及英國議會文件的選擇編譯。

　　《東北義和團檔案史料》，該書輯錄了遼寧、吉林、黑龍江三省檔案館所藏有關義和團的檔案，絕大多數屬於清代地方官員形成的文書，起自光緒二十五（西元 1899 年），終於宣統元年（西元 1909 年），其中光緒二十六年（西元 1900 年）的檔案占一半以上。採用地區結合時間的編排體例，分奉天、吉林、黑龍江三大部分，一般按具文時間排列，有些檔則通過組合標題結為檔組，後再按具文時間排列。編者對於收錄的檔案進行了校勘，書末附有東北義和團活動大事紀、本書主要人名索引、農曆和西曆年、月、日對照表。內容反映了東北義和團的源流、背景及活動，清廷對東北義和團策略的具體變化，義和團及清兵對沙俄侵略的戰爭，沙俄侵略的暴行，清廷屈辱求和等史實。《籌辦夷務始末》是清廷官修的對外關係檔案資料彙編，又稱《三朝籌辦夷務始末》。計道光朝八十卷，文慶等編；咸豐朝八十卷，賈禎等編；同治朝一百卷，寶鋆等編，以諭旨、奏摺時間編輯而成，缺點少有上下行文照會。《清代三姓副都統衙門滿漢文檔案選編》、《清代東北阿城漢文檔選編》、《清代黑龍江歷史檔案選編》，收錄省府次級軍事單位副都統的檔案文書，透過詳細軍事調查報告，筆者可以更精確掌握東北社會整體脈絡。〔註 100〕

　　輔助的史料以《中華歸主》為主，本書是基督新教在光緒二十七年（西元 1901 年）至民國九年（西元 1920 年），對於在華傳教事業的統計資料，內容豐富詳實，其範圍超出了宗教狀況。其次報告的政治、地理、語言、社會、經濟及宗教等方面的背景材料。基督教教會並不是孤立地存在於真空之中，它會影響所在地區的國家和社會，同時也受它們的影響。當地的自然環境、

　　　研究所、中國第一歷史檔案館，《清代東北阿城漢文檔選編》，北京：中華書局，1994 年；黑龍江省檔案館、中國第一歷史檔案館，《清代黑龍江歷史檔案選編》，北京：中華書局，1986 年。

〔註 100〕副都統，正二品（次於將軍），駐守地若有將軍，則由將軍兼管轄。若無將軍，則獨立行使權力。將軍兼任管轄副都統，盛京將軍兼管轄：盛京、錦州、熊岳（副都統）；吉林將軍兼管轄：吉林、寧古塔、白都納、三姓、阿勒楚喀（副都統）；黑龍江將軍兼管轄：黑龍江、齊齊哈爾、墨爾根（副都統）。參閱魏秀梅，《清季職官表》（臺北：中央研究院近史所，西元 2002 年），頁 699～701。

人民的性格、宗教和社會實踐、工業發展狀況、教育和經濟狀況等，都會從物質方面影響宣教工作，和基督教事業的發展速度。令人咋舌的是，這些對教會福音和教會生活，具有重大影響不斷變化的因素，卻常被人們所忽視。回憶錄的史料，以《奉天三十年（西元 1883～1913 年）——杜格爾德‧克里斯蒂的經歷與回憶錄》為主，杜格爾德（Dugald Christie）的中文名字稱為「司督閣」，他是一名蘇格蘭長老會醫療傳教士，在東北傳教工作有很大的貢獻，其活動時代恰是本探討的背景，所以是一本很重要的回憶錄。〔註 101〕另一本《親歷晚清四十五年——李提摩太在華回憶錄》，李提摩太（Timothy Richard）是晚清著名傳教士，創辦《萬國公報》，報導許多基督教在華的傳教活動，其回憶錄有部分東北的記載。〔註 102〕《北中國紀行：清國漫遊志》一書，是日本間諜曾根俊虎在北中國的一些調查報告，從其中有不少對當時東北背景的記錄，實在是一本不可缺少的東北研究書籍。〔註 103〕

　　本文題目為「晚清東北基督教傳播及民教衝突（1860～1911）」，其架構共分六章，除第一章緒論及第六章結論外。第二章使用《中華歸主》、東北的地方志等，《清高宗純皇帝實錄》、《清高宗純皇帝實錄》、《清仁宗睿皇帝實錄》等，說明基督教在東北的傳教歷程，首先介紹基督教在東北的發展，深受自然環境、人為政策的影響。陸路、水道航運雖頗為便利，但受限於固定區域；另一方面，東北遭受天津教案、庚子拳亂、日俄戰爭，造成此地區極不安定，在這些因素下，基督教在東北的傳教活動受到限制，造成東北基督教的發展，相較其他區域遲緩。在《中法北京條約》簽訂後，使得清廷的禁教政策解禁，當然也包括東北，雖然如此，不代表東北的傳教工作無束縛了。因為東北是清廷的「龍興之地」，傳教工作仍被另一道鎖箍制，這道鎖即是清廷對於東北的封禁政策。在東北都解禁後，敘述天主教、耶穌教的發展，瞭解其在東北的定位，發現天主教影響東北社會較耶穌教大。

　　第三章利用《教務教案檔》，根據其間談判過程形成的東北基督教置產與登記。其次利用《枚務教案檔》中的基督教的調查清冊，說明傳教士為了工

〔註 101〕〔英〕杜格爾德‧克里斯蒂；〔英〕伊澤‧英格利斯編；張士尊、信丹娜譯，《奉天三十年（西元 1883～1913 年）——杜格爾德‧克里斯蒂的經歷與回憶》，武漢：湖北人民出版社，2007。

〔註 102〕〔英〕李提摩太：李憲堂、侯林莉譯，《李提摩太在華回憶錄》，天津：天津人民出版社，2005 年。

〔註 103〕〔日〕曾根俊虎；范建明譯，《清國漫志：北中國紀行》，北京：中華書局，2007。

作需要，想在中國購買房地，清廷也為其需求定立法規。在柏爾德密協議為原則下，自此傳教士購買房屋、田產的制度，逐漸形成定則。傳教據點的產生途徑有二：一則是置新產業，以同治四年（西元 1865 年）教堂置產章程為依據，天主教堂照例納稅，並寫明賣產者毋庸報官請示。二則是還歸舊堂，康熙年間各省舊建之天主堂，除已改為廟宇民居者毋庸查辦外，其原舊房屋尚存者，如勘明確實，准其給還該處奉教之人。由於基督教據點的擴展，清廷為掌握基督教的傳教據點，以監視基督教的傳教活動，避免產生爭端進行保護之責。又這些調查資料，在禍亂發生後，則是可依照的談判憑據，使得在亂後賠償認知的底限，雙方意見才不會相距甚遠。

第四章為東北民教衝突高峰傳教上的損害傷亡，以《清末教案》討論清廷對義和團的態度，當態度改變時，對各國宣戰，使平日仇教者，趁機宣告教民為判亂者，官方應剿滅之，遂使官兵與義和團合流之態勢。又以《拳禍記》、《聖經》、《東北義和團檔案史料》，說明義和團變亂的危害程度。東北義和團危害程度的比較，吉林、黑龍江兩省，教堂數量較少，教友數目也相對奉天少，神職人員亦同，危害在數字上自然少之，但若以危害的相對程度，並不比奉天損害輕微，這點可以反映在神職人員的死亡比例上。基督教在東北損失傷極大，傳教士為了重建據點，遂向清廷索取賠償，彌補他們心理上與物質上的損失，以復原東北的傳教工作。最後，說明清廷與傳教士訂定賠款後，雙方的資金流向、清廷的償還方式、分期進帳的日期、與之交涉的傳教士、詳細的款數、迄付日期、止付日期。

第五章為基督教在東北衝突的調和方式，運用了大量《清末教案》、《遼寧省志・宗教志》、《吉林省志・宗教志》、《黑龍江省志・宗教志》等討論庚子拳亂後，清廷與東北基督教為了處理民教衝突，清廷在政策上作了轉變，基督教的部分加強文化教育，持續慈善事業的推動。〔註104〕清廷與基督教雙方明顯有共同的認知，清廷態度轉為積極處理與防止教案，基督教也放下身段，採取溫和的談判。除了雙方態度的轉變，天主教、耶穌教加強了開辦醫療和教育事業，具體的表現在醫療衛生功能的提高、社會救濟事業、提倡新

〔註104〕遼寧省地方志編纂委員會編，《遼寧省志・宗教志》，瀋陽：遼寧民族出版社，2002 年；吉林省地方志編纂委員會編：《吉林省志・宗教志》，長春：吉林人民出版社，2000；黑龍江省地方志編撰委員會編，《黑龍江省志・宗教志》，哈爾濱：黑龍江人民出版社，1999 年。

式教育等方面。由於透過和解態勢、文化教育對於認知的轉換、慈善醫療與地方社會關係的拉近等方式傳教，爲東北傳教活動，帶來了新契機。最後則爲結論。

圖 1-4　光緒三十四年（西元 1908 年）東北三省位置圖

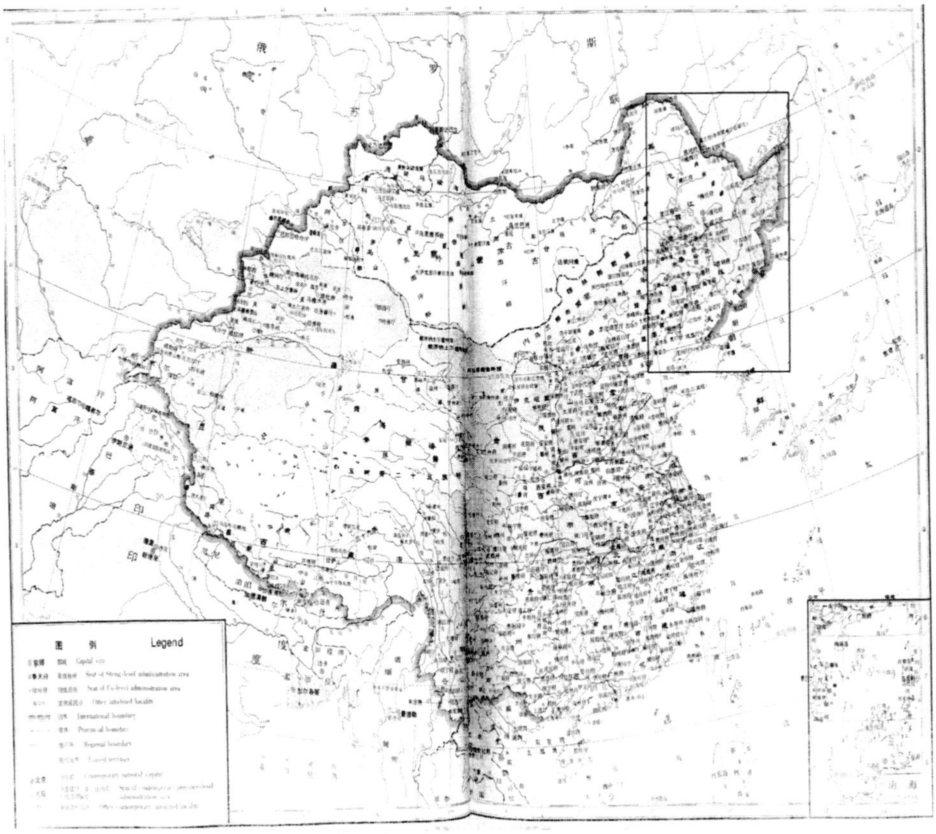

資料來源：譚其驤，《中國歷史地圖集・第八冊（清時期）》（上海：地圖出版社，西元 1987 年），頁 5～6。

第二章　基督教在東北的傳教歷程

　　基督教在東北的發展歷程，深受氣候、人為政策的影響。以氣候的影響而言，東北冬季極冷，氣溫常在華氏零度以下，但日間陽光和煦寒氣稍減。夏季氣溫甚高，即使林蔭處，也在華氏九十度以上，但入夜後氣溫下降，暑氣頓減。七、八月為雨季，常鬧水災，所以東北道路修建極差，成為商業及旅行的最大阻礙。冬季千里冰封，全境各路皆可通行車輛，但一經解凍或雨季來臨，則車輛阻隔，行旅不足。東北主要的交通大道僅為，自北京經錦州、瀋陽、吉林、新城（即伯都納）、齊齊哈爾、嫩江（墨爾根）而至西伯利亞。水道航運雖頗為便利，但受限於固定區域。人為政策的影響，清廷的禁教政策，禁止了中國的傳教工作，以致基督教在中國發展延宕。清廷又對東北實行封禁政策，限制了內地人口大規模地向東北遷移，造成了東北人煙稀少。另一方面，東北遭受天津教案、甲午戰爭、庚子拳亂、日俄戰爭，造成此地區極不安定。在種種因素下，基督教在東北的傳教活動受到限制，造成東北基督教的發展，相較其他區域遲緩。因此，遂開本章以探究之。

第一節　晚清基督教在東北的情況

　　咸豐十年（西元 1860 年）對於東北基督教傳播上有著重大的意義，此一分水嶺代表清廷的禁教政策與東北封禁政策的解除。〔註 1〕咸豐十年（西元

〔註 1〕基督教的禁教，源自康熙五十九年（西元 1720 年）嘉樂抵達廣州，並將教宗的禁令呈遞給清廷。康熙皇帝讀此文書後，以朱批示下：「覽此告示，只可說

1860 年）簽定《中法北京條約》（中文本）的第六款，將道光二十六年（西元
1846 年）正月二十五日的上諭明定於條約，內容如下：

> 天下黎民，任各處軍民人等傳習天主教會合講道建堂，且將濫行查
> 拿者予以應得處分。又將謀害奉天主教之時所充之天主教學堂、塋
> 墳、田土、房廊等等，應賠還法國駐紮京師之欽差大臣轉交該處奉
> 教之人。並任法國傳教士在各省租買田地建造自便。〔註2〕

此條約的簽訂，使得清廷的禁教政策解禁，當然也包括東北，雖然如此，並
不代表東北的傳教工作無束縛了。由於位於東北的滿洲，是清朝的「龍興之
地」，所以傳教工作仍被另一道鎖箝制，這道鎖即是清廷對於東北的封禁政
策，其主要目的在防止移民出關，而對於旗人生計造成傷害，所立的法條。
因為這項法條，傳教事業的發展勢必受到限制，相較其他區域無疑是阻礙未
除。大範圍的禁教政策，已有許多學術著作出版，故本節不再贅述，而以敘
述東北特有的封禁政策為開端，逐次闡述天主教（舊教）與基督教（新教）
在東北的發展情況。

一、東北的封禁政策

　　起初，清廷對於東北的移民入關採取獎勵措施，此措施僅實行了十五年。
康熙七年（西元 1668 年），清廷發布《遼東招民授官永著停止令》，對於關內

得西洋人等小人，如何言得中國之大禮，況西洋人等，無一人通漢書者，說
言議論，令人可笑者多。今見來臣告示，竟是和尚道士，異端小教相同。似
此亂言者，莫過於此。以後不必西洋人在中國傳教，禁止可也，免得多事。」
朱批內容，明顯說明康熙與教皇決裂，與對基督教有禁止之意。參閱〈康熙
與羅馬使節關係文書〉，《文獻叢編》上冊（臺北：臺聯國風出版社，西元 1964
年），頁 175；時至嘉慶年間，更明文基督教為邪教，大清會典：「西洋人有在
內地傳習天主教，私自行刻經卷，倡立講會，蠱惑多人，及旗民人等向西洋
人轉為傳習，並私立名號，煽惑及眾，確有實據，為首者擬絞立決，其傳教
煽惑而人數不多，亦無名號者，擬絞監後，僅止聽從入教不知悛改者，發新
疆給額魯特為奴，旗人銷除旗檔。如有妄布邪言，關繫重大，惑持咒蠱惑誘
污婦女，並誆取病人目睛等情，仍臨時酌量，各從其重者論。至被誘入教之
人，如能悔悟，赴官首明出教者，概免治罪，若被獲到官始行悔悟者，於遣
罪上減一等，杖一百徒三年，儻始終執迷不悟，即照例發遣，並嚴禁西洋人
不許在內地置產業，其失察西洋人潛住境內在傳教惑眾之該管文武各官，
交部議處。」參閱薛允升，《讀例存疑》（臺北：成文出版社，西元 1970 年），
卷 18，頁 425。
〔註 2〕于能模等編，《中外條約彙編》（臺北：文海出版社，西元 1964 年），頁 88。

到東北的移民，實行備事先起票，過關記檔，只身放行的消極限制措施。凡
出關者，旗人須經由本旗固山額眞送牌子至兵部，起滿文票；漢人則呈請兵
部，或隨便印官衙門，起漢文票。至關，旗人赴和敦大北衙記檔驗放，漢人
赴南衙記檔驗放。〔註3〕同時，清廷在山海關、古北口、喜峰口等處皆設有關
卡，並在清初修築的柳條邊基礎之上，在康熙九年（西元 1670 年）至康熙二
十年（西元 1681 年），以開原的威遠堡向東北方向續修到法特哈（今吉林市
北法特），長 690 華里，俗稱「新邊」。在這個柳條邊上，設有二十一處邊門，
每門常駐官兵數十人，嚴防漢族移民進入禁地。〔註4〕

　　對於已經進入東北的漢民，強令其取保入籍。不願入籍者，限期十年，
勒令回籍。清廷以柳條邊爲界，將邊外列爲蒙古族游牧區和滿族漁獵區，禁
止漢人進入墾荒。同時，清廷還在東北特定區域劃定皇室獨占的禁地，其中
包括山林、河川、圍場、牧場、官荒，以及保護大清皇室的風水龍脈的封禁
山脈和陵寢地區。康熙十六年（西元 1677 年），清廷把長白山地區定爲發祥
聖地，規定盛京以東，伊通以南，圖們江以北，全爲封禁地區。移民居住有
禁，田地墾闢有禁，森林礦產採伐有禁，人參東珠掘捕有禁。〔註5〕康熙十九
年（西元 1680 年），又在柳條邊內劃定旗界和民界，向居旗界民人，得依限
遷入民界；以後新到民人，也以在民界安置爲原則。〔註6〕

〔註3〕　固山額眞，官名。清代八旗組織的最大單位，稱爲固山，漢語譯爲旗。其長
　　　　官稱爲固山額眞，管理一旗户口、生產、教養要訓練等事。順治十七年（西
　　　　元 1660 年）定漢名爲都統，雍正元年（西元 1723 年）又改爲滿名固山昂邦。
　　　　參閱〔清〕楊賓，《柳邊紀略》（瀋陽，遼瀋書社，西元 1985 年），卷 1，頁
　　　　238。
〔註4〕　順治十七年（西元 1661 年）築成的南起鳳凰城，東南至海，向東北經新賓折
　　　　向西北到開原威遠堡，由此折向西南至山海關，周長 900 華里的盛京邊牆，
　　　　俗稱「老邊」。參見〔清〕楊賓，《柳邊紀略》（瀋陽，遼瀋書社，西元 1985
　　　　年），卷 1，頁 238。
〔註5〕　齊國梁，〈圍場史略〉，《東遼文史資料》，第 1 輯（吉林：政協吉林省東遼縣
　　　　文史資料委員會，西元 1991 年），頁 2。
〔註6〕　趙中孚，《近世東三省研究論文集》（臺北：成文出版社，西元 1999 年），頁
　　　　195。

圖 2-1　柳條邊牆

資料來源：遼寧省圖書館編，《盛京風物：遼寧省圖書館藏清代歷史圖片集》（北
　　　　京：中國人民大學出版社，西元 2007 年），頁 55。出處：《東洋文
　　　　化史大系──清代的亞洲》

　　時至乾隆，清廷對東北採取了嚴厲的封禁政策，清廷對東北地區頒布的
一系列封禁令爲標志的。這些封禁令既有對奉天、吉林、黑龍江地區的，也
有對整個東北地區的；既有對陸地交通線的，也有對海上交通線的。〔註7〕乾
隆五年（西元 1740 年）四月，清廷首先頒布了對奉天地區的封禁令。乾隆皇
帝面諭兵部左侍郎舒赫德，諭旨內容如下：

> 盛京爲滿洲根本之地，所關甚重，今彼此聚集民人甚多，悉將地畝
> 占種。盛京地方，糧米充足，並非專恃民人耕種而食也，與其徒令
> 伊等占種，孰若令旗人耕種乎！即旗人不行耕種，將地畝空閒，以
> 備操兵圍獵亦無不可。爾至彼處，與額爾圖詳議具奏。又奏：奉天
> 地方爲滿洲根本，所關實屬緊要，理合肅清，不容群黎雜處，使地
> 方利益悉歸旗人。但此等聚集之民，居此年久，已立有戶業，未便
> 悉行驅逐，須緩爲辦理，宜嚴者嚴之，宜禁者禁之，數年之後，集

〔註 7〕張杰，〈柳條邊、印票與清朝東北封禁新論〉，《中國邊疆史研究》，第 1 期（北
　　　　京：中圖社會科學院，西元 1999 年），頁 83。

聚之人漸少，滿洲各得本業，始能復歸舊習。〔註8〕

據上述諭旨所言，舒赫德等大臣提出了封禁奉天的具體措施，歸納起來主要有嚴禁山海關出入。山海關出入之人必須嚴禁，今後凡攜眷移居關外之人，無論遠近，不准放出。嚴禁商船私載，凡浙江、福建、山東、天津等關內沿海省區赴奉天貿易船隻，一律不得載運與貿易無關之人。嚴格保甲稽查，無論旗人、民人一體詳查，願入籍者編入當地保甲，不願者逐回原籍。嚴格清丈民旗土地，奉天空閒田地專令旗人耕種，漢族民人禁止開墾，並嚴禁在奉天地區開礦取利及重治私挖人參者。〔註9〕這是清廷自年康熙七年（西元1668年）廢除遼東招民開墾令以來，清廷對民人遷入最為嚴厲、最為具體的限制性措施。乾隆五年（西元1740年）九月，奉天府尹吳應枚條陳八事，開始回應東北封禁令，對於關外各邊關，請嚴查出入。〔註10〕

柳條邊外吉林地區更是清政府封禁的重點。乾隆六年（西元1741年）五月，清廷頒布了對吉林地區的封禁令，據吉林等處係滿洲根本，若聚集流民，對於地方實無裨益。伯都訥（今松原市扶餘區）地方，除現在民人勿許招募外，將該處荒地與官兵開墾，或作牧場。再者出產人參、東珠之吉林江及為長白山、烏蘇里等此相通之水旱道路，向來不准行走，應令該將軍、府尹等嚴行查禁。〔註11〕乾隆二十七年（西元1762年），清廷又頒布寧古塔等處，禁止流民。凡寧古塔地方門檔家奴及官莊年滿，除入民籍人，系世守居住，不能遷移者，令照舊種地納糧，其本年查出寧古塔種地流民，安插吉林烏拉、伯都訥等處，將丈出餘地，撥給耕種，入籍納糧，吉林烏拉、伯都訥種地流民編入里甲，如冊交糧。嗣後倘復有流民潛入境地者，將看守邊門官員，嚴參議處。〔註12〕黑龍江地方的外來人口多為經商而來，為了限制從事貿易的民人，乾隆七年（西元1742年）三月，清廷又頒布了對黑江地區的封禁令：

〔註8〕　《清高宗純皇帝實錄》（北京：中華書局，西元1985年），卷115，頁687～688，乾隆五年四月甲午條。

〔註9〕　《清高宗純皇帝實錄》（北京：中華書局，西元1985年），卷115，頁687～688，乾隆五年四月甲午條。

〔註10〕　《清高宗純皇帝實錄》（北京：中華書局，西元1986年），卷127，頁864，乾隆五年九月丁酉條。

〔註11〕　《清高宗純皇帝實錄》（北京：中華書局，西元1985年），卷142，頁1045，乾隆六年五月辛未條。

〔註12〕　吳希庸，〈近代東北移民史略〉，《東北集刊》，第2期（瀋陽：東北大學，西元1941年），頁13。

「凡黑龍江地區貿易民人應分隸八旗查轄，初至詢明居址，令五人互結注冊，貿易畢促回。病故回籍，除名，該管官月報。如犯法，將該管官查議。其久住有室及非貿易者，分別註冊，回者給票，不能則量給限期。嗣後凡貿易人娶旗女、家人女，典買旗屋，私墾租種旗地，及散處城外村莊者，並禁。再凡由奉天、船廣（今吉林省吉林市）等處，及出喜峰口、古北口前往黑龍江貿易者，俱呈地方官給票，至邊口、關口查驗，方准前往。」〔註13〕乾隆四十一年（西元 1776 年），再次禁止流民入境開墾田土。盛京、吉林爲本朝龍興之地，若聽流民雜處，殊與滿洲風俗攸關。但承平已久，盛京地方與山東直隸接壤，流民漸集，若一旦驗餘，必致各失生計，是以設立州縣管理。至吉林原不與漢地相連，不使令流民居住，今聞流寓漸多。著傳傅森，查明辦理，並永行禁止流民，毋許入境。〔註14〕至此，東北地區已實行全面封禁，吉林則成爲封禁的重點。

　　乾隆開始實行的東北封禁政策，爲後來的嘉慶、道光、咸豐三朝所遵奉。嘉慶時期，繼續奉行乾隆時期屬行嚴禁的政策。嘉慶八年（西元 1803 年）上諭：「東北地方爲滿洲根本重地，原不准流寓民人雜處之間私墾地畝，致有礙旗人生計，例禁有年。因此，命令地方官員飭令禁民人攜眷出口，該民人等當各在本籍安業謀生，不得輕去其多鄉。」〔註15〕道光年間，鑒於盛京、吉林流民趨之若鶩。〔註16〕於是在海口、關津，再申禁例，並採取措施，責令各省預行曉諭，指出民人與其驅逐於出關之後，不如預禁於遷徙之時。〔註17〕凡借貧民名目，遷徙眷屬，乘坐大小車輛前往奉天、吉林種地營生者，概行截回。〔註18〕特別是道光二年（西元 1822 年）至道光三年（西元 1823 年），

〔註13〕 《清高宗純皇帝實錄》（北京：中華書局，西元 1985 年），卷 162，頁 43，乾隆七年三月庚午條。

〔註14〕 《清高宗純皇帝實錄》（北京：中華書局，西元 1986 年），卷 1023，頁 708，乾隆四十一年十二月丁巳條；傅森（～1801）鈕祜祿氏，滿鑲黃，監生，乾五九、十一，盛刑侍，嘉二、正，兵右，閏六月學習入值，十月戶右，三、二，罷值，四、正，戶左，旋調刑右，二月倉侍，三月左都，五月兵尚，十月入值，六、正，戶尚，二月卒。魏秀梅，《清代職官表》，頁 816。

〔註15〕 《清仁宗睿皇帝實錄》（北京：中華書局，西元 1986 年），卷 113，頁 496～497，嘉慶八年五月乙未條。

〔註16〕 《清宣宗成皇帝實錄》（北京：中華書局，西元 1986 年），卷 250，頁 778，道光十四年三月乙酉條。

〔註17〕 同上註，卷 138，頁 113，道光八年七月壬子條。

〔註18〕 同上註，卷 250，頁 778，道光十四年三月乙酉條。

由於河北、山東一帶災情嚴重，大批流民不顧禁令攜帶家小出關謀生。於是道光八年（西元 1828 年），清廷再次嚴令禁止流民出關，並嚴飭守關各員謹遵定例查驗，持有執照者，始准放行，並著奉天等處海口營縣，凡遇船只收口，逐加查驗，如有無照民，即行嚴拿治罪。〔註 19〕咸豐時，由於沙俄加緊了侵略東北邊疆的侵略，清廷對此置若罔聞。咸豐二年（西元 1852 年）發布上諭：「吉林爲根本重地，向不准無業流民私往潛住，命令山海關副都統、盛京將軍等嚴飭各屬，按照舊例於要隘地方，往來行旅認眞稽查，概不准無票流民私往潛住。毋任困循積久，致滋弊端。」〔註 20〕

　　總體而言，從禮儀之爭爲始，至《中法北京條約》爲止，這段期間清廷實行禁教政策，對於中國傳教工作形成阻礙，以致基督教在中國發展延宕。另一方面，清廷又對東北實施封禁政策，嚴格限制了內地人口大規地向東北遷移，造成東北地區地廣人稀。在「禁教」與「封禁」政策雙政策下，傳教士難以進入東北布道，造成東北基督教發展，相對於其他省分較爲遲緩。由於上述原因，明顯瞭解東北傳教工作是如此艱巨，傳教士付出多少奉獻與犧牲，才能在這塊土地傳播基督的救恩。然而東北傳教情況究竟如何？即在下一節討論。

二、基督教在東北的傳播

（一）天主教

　　公元 13 世紀，羅馬教皇曾派遣使節，向中國元成宗呈上羅馬教皇親筆信，表示與元帝修好。14 世紀初，方濟各會派神父在元大都、北京，創立了不少傳教所，其信徒中有相當一部分居住在當時的熱河地區（含遼寧省西部一帶）。〔註 21〕這一帶的天主教信徒是遼寧地區最早的天主教信徒。康熙二十二

〔註 19〕同上註，卷 146，頁 232，道光八年十一月庚子條。

〔註 20〕〔清〕長順修、李桂林纂，《吉林通志》（吉林：吉林文史出版社，西元 1986年），卷 4：4，頁 56。

〔註 21〕遼寧省地方志編纂委員會編，《遼寧省志・宗教志》，頁 238；方濟各會（又稱方濟會，或 譯法蘭西斯會、佛蘭西斯會，德文：Franziskaner，英文：Franciscan，義大利文：Ordine francescano）是天主教托缽修會派別之一，仿效瓦勒度派謹守遵行基督耶穌的教訓，將聖經眞理一字一句地實行出來。其會士著灰色會服，故亦稱灰衣修士。方濟各會的拉丁語會名，是小兄弟會的意思（方濟各會提倡過清貧生活，互稱小兄弟）。參閱卓新平，《基督教小辭典》，頁 12。

年（西元 1683 年）六月十二日，南懷仁（Ferdinand Verbiest）與閔明我（Domingo Fernandez Navarrete）奉命隨駕前往北塞，既行至東北地界。〔註22〕康熙三十五年（西元 1696 年），教皇英諾森十二世（InnocentXⅡ）將東北的傳教工作，合併在北京司教區內。〔註23〕道光十年（西元 1830 年）荷蘭天主教徒曾潛入遼東一帶傳教。道光十八年（西元 1838 年）八月十四日，羅馬教皇額我略十六世（Gregorius XⅥ）頒發通諭，將全滿洲和蒙古從法國遣使會的北京教會中分離出來，成立滿蒙教區。〔註24〕主教府設在現河北省的崇禮縣，委托法

〔註22〕 方豪，《中國天主教史人物傳》（北京：宗教文化出版社，西元 2007 年），頁 349；南懷仁（西元 1623～1688 年），生於布魯塞爾附近的小鎮彼滕（Pittem），12 歲起他進入耶穌會辦的學校讀書，17 歲時開始了他在魯汶大學藝術學院學習。在魯汶大學期間，南懷仁系統地接觸亞里士多德的學說，尤其是邏輯學和哲學體系，並通過宇宙論的學習，掌握了天文學、數學、曆法計算、地理等多方面的知識。西元 1641 年入耶穌會。西元 1658 年隨同衛匡國（Martino Martini）神父前往中國，西元 1659 年抵達澳門。南懷仁本來在山西傳教，西元 1660 年受召前往北京協助湯若望神父。湯若望神父蒙主寵召後，康熙八年（西元 1669 年）三月初一日，南懷仁接替湯若望被授以欽天監監副。南懷仁也曾鑄造紅夷炮助清帝國。康熙八年（西元 1669 年），南懷仁撰寫《曆法不得已辨》，逐條駁斥楊光先、吳明炫在曆法推算方面的錯誤。針對中國傳統的觀象占候、堪輿占卜等觀念，這一年他還撰著了《妄推吉凶之辨》、《妄占辨》和《妄擇辨》。西元 1688 年逝世於北京，清聖祖追贈工部右侍郎，諡為勤敏。閔明我（西元 1618～1686 年），清初來華的天主教傳教士，漢學家。西班牙人。多明我會會士。曾執教於羅馬聖格列高利大學和菲律賓聖托馬斯大學。順治十五年（西元 1658 年）抵華，在福建和浙江傳教，因楊光先興起曆獄而於康熙四年（西元 1665 年）被圈禁於廣州。八年秘密逃離廣州。八年秘密逃離廣州，西元 1672 年抵里斯本。西元 1677 年被任命為聖多明我會總主教。積極學習，研究中國文化與宗教，主張尊重當地習俗，但反對耶穌會會士以中國古代儒學作理論依據。參閱卓新平，《基督教小辭典》，頁 232、231。

〔註23〕 楊森富誤用為諾建十三世。英諾森十二世（InnocentXⅡ），為第 242 任羅馬教皇（西元 1691～1700 年）。生於義大利南義斯比納左拉。原名安東尼奧‧比納特利（Antonio Pignatelli）。曾任教皇駐佛羅倫斯、華沙和維也納使節，西元 1681 年升為樞機並任那不勒斯大主教。西元 1692 年曾下諭嚴禁教會中的族閥主義。譴責寂靜派、詹森主義和道德神學上的或然說。在任期間解決了法國高盧主義爭端。參閱鄔保祿，《歷代教宗簡史》（臺南：聞道出版社，西元 1983 年），頁 325。

〔註24〕 額我略十六世（Gregorius XⅥ），為第 254 任羅馬教皇（西元 1831～1846 年）。生於義大利貝盧諾。原名巴托羅買‧阿爾伯托‧卡佩拉里（Bartolomeo Alberto Cappellari）。西元 1783 年入隱修院，西元 1787 年授神職。被利奧十二世稱命為樞機。登位後曾以高壓手段反對義大利各地民族自治和獨立運動，譴責民主思想。將經院哲學視為「羅馬神學」而加以提倡。曾創立梵蒂岡埃及和伊

國巴黎外方傳教會管理。當時，四川的法籍神父方若望（Emmauuel Jean Francois Verrolles）被調到滿蒙教區任主教。〔註25〕清道光二十年（西元 1840 年），滿洲教區由滿蒙教區分出，方若望繼任滿洲教區主教，在營口建立主教府，並仍由法國巴黎外方傳教會管理。〔註26〕方若望（Emmauuel Jean Francois Verrolles）任滿洲區主教 38 年，曾經招徠華北的三千餘名天主教移民，以求發展教會事業。在方主教任期內，滿洲教區計有法籍教士十九名，中國籍教士三名。他首設立了要理學校三十八所。光緒二十四年（西元 1898 年）五月十日，羅馬傳信部將滿洲教區劃分爲南滿與北滿二教區。南滿教區主教駐節於瀋陽，由營口紀隆主教接任。〔註27〕北滿教區主教駐節於吉林，由藍祿業

特拉斯坎博物館，重建聖保羅大教堂。參閱鄭保祿，《歷代教宗簡史》，頁 362；遣使會（Congregation of Priests of the Mission），又稱拉匝祿會（Lazarites, Lazarists 或 Lazarians）或味增爵會，由聖雲仙（St. Vincent de Paul）等六位司鐸在西元 1625 年在巴黎聖拉匝祿院（前身爲痲瘋院）創立。西元 1633 年教宗烏爾班八世批准。參閱卓新平，《基督教小辭典》，頁 17。

〔註25〕滿洲教區第一任主教：（法籍）方若望（Emmanuel Jean Francois Verrolles）生於西元 1805 年，西元 1828 年晉升神父，西元 1830 年到四川傳教，西元 1838 年 12 月 11 日被任命爲滿蒙獨立教區主教，西元 1840 年 8 月 28 日滿蒙教區分離，西元 1840 年到滿洲教區工作。於西元 1878 年 4 月 29 日死於營口。方若望在職期間建築教堂有：瀋陽南關教堂、莊河岔溝教堂、蓋縣陽關教堂、蓋縣教堂、海城縣牛莊教堂、遼陽沙嶺教堂、遼陽市教堂等。參閱遼寧省地方志編纂委員會編，《遼寧省志·宗教志》，頁 248～249。

〔註26〕遼寧省地方志編纂委員會編，《遼寧省志·宗教志》（瀋陽：遼寧人民出版社，西元 2002 年），頁 238；巴黎外方傳教會（Missions étrangères de Paris，M.E.P.，拉丁文（Societas Parisiensis missionum ad exteras gentes）法國天主教的男性使徒生活團，西元 1659 年成立於巴黎，西元 1664 年得到教宗的批准。總部設在巴黎。它與傳統的天主教修會不同，是歷史上最早的全力從事海外傳教的天主教組織。巴黎外方傳教會主要在亞洲從事傳教工作，包括越南、柬埔寨、泰國、韓國、日本、台灣、香港等地。歷史上，中國的西南地區、兩廣和東北，乃至西藏的邊緣地帶，都是巴黎外方傳教會重要的傳教區。巴黎外方傳教會於西元 1680 年到達中國福建省，禁教時期在四川省堅持秘密傳教，此後在中國陸續開闢的教區有：成都教區、瀋陽教區（西元 1840 年）、康定教區（西元 1846 年）、重慶教區（西元 1856 年）、廣州教區（西元 1858 年）、寧遠教區（西昌）、敍府教區（宜賓）、貴陽教區、昆明教區、南寧教區（西元 1875 年）、吉林教區（西元 1898 年）、汕頭教區（西元 1914 年）、北海教區（西元 1920 年）、安龍教區等 14 個。參閱卓新平，《基督教小辭典》，頁 17。

〔註27〕滿洲教區第四任主教：（法籍）紀隆（Laurent Guillon）M.E.P 生於西元 1854 年，西元 1877 年晉升神父，西元 1878 年來中國傳教，西元 1889 年鈺滿洲教區第四任主教，西元 1898 年滿洲教區改爲南滿教區後任主教職務。西元 1900 年 7 月 2 日在義和團運動中紀隆主教被殺，安息於瀋陽南關教堂。在職期間：

主教接任。〔註28〕

圖 2-2　方若望

資料來源：http://lnjq.org/news.asp?action=info&type=A02&id=1850（天主教遼寧
教區）

　　光緒二十六年（西元 1900 年），義和團運動爆發後，給天主教以很大的
衝擊。燒毀的教堂有：奉天南關教堂、小河沿教堂、新民縣佟家房子教堂、
大連岔溝教堂、錦州黑山教堂、營口西市教堂、陽關教堂、營口滾子泡教堂、
阜新民主村教堂、遼陽教堂、遼陽沙嶺教堂，鐵嶺安心台教堂、靠山屯教堂，
昌圖八面城教堂、大屯下廟子教堂、錦州教堂、錦西教堂、礆廠教堂等。被
殺死的南滿教區主教有紀隆、神父李若望、夏亞利山，以及二名法籍修女和

　　　將主教府於西元 1892 年確立在瀋陽（奉天）；西元 1897 年在瀋陽建立了育嬰
　　　養老院。西元 1897 年相繼建築了 11 所教堂，其中有錦州教堂、義縣教堂、
　　　新賓教堂、丹東教堂、新民佟家房教堂、瀋陽新城子小河沿教堂、吉林懷德
　　　公主嶺教堂和齊家窩堡教堂以及扶餘縣蘇家窩堡教堂等。參閱遼寧省地方志
　　　編纂委員會編，《遼寧省志・宗教志》，頁 248～249。
〔註28〕第一任北滿主教，（法籍）藍祿業生於西元 1850 年，聖名伯多祿。在北滿任
　　　主教西元 1873 至 1923 年，最後逝世於吉林。GCatholic.com（http://www.
　　　gcatholic.com/dioceses/diocese/mukd0.htm）；楊森富，《中國基督教史》，頁 305
　　　～306。

500 名信徒。清宣統三年（西元 1911 年），帝國主義強加中國的《辛丑條約》
簽訂後，遼寧天主教會的外籍傳教士用清廷賠款的白銀 83 萬兩，一邊重建、
擴建天主教堂，一邊購買土地建立新建堂，同時，興辦社會事業和各種慈善
事業，發展教育，擴大天主教的影響。清光緒二十七年（西元 1901 年），僅
營口一個地區就重建、擴建天主教堂 3 處、新建 11 處。〔註29〕

　　吉林在嘉慶二十三年（西元 1818 年），有 8 戶農民從直隸（今河北）等
地方，遷徙到長春廳恒裕鄉九甲管區內落戶，形成小八家子屯，其中齊雲、
黃珍、陳啓福、陳啓龍、魏元吉等五戶，在原住地便是天主教信徒。道光二
十年（西元 1840 年）秋冬之交，法國巴黎外方傳教會滿洲教區主教方若望來
到這裡，他是西方傳教士進入吉林境內傳教先驅。道光二十四年（西元 1844
年）在小八家子屯創立拉丁修院，培養中國天主教的神職人員。咸豐八年（西
元 1858 年）在小八家子屯創立聖母聖心修女院，培育中國修女。原籍小八家
子屯的丁安泰，於光緒十二年（西元 1886 年）在營口晉鐸，光緒二十四年（西
元 1898 年）李萬珍在奉天（今瀋陽市）晉鐸。這是清代吉林地方最早出現的
兩名中國神甫（神父）。光緒二十四年（西元 1898 年）滿洲教區一分為二，
南滿教區設在瀋陽，北滿教區設在吉林城。此後，吉林、黑龍江兩將軍轄區
內的天主教傳播，皆由北滿教區主教統轄。〔註30〕道光二十年（西元 1840 年）
年到光緒二十六年（西元 1900 年）的六十年間，人們對天主教比較陌生，對
西方傳教士具有恐懼感，儘管發展了信徒並在農安、長春等地修建了教堂，
但進展並不快。光緒二十六年（西元 1900 年）在山東義和團影響下，吉林境
內也發生了九起教案，西方宗教和西方傳教士、部分中國信徒，成為這場變
亂的打擊對象，天主教的傳播暫時受到了扼制。光緒二十六年（西元 1901 年）
後，天主教的傳播出現持續發展的趨勢。光緒二十六年（西元 1901 年）到宣
統三年（西元 1911 年）的十年間，入境的傳教士人數、中國信徒人數，都超
過了前 60 年的總和。〔註31〕

　　天主教傳入黑龍江地區始於清代，在清廷一度容許內地省份向東北地區
移民的背景下，移民中可能就有天主教徒也隨之遷入。嘉慶十九年（西元 1814

〔註29〕遼寧省地方志編纂委員會編，《遼寧省志・宗教志》，頁 239。

〔註30〕吉林省地方志編纂委員會編，《吉林省志・宗教志》（長春：吉林人民出版社，
　　　　西元 2000 年），頁 210～211。

〔註31〕同上註，頁 211。

年）貴州省貴陽兩名天主教徒即曾被發配黑龍江爲奴。〔註32〕中英法《北京條約》後，外國傳教士逐漸增多，在巴彥蘇蘇（簡稱巴彥）、呼蘭、綏化、慶安、雙城、蘭西、木蘭等地傳教。發展教徒，營建了一些早期天主堂。其中巴彥是當時北滿重要城鎮，被滿洲教區視爲北滿傳教中心。同治十三年（西元 1874 年），法國傳教士納伊而然在巴彥中興鎮建天主堂時，天主教徒已有582 人。不久英國教士又在西集廠建造一座天主堂。呼蘭府城於光緒初年始有法國傳教士貢羅斯、舒爲尼、薄若望等先後前來傳教。〔註33〕光緒五年（西元 1879 年）在木蘭縣建天主堂一處。光緒七年（西元 1881 年）在綏化建立天主堂 1 處。十餘年間，在慶城（慶安）、阿城、雙城等地也建立了天主堂。〔註34〕據統計，光緒二十六年（西元 1900 年）義和團運動前，天主教在奉天有大小教堂 42 處，分布於瀋陽、遼陽、營口、蓋平、海城、開原、錦州等地。中外傳教士 31 人，其中外國教士 23 人，中國教士 8 人。招收教徒約 17500人。吉林、黑龍江兩省有大小教堂 27 處，中外傳教士 13 人，教徒 9000 人。〔註35〕

表 2-1　東北歷任主教表〔註36〕

職銜	姓　名	教區	生辰	聖名	駐滿期間	附　註
主　教	（法籍）方若望（Emmanuel Jean Francois Verrolles）	滿洲	1805	厄瑪奴爾	1838～1878	1、曾經在四川傳教。2、逝世於營口
副主教	寶主教	滿洲	1816	馬西默	1841～1846	1、死於亂匪
主　教	（法籍）杜公斯當（Constant Dubail）M.E.P	滿洲	1838	公斯當	1861～1887	1、逝世於營口
副主教	包主教（滿洲教區）	滿洲	1824	若瑟	1854～1887	1、亡於北部巡視

〔註32〕黑龍江省地方志編纂委員會編，《黑龍江省志‧宗教志》（哈爾濱：黑龍江人民出版社，西元 1999 年），頁 197。
〔註33〕〔清〕黃維翰編，《呼蘭府志》（臺北：成文出版社，西元 1974 年），頁 242。
〔註34〕黑龍江省地方志編纂委員會編，《黑龍江省志‧宗教志》，頁 198。
〔註35〕李杕，《奉禍記（下冊）》（上海：土山灣印書館，西元 1923 年）。統計整理。
〔註36〕遼寧省地方志編纂委員會編，《遼寧省志‧宗教志》頁 248～249。GCatholic.com（http://www.gcatholic.com/dioceses/diocese/mukd0.htm）。

主　教	（法籍）祈類思（Louis Hippolyte Aristide Raguit）M.E.P（滿洲教區）	滿洲	1848	類思	1872～1889	1、逝世於巴彥
主　教	（法籍）紀隆（Laurent Guillon）M.E.P	滿洲南滿	1854	老楞佐	1878～1900	1、1892年，遷主教府由營口至奉天（瀋陽）。 2、1898年，將滿洲教區分爲南滿與北滿教區。 3、逝世奉天南堂，亡於義和團。
主　教	（法籍）蘇裴理（Marie Felix Choulet）M.E.P	南滿	1854	裴理斯	1880～1923	1、遷神學院，由沙嶺至奉天。 2、逝世於營口（葬於瀋陽南堂）。
副主教	善主教	南滿	1879	味增爵	1903～1917	1、逝世於奉天。
主　教	（法籍）衛宗藩（Jean Marie Micnel Blois）M.E.P	南滿	1881	若望	1905～1946	1、逝世於瀋陽
主　教	藍祿業	北滿	1850	伯多祿	1873～1923	1、逝世於吉林

（二）耶穌教

　　咸豐二年（西元 1852 年），德籍傳教士郭實臘從暹羅（今泰國）乘鴉片船來東北出售《聖經》，先到錦州，繼而到營口。因當時河口結凍，所乘船只膠滯難行，改由蓋平縣（蓋縣）下船，地方官予以優厚的接待。這樣，東北才開始有了基督教的傳播。咸豐十年（西元 1860 年），蘇格蘭長老會韋廉臣博士（Dr. A. Williamson），登陸牛莊，經伯都訥（今吉林省扶餘縣境內），先後到阿什河（今阿城市），三姓（今依蘭縣）等地散發《聖經》，遊歷布道。這是目前所知最早見於記載的基督教在東北地區的傳教。〔註37〕

　　同治六年（西元 1867 年），英格蘭長老會宣教師賓維廉牧師（Rev. W. C. Burns）於逝世前數月到達牛莊創辦宣教事業。同治八年（西元 1869 年），愛爾蘭長老會之很德（Dr. Hunter）到達東北，同治十一年（西元 1872 年），蘇

〔註37〕遼寧省地方志編纂委員會編，《遼寧省志‧宗教志》，頁 170。

格蘭長老會（以前爲蘇格蘭長老國教會）的羅約翰（Dr. John Ross）接踵而來。
〔註38〕同治九年（西元 1870 年）至光緒六年（西元 1880 年）間，蘇格蘭長
老會將其在山東的全部宣教工作由煙台轉移東北。光緒十九年（西元 1893
年），丹麥路德會之柏衛牧師（Rev. C. Bolwig）來東北，光緒二十一年（西元
1895 年），該會之外德勞牧師（Rev. P. C. W. Waidtiow）繼至。〔註39〕而牛莊
〔愛爾蘭長老會，同治八年（西元 1869 年）〕、瀋陽〔蘇格蘭長老會，光緒
元年（西元 1875 年）〕、遼陽〔蘇格蘭長老會，光緒八年（1882 年）〕、錦
州〔愛爾蘭長老會，光緒十一年（西元 1885 年）〕、寬城子〔即長春、愛爾
蘭長老會，光緒十二年（西元 1886 年）〕爲東北三省中最早開闢的五個宣教
師駐在地。〔註40〕據此，基督教（新教）傳入東北，應始於同治八年（西元
1869 年）愛爾蘭長老教會在牛莊的傳教。其後，有來自蘇格蘭一致自由教會
的羅約翰（John Ross），又於同治十一年（西元 1872 年）開始了他的東北開
拓傳道工作。再經十年，方有聞名中外的宣教醫師司督閣（Dugald Christie）
的傳入。司大夫藉行醫以傳教，在奉天設立的醫療宣教事業，頗爲成功；他
以外科手術，聞名遐邇。在其手下得到醫治及信教的甚多，如後來獻身傳道
工作的盲人常森，即曾接受他的手術治療。司大夫，因爲人和藹，且有「奉
天聖者」之稱。〔註41〕愛爾蘭和蘇格蘭的這二個長老派宣教團，在光緒十七

〔註38〕 羅約翰（西元 1841～1915 年），英國蘇格蘭基督教長老會牧師。同治十一年
　　　　（西元 1872 年），到達營口建造住宅，開始傳教。營口成爲英美基督教差會
　　　　駐地。羅約翰牧師除在以奉天爲主要活動中心的東北傳教外，還到朝鮮布道，
　　　　並撰寫《聖經注釋》，翻譯出版朝鮮文《聖經》。他在奉天創辦孤兒學校，共
　　　　封立中國牧師 10 餘人。退休回國後仍勤於神工，樂此不疲。羅約翰的傳教活
　　　　動影響遍及東北。奉天東關教會的講壇上有鑴石碑文嵌於其上，以示紀念。
　　　　參閱遼寧省地方志編纂委員會編，《遼寧省志・宗教志》，頁 180。
〔註39〕 柏衛（西元 1866 年～？），丹麥人，系英國劍橋大學畢業。光緒十九年（西
　　　　元 1893 年），受丹麥信義會差會派遣來到中國，曾到過漢口、天津、煙台等
　　　　城市。光緒二十一年（西元 1895 年），柏衛經營口到海城與長老會馬欽泰牧
　　　　師議定丹麥傳教區，並與在旅順的丹麥差會外德勞牧師前往孤山、鳳城、九
　　　　連城、丹東等處，落實設教地址。光緒二十二年（西元 1896 年），復到孤山
　　　　（當時又稱洋口），建立孤山教會，下轄 6 個教區。柏衛是丹麥差會在東北創
　　　　教的帶頭人。參閱遼寧省地方志編纂委員會編，《遼寧省志・宗教志》，頁 182。
〔註40〕 中華續行委辦會調查特委會編，《中華歸主：中國基督教事業統計（西元 1901
　　　　～1920 年）》（北京：中國社會科學出版社，西元 1987 年），頁 506～507。
〔註41〕 司督閣（西元 1854～1936 年）英國蘇格蘭長老會醫師傳教士，英國愛丁堡大
　　　　學畢業，系內科、外科醫學博士，光緒八年（西元 1882 年），創設盛京施醫
　　　　院並任院長。宣統三年（西元 1911 年），因在奉天預防鼠疫立功，英皇授予

年（西元 1891 年）年開始合併，在東北遍設教會。光緒二十一年（西元 1895 年），又有信義會宣教團的傳入，以旅順爲中心，在其周圍諸地方布教。據民國三年（西元 1913 年）的宣教報告，屬於上述二長老會教團及信義會教團的教士，以及來自英國或其他外國聖經協會的傳道，和來自基督教青年會的代表亦達 153 名之多。上述教團，在東北計設立了二十六個根據地，從事於傳道工作。據報告，在這一年已受洗信教者計達 26024 名，求道者亦有 7000 餘人。〔註42〕

圖 2-3　司督閣

資料來源：〔英〕杜格爾德·克利斯蒂著，〔英〕伊澤·英格利斯編著，張士尊，
　　　　　信丹娜譯，《奉天三十年（1883～1913）》（武漢：湖北人民出版社，
　　　　　西元 2007 年），頁 2。

光緒十二年（西元 1886 年）蘇格蘭牧師傅多瑪，在長春城創立福音堂，

聖米查聖喬治勳爵士。民國元年（西元 1912 年），創設奉天醫科大學並任校長。民國十一年（西元 1922 年）退休回國，改任名譽校長。民國十五年（西元 1926 年），奉、吉、黑三省各界，感於司督閣在東北首創醫學醫院，在醫科大學門前爲他建立一座銅像作爲紀念。當時張學良將軍來行揭幕禮。參閱遼寧省地方志編纂委員會編，《遼寧省志·宗教志》，頁 180。

〔註42〕楊森富，《中國基督教史》，頁 304。

並傳播基督教福音，於光緒十五年（西元 1889 年）始有信徒入教。外國傳教士和基督教在長春紮根後，開始向長春廳周邊城鎮村屯擴展。光緒年間，基督教愛爾蘭蘇格蘭長老會傳教區域，集中在長春、農安、榆樹、吉林、舒蘭、蛟河等縣，在這些地方出現的長老會所屬的福音堂、教會，在光緒二十五年（西元 1899 年）前大約有 26 個。光緒二十六年（西元 1900 年）發生了義和團運動，外國傳教士和興建的教會、教堂，大多受到了衝擊。《辛丑條約》簽字後，長老會迫使吉林地方賠款 9 萬兩白銀。事後，外國傳教士陸續前來，較前人數更多，投入了更多的傳教經費，以原有的教會為基點向周邊的城鎮發展。光緒二十八年（西元 1902 年）至宣統三年（西元 1911 年）間，基督教的發展速度超過了前十四年，還出現了兩個新的趨向：其一是注重興辦傳教輔助機關如施醫院、教會學校與文化慈善機構，開拓了新的傳教途徑和增加了新的傳教辦法。其二是培養中國傳道人，派遣到交通不方便的城鎮村屯，創立福音堂、祈禱處和基督教活動據點，擴大基督教的社會影響。
〔註 43〕

　　最早來黑龍江地區活動的基督教士，均屬英國長老會系統，分屬蘇格蘭和愛爾蘭兩個差會。光緒十二年（西元 1886 年），蘇格蘭長老會派遣醫師和牧師一同來雙城，通過治病傳教，設立了福音堂和禮拜堂，這是黑龍江地區最早的基督教堂。光緒十八年（西元 1892 年），蘇格蘭長老會在阿城租房建立教堂，以後該會和愛爾蘭長老會又分別於光緒十九年（西元 1893 年）到五常、光緒二十年（西元 1894 年）到寧安、光緒二十一年（西元 1895 年）賓縣以及萬正、延壽、一面坡等地創立教堂。由於中西歷史文化相異，各地官紳民眾對基督教多存疑惑，不斷發生衝突，教徒發展緩慢。到 19 世紀末，全省基督徒不足百人、多在雙城、阿什河兩地。義和團運動爆發，傳教士等紛紛遠遁，很多教堂被搗毀，財產受損，但黑龍江地區基督教堂因多係租用民房，尚未發生焚毀教堂的事件。義和團起義失敗後，英國長老會又捲土重來，成立了阿城教區。但由於義和團運動餘波和後來爆發的日俄戰爭，以及其他因素影響，教徒增加很少。為此英國長老會總結教訓，與別的差會合併為關東長老大會，並變換策略，加強向上層官紳相處，同時於光緒三十三年（西元 1907 年）在營口組織黑龍江布道會，選派華人牧師到黑龍江地區傳教，這是華人在黑龍江布道的開端。這些措施，成效明顯，到宣統元年（西

〔註43〕吉林省地方志編纂委員會編，《吉林省志·宗教志》，頁 308。

元 1911 年）年中華民國成立前，發展基督徒達 600 餘人。〔註44〕

　　據上述天主教與耶穌教的發展，可以瞭解其在東北的定位，天主教較耶穌教影響東北社會較長的時間。其原因歸於天主教傳入東北時間較爲久遠，加上天主教有事權統一於巴黎外教方教會，與教廷傳信部。然而在這方面，新教卻是門派分立，遇事整合不容易，雖在後期有聯合傳教，但其已是民國以後的事了。

第二節　傳教時空有利的因素

　　透過上一節傳教發展的描繪，大致可以得知基督教發展的趨勢，其到越後期取得的成就越大，而會產生這種現象，難道是憑空出現嗎？其實不然，當有許多的因素造成這樣的結果，本節據此逐步討論這些有益於傳教工作的原因，分成幾大項討論之。

一、營口開港的影響

　　奉天屬於遼河流域，其中部平原由渤海向東北延伸，夾於東西兩側山地之間，構成奉天之主要部分。東部平原傾斜突出於海面之上，構成遼東半島，爲鴨綠江流域之一部分。吉林省屬於松花江流域。松花江向西北流經山地而入叢林地帶，形成一個奇特的彎形，然後轉向東北與黑龍江匯合，構成東北的北部邊界。松花江水漲時可行汽船。每至冬季，東北河面冰封，成爲一種特殊運輸大道，全境車輛暢通，但夏季則路面泥濘，交通困難。黑龍江省全省介於松花江與黑龍江之間。嫩江爲另一主要河流，小型汽船可通至齊齊哈爾。〔註45〕東北有四個通商口岸：遼河口之牛莊、鴨綠江口之安東、瀋陽及哈爾濱、旅順、大連也爲開放海港。對於土地遼闊的東北，人爲的陸運發展，反而比不上自然的水運影響層面大，故在東北路途往返，實水路交通較爲便利。

〔註44〕黑龍江省地方志編纂委員會編，《黑龍江省志・宗教志》，頁 242～243。
〔註45〕中華續行委辦會調查特委會編，《中華歸主：中國基督教事業統計（西元 1901 ～1920 年）》，頁 500。

圖 2-4　營口遼河河岸

資料來源：遼寧省圖書館編，《盛京風物：遼寧省圖書館藏清代歷史圖片集》（北
京：中國人民大學出版社，西元 2007 年），頁 84。出處：《清韓戰
時風景寫眞帖》

　　營口開埠前，憑藉自身的區位優勢，加之南方市場對東北豆餅、大豆需
求的不斷增加，該地區經濟迅速崛起，並取代錦州成爲盛京沿海的貿易重心
所在。〔註46〕咸豐十一年（西元 1861 年）四月三日，牛莊開埠以後，外國商
人紛紛雲集牛莊。然而，由於遼河下游泥沙淤積，河道變更，致使牛莊遠離
出海口，船舶出入不便。〔註47〕英國政府立即派首任牛莊領事密迪樂（Thomas
Taylor Meadows）勘察遼河沿岸，尋找新的出海口。密迪樂經過巡視，發現自
然條件大大優於牛莊就是營口，決定以營口代替牛莊。與清廷交涉時，密迪
樂詭辯稱牛莊就是營口，並以條約不易更改爲由，強行以營口代替牛莊。並
在營口設立領事，把營口領事稱爲牛莊領事，把營口開港說成牛莊開港。咸

〔註46〕張博，〈清代盛京沿海貿易重心轉移述略〉，《南開大學學報》（天津：南開大
　　　　學，西元 2001 年），頁 6。
〔註47〕咸豐八年五月十六日（西元 1858 年 6 月 26 日）中英《天津條約》簽訂。條
　　　　約 11 款規定：「牛莊、登州、臺灣、潮州、瓊州府城口。增開牛莊爲通商口
　　　　岸，定於西元 1861 年 4 月 3 日正式開埠，清政府封禁政策從此解禁。參閱王
　　　　鐵崖，《中外舊約章彙編·第一冊》（北京：三聯書局，西元 1957 年），頁 31。

豐十一年（西元 1861 年）六月三十日營口正式開港，成為東北第一座對外通商口岸。〔註 48〕營口的開港的意義，代表東北水路交通的開放，而對於水路交通的解禁，為何如此重要呢？如果不開放對傳教工作有何影響？其問題可鑒如下：

> 咸豐十一年（西元 1861 年）七月十三日竊查吉林前有法國人二名帶同華人六名來省，寄居旅店，經查街委官慶福問詢。據稱奉伊國王之命到吉林各處傳教。索其執照，又稱後有人來投交，不日即到。嗣雇船下往，該弁等向阻不允，隨即開行。當經奴才等飛飭所屬，一體訪察去後。旋據三姓副都統衙門呈報，六月初六日查有松花江下駛板船一只，詢系法國人二名，微通漢語，據稱一名艾天水，一名袁若瑟，奉伊國王之命前赴各處游行。只帶服役撐船人六名，係牛莊、熊岳、寬城子等處民人，由吉林乘船到此，欲赴下赫哲（heje）地方傳教等語。詳核前奉咨文，並無艾天水（？）、袁若瑟（Joseph Ponsot）二人之名。且驗無執照，礙難准其游行，當向開導，堅不折回。查其船載只有鳥槍一桿，餘皆米麵等物，現已派人看守，報經奴才等核辦。旋准總理各國事務衙門咨照，現與英法兩國在京公使議定，嗣後英法各國人無論欲赴何處遊行。均應由該領事官發給執照，注明前往何處，並由地方官鈐用印信，始可前往。沿途經過地方，必須驗明印照，方准放行。如無鈐印執照，地方官即應按照條款，嚴行阻止。其往各省傳教之人，亦應一律辦理，如無領事官或地方官蓋印執照，均不准該國人等任意遊行盤踞，應由該地方官設法攔阻，勿許前進等因。奴才當飛飭三姓副都統衙門，迅將法國來人及其隨眾一並截阻，勿任前進，並咨呈總理各國事務衙門查照在案。茲據該副都統衙門覆稱，六月十九日江水陵發，看弁避難，其法國人船乘勢開行，已過三姓等情。除已飛飭黑河口各卡官一體

〔註 48〕佟冬，《中國東北史・5 卷》（長春：吉林文史出版社，西元 1998 年），頁 41～42；王鐵崖，《中外舊約章彙編・第一冊》，頁 31；密迪樂（西元 1815～1868 年），英國領事官。曾在德國慕尼黑大學學習漢文。西元 1843 年來華，歷任英國駐廣州領事館翻譯、上海總領事館翻譯、駐寧波領事、駐牛莊第一任領事，西元 1868 年死於牛莊。著有《關於中國府和人民及關於中國語言等的條錄》（西元 1847 年）、《中國人及其叛亂》（西元 1856 年）等書。參閱〔美〕明恩溥（Arthur H. Smith），《中國人的氣質》（北京：中華書局，西元 2006 年），頁 1。

相機攔阻，並咨呈總理各國事務衙門查照外，所有奴才等擬報法國
人無照遊行，不允攔阻爲緣由。〔註49〕

據上述所言，可以明瞭水路交通未開放時期，傳教工作很難進行，必須與官
府玩捉迷藏，才能得到傳教的機會，傳教實屬不易。整體而言，營口的開港
代表東北遼河流域的開放，因此進入遼河平原等地就暢行多了，有了這麼便
利水運網絡，傳教活動更加熱絡了，基督教傳教也容易許多。

二、封禁政策結束的影響

封禁政策在第一章第一節已討論過，在本段探究解禁的過程，乾隆五十
七年（西元 1792 年），直隸南部發生大旱，清廷令直隸地方官員曉諭飢民到
關東盛京及土默特等豐稔地方，佣工覓食。又指示關外地方官員，貧民攜眷
出關，即使人數較多，也不得禁阻。這雖然是清廷的權宜之計，但自乾隆五
年（西元1740 年）以來不准民人攜眷出關的禁令已被迫中止。嘉慶八年（西
元 1803 年），清仁宗又重申攜眷出口之戶概行禁止的祖訓，再次強調山海關
陸路與盛京沿海稽查，但在流民的抗爭下，奉天地方官中只好准許流民的合
法居住。到道光十四年（西元 1834 年），清宣宗承認關內漢民貿易探親，及
貧民形同乞丐襁負而至，雖攜妻子，仍准照例發給執照出關。〔註50〕太平天
國和英法聯軍時期，抽調眾多的兵員參戰。徵調的官兵除極少數在作戰中立
功、擠進統治階層中之外，大部分亡於戰陣。〔註51〕光緒三年（西元 1877 年）
吉林將軍銘安不勝感慨地奏報說：〔註52〕

溯自咸豐二年（西元 1852 年），徵調頻仍，官弁兵丁效命疆場者，
十居七八，生還故里者，十僅二三。其戶口之凋零，室家之窮苦，

〔註49〕 中國第一歷史檔案館，《清末教案・第一冊》（北京：中華書局，西元 1998 年），
頁 199～200；道光二十二年（西元 1842 年），袁若瑟任雲南主教，主教公署
設於鹽津龍啓（龍溪）。參閱劉鼎寅、韓軍學，《雲南天主教史》（昆明：雲南
大學出版社，西元 2005 年），頁 387。
〔註50〕 張杰，〈清前期漢民出關開發三邊述論〉，《遼寧大學學報》，第 3 期（瀋陽：
遼寧大學，西元 1992 年），頁 67。
〔註51〕 張伯英纂；萬福麟修，《黑龍江志稿》，26 卷（臺北：文海出版社，西元 1965
年），頁 2。
〔註52〕 銘安（西元 1828～1911 年），葉赫那拉氏，字鼎臣，滿鑲黃，咸六進士，同
五、三，詹事，七月調，十、五，盛刑侍，光三、四，署吉將、五、五，實
授，九、二，病解，諡文肅。參閱魏秀梅，《清季職官表》，頁 809。

有不忍形諸奏牘者。〔註53〕

在這種情勢下的局部弛禁，一向封禁的大凌河牧場於咸豐七年（西元1857年）開禁，同治二年（西元1863年）以後，東場（廣寧小黑山一帶）等地也相繼開放。吉林的夾信溝咸豐十年（西元1860年）放荒十餘萬坰，其訂有章程成效顯著。此後吉林、黑龍江二省的呼蘭河流域（呼蘭、綏化、巴彥蘇蘇等「三城四區」）、拉林河流域（舒蘭、五常、阿勒楚喀、雙城堡等）、伊通河流域（伊通州及蒙荒農安等地）以及招墾最遲的黑龍江綽兒至通肯河一帶，也都陸續弛禁開墾，招佃納租。著名的柳條邊開禁了，北方各省流民向松花江以北、西部草原和東部邊疆開墾去。〔註54〕

俄國勢力的入侵，清政府提出移民實邊、招民開墾的政策。黑龍江將軍特普欽以守疆之經驗，提出四條：「一是充實邊陲，以防俄人；二是安插流民，以杜私墾；三是招墾徵租，以裕俸餉；四是封禁參珠，不如放墾之有益民生。」〔註55〕同治七年（西元1868年）六月，吉林將軍富明阿等上奏，防兵需餉孔亟，請開墾圍荒，以濟餉源。直隸、山東等省逃往吉林難民，尤須妥籌安排。〔註56〕清廷迫於國際形勢，在國內輿論的壓力之下，在流民衝擊中，為了緩和國內外的矛盾，不得不逐步開放東北荒地，採取移民實邊政策。封禁政策的全面開放。同治三年（西元1864年），開放伊通河地區，淨開墾地28665坰。〔註57〕同治五年（西元1866年），開放吉林省樺皮甸子等地方墾熟地800餘坰。〔註58〕同治七年（西元1868年）決定開墾部分圍荒，實際上等於封禁政策破產。同治皇帝的自白，足以說明：

　　吉林圍場，原為長養牲畜，以備狩獵之用，設堆置卡，封禁甚嚴。

〔註53〕〔清〕長順修、李桂林等纂，《吉林通志》，30卷（長春：吉林文史出版社，西元1986年），頁8。

〔註54〕佟冬，《中國東北史・5卷》，頁56。

〔註55〕〔清〕黃維翰編，《呼蘭府志》，12卷（臺北：成文出版社，西元1974年），頁2。

〔註56〕《清穆宗實錄》（北京：中華書局，西元1987年），236卷，頁6～7，同治七年六月壬戌條：富明阿（西元1806～1882年）袁氏，字治安，漢軍正白，馬甲，咸八、九，寧古塔副，九、七，因病開缺，同二、九，荊將，三、四，江將，四、閏五，因病開缺，五、二，吉將，九、九，因病開缺，光八、十、三，卒，諡威勤。參閱魏秀梅，《清季職官表》，頁815。

〔註57〕《清穆宗實錄》（北京：中華書局，西元1987年），101卷，頁70，同治三年四月辛卯條。

〔註58〕同上註，187卷，頁2～3，同治五年十月辛丑條。

乃該處游民，借開荒之名，偷越禁地，私獵藏牲，斬伐樹木，迨林
木牲畜既盡，又復竄而之他。有招佃之虛名，無徵租之實效，數百
年封禁之地利，遂至蕩然無存。〔註59〕

所謂蕩然無存即意味著徹底破產，由此到宣統三年（西元1911年）辛亥革命
的四十多年間，先後開放了東北的全部地區。據第二章第一節，傳教士在未
開封禁之前，傳教活動進行的困難，相較之下，開封禁後，福音工程也能較
順利推行。

三、交通建設的改善

（一）官　道

清代東北公路，最重要的是從北京出發，出山海關，經奉天、吉林，而
達黑龍江璦琿城的一條幹線。其是東北陸路交通的大動脈，擔負有軍事、政
治的重大使命。清代陸路交通驛站，在東北以盛京、吉林、黑龍江將軍駐地
為中心，通往各地，組成四通八達公路交通幹線。璦琿經吉林、盛京到北京，
這條交通幹線稱為御路或進貢路，俗稱大站，凡六十七站，四千餘里。從奉
天，西南行到山海關的驛道，是盛京將軍轄境內的主要交通幹線，共有13站，
全長790里。它是連結北京與東北邊疆的大動脈。吉林將軍轄境內的驛站，
先以寧古塔，後以吉林為中心，通往各地，南達盛京，北到黑龍江。黑龍江
將軍轄境內的驛站交通，分南、北、西三路，其中重要的是南北兩路，最重
要的是，由齊齊哈爾通往吉林、盛京，直到北京。〔註60〕

以上所述的公路，基本上源於清初的驛站交通，到了近代隨著形勢的發
展，時局的變遷，又在原有的基礎上加以增修。以驛道為中心的公路網，加
強了中央和地方的聯繫，對抗外來的侵略，鞏固東北邊防，促進各族間的經
濟文化交流，起了重要作用。也為清末民初以來近代東北地區，新式陸路交
通的發展和形成，奠定了基礎，近現代新式公路交通網，基本上是在原有驛
站基地上發展起來的。東北由於陸路的交通的改善，使得東北傳教活動更加
活躍許多。

〔註59〕《清穆宗實錄》，241卷，頁18，同治七年八月庚申條。
〔註60〕王綿厚，《東北古代交通》（瀋陽：瀋陽出版社，西元1990年），頁300～316；
　　　　桑樹森等著，《黑龍江古代道路交通史》（北京：人民交通出版社，西元1988
　　　　年），146～148。

（二）鐵　路

鐵路興建之始，在光緒二十二年（西元 1896 年）的《中俄密約》第四款，文中言：「俄國幫助清國為名，以轉運士兵、防禦敵人並接濟軍人、糧食，以期迅速起見為由，冀望中國允許於黑龍江、吉林地方，接造東清鐵路，以達海參崴。惟此項鐵路接造之事，不得借端侵占中國土地，亦不得有礙大清國大皇帝應有權利。其事可由中國交俄國銀行承辦經理。」〔註61〕《中俄條約》的簽訂，使俄國獲得了在中國東北修築鐵路的特權。為實現中俄密約第四款內容，俄國又積極逼迫清廷簽訂《中俄旅大租地條約》第八款，請求中東鐵路幹線某一站起到大連灣，或由該幹線到遼東半島營口、鴨綠江中間沿海平坦地方，修築一條支路。〔註62〕光緒二十四年（西元 1898 年），又簽訂《旅大租地條約》，許景澄受命繼續留在聖彼得堡，商辦旅大租借地和隙地的界線，以及中東鐵路支線的造路方向要經過的地點等問題。〔註63〕在光緒二十四年（西元 1898 年）五月七日，簽訂了《中俄續訂旅大租地條約》，其中第二款規定中東鐵路支線的南端，只准在旅順口及大連灣海口，不得在該半島沿海別處，此支路經過地方，不將鐵路利益讓與別國人。〔註64〕光緒二十三年（西元 1897 年）八月，中東鐵路破土動工，到光緒二十九年（西元 1903 年），鐵路完工，全線通車並營業。中東鐵路幹線，從滿洲入境，經海拉爾、齊齊哈爾、哈爾濱、牡丹江，最後從綏芬河出境，到達海參崴。支線由哈爾濱向南，經長春、奉天至旅順。光緒三十一年（西元 1905 年）日俄戰爭後，其中長春至旅順地段，轉讓給日本，改稱南滿鐵路，日本設南滿洲鐵路株式會社經營管理。另外，日本在戰爭期間非法建築的由安東至奉天間 260 公里軍用鐵路，作為南滿鐵路支線，經過改建後仍由日本經營。俄國在日俄戰爭期間，作為運送煤炭、軍械而修築的撫順至蘇家屯的軍用鐵路，也為日軍占領。〔註65〕

〔註61〕 王鐵崖編，《中外舊約章匯編・第一冊》，頁 650～651。
〔註62〕 〔清〕許景澄，《許文肅公遺稿》，9 卷（臺北：典藏藝術家出版社，西元 1918 年），頁 33。
〔註63〕 同上註，頁 33；許景澄（西元 1845～1900 年）原名癸身，字竹篔，浙江嘉興人，同七進士，光十八、八，光祿寺，十九、三，調，二十一、六，工左，二十四、九，總署，二十五、五，吏右，十一月吏左，二十六、七、三，正法，追諡文肅。
〔註64〕 王鐵崖編，《中外舊約章匯編・第一冊》，頁 754～755。
〔註65〕 佟冬，《中國東北史・5 卷》，頁 424。

　　總體而言，除了日俄的外資鐵路，還有自營鐵路。自營鐵路，最早可追溯至光緒十七年（西元 1891 年），清政府北洋大臣李鴻章以俄患日亟爲由，奏准展築由林西鎮起，北出山海關，經錦州、盛京，最後抵至吉林的關東鐵路。光緒二十年（西元 1894 年），鐵路修到奉天的中後所（今綏中）。〔註66〕自此其後，自營的鐵路有以下幾條：

(1) 京奉鐵路，由北京到奉天，是連接關內外的交通幹線，由清政府自籌資金和借助英國資金建造。該路由光緒七年（西元 1881 年）始興建，其中關外部分由山海關至皇姑屯路段於光緒二十年（西元 1894 年）至光緒三十三年（西元 1907 年）建成，全線通車。民國元年（西元 1912 年）三月，皇姑屯至南滿站（今瀋陽站）路段建成通車。至此，京奉鐵路主幹線由北京至奉天城站全線築成，全長 838.1 公里。〔註67〕

(2) 吉長鐵路，即吉林至長春的鐵路，全長 127 公里。爲吉林省管鐵路。歷史久遠，當沙俄築東清鐵路時，相乘機吞並此路，以爲支線，爲本省當局拒絕，決心自辦。早有動議，幾經周折，直至宣統元（西元 1909 年）十月，始行開工，民國元年（西元 1912 年）十月，全線通車。此路系自籌與借日本貸款而築，自己經營運作。〔註68〕

(3) 齊昂鐵路，齊齊哈爾至昂昂溪間的鐵路，全長 28 公里。此區域商旅往來頻繁，關乎旗民生計，又是省會要地，於是倡建鐵路。光緒三十三年（西元 1907 年）十二月動工，宣統元年（西元 1909 年）八月完工。系黑龍江省官辦，主要任務是運送木材等物。另外，宣統二年（1910 年）修造了葫蘆島支線，即由錦西至葫蘆島的鐵路，長約 12 公里。〔註69〕

　　東北地區在清末修築的鐵路總計 3538.5 公里。當時全國鐵路計 9417 公里，東北的鐵路占全國鐵路的 37%。但是，在東北的鐵路，其中有 2863 公里控制在日、俄兩個帝國主義手中，占 80%；而中國有自主經營權的鐵路僅占

〔註66〕戴五三，〈東北早期鐵路發展對地區經濟和社會的影響〉，《社會科學戰線》，第 2 期（長春：吉林省社會科學院，西元 1992 年），頁 200。
〔註67〕汪洋著，〈京奉鐵路述略〉，《東北地方史研究》，第 1 期（瀋陽：遼寧民族出版社，西元 1986 年），頁 24～28。
〔註68〕佟冬，《中國東北史‧5 卷》，頁 424。
〔註69〕同上註，頁 424。

20%。在鐵路的築造和經營上，突出地反映了東北交通控制權仍在外人之手的特徵。﹝註 70﹞公路交通，自清初開始發展，到了清末更加完善，形成四通八達的交通網路，在配合鐵路運輸方面起到了重要的輔助作用。隨著這些大環境的改變，基督教的發展也與時俱進，從停滯的傳教活動，到流動式的傳教方式，將福音傳播各地。傳教據點，以營口爲根據地，水路爲動脈，更加上陸路交通的輔助，逐漸擴張到東北各地。

第三節　傳教環境的變動

在交通與政策改變的氛圍下，原本停滯不前，平靜封閉的東北地區，在北邊的俄國與東邊的日本，相繼對入侵東北，造成整個社會的改變，再也不能保持封鎖的情況。這些衝擊對東北社會造成推力，相對的東北社會也會有反作用力，傳教發展也遂之震盪，時有消長，更不同其他區域，其變化之詭譎實在難以蠡測，故在此節說明之。

一、天津教案的影響

天津教案發生於同治九年（西元 1870 年）六月間，天津法國天主教教會的育嬰堂所收養的嬰兒大批死亡，與此同時又不斷有迷拐幼孩的事件發生，而拐犯供詞又多牽涉到教堂。6 月 21 日，群眾聚集仕教堂前示威。法國領事豐大業要求三口通商大臣崇厚派兵彈壓。因崇厚只派去幾名官弁，豐大業（Henry Fontanier）竟持槍到崇厚衙門質問，並向崇厚開槍，沒有命中；出衙門後，遇天津知縣劉杰，又開槍行凶，打傷了劉杰的隨從。群眾怒不可遏，當場將豐大業擊斃，隨後舉火焚毀法國教堂、育嬰堂、領事館及英美教堂數所，打死傳教士和西方商人 20 名，其中法人 13 名，俄人 3 名，比利時人 2 名，義大利及愛爾蘭人各 1 名。﹝註71﹞在天津教案發後，清廷在同治九年（西

﹝註70﹞ 楊餘練，《清代東北史》（瀋陽：遼寧教育出版社，西元 1991 年），頁 428。

﹝註71﹞ 〔英〕杜格爾德·克利斯蒂著，〔英〕伊澤·英格利斯編著，張士尊，信丹娜譯，《奉天三十年（西元 1883～1913 年）》（武漢：湖北人民出版社，西元 2007 年），頁 19～20；崇厚（西元 1826～1893 年）完顏氏，麟慶子，字地山，號子謙，又號鶴槎，滿鑲黃，道二十九舉人，咸十一、九，大理寺，十二月左副都，同元、二，調，十一月兵左，十一、正，總署，光二、十，出署盛將，四、三，吏左，五月回京，十二月左者，五、十一，緣事開缺，聽候部議，十二月革，十九、二、九，卒。魏秀梅，《清季職官表》，頁 917。

元 1870 年）五月三十日發文，說明其態度，與立即處置的過程，內文如下：

> 竊天津民教滋事一案，經崇厚於本月二十五日具奏，臣等連日疊據
> 法國使臣羅淑亞及各國使臣聯銜照會，皆以此事關係重大，非尋常
> 各省教案辦法所能了，又恐各省謠言四起，人心惶惑，沒有不虞，
> 更難結局。請中國設法保護洋人並其貨產。昨復據俄國使臣來函，
> 聲稱通州東定岸村聞有匪人欲行焚毀教堂，請爲行文保護。又據各
> 國使臣面稱，各館洋人等均懷疑慮，請派人照料。臣等公同商酌，
> 因恐再滋事端，更難措手，當即行文順天府府尹，轉飭通州地方官
> 派役彈壓，並約步軍統領存誠等來署，密囑派員，分赴各館左近常
> 川巡查，暗地保護。惟查天津未經滋事以前，該使即有風聞江浙各
> 省因拐掠人口牽涉教堂之言，欲親赴各地查探等情。是外省人心惶
> 憾，已有傳聞，難保不有意外之事。該使臣等請明降諭旨，以安眾
> 心，自系爲事先預防起見。伏念津郡業因訛傳，釀成巨案，至今百
> 姓猶未深悉原委，似宜趁此宣布中外，解釋群疑，免致各處爲謠言
> 所惑，群起與洋人、教民爲難。〔註72〕

天津教案發生後，法國使臣羅淑亞（Julien de Rochechouart）及各國使臣緊張
了，恐教案發生帶來連鎖反應，造成各省仇教紛起，於是照會清廷加強保護
教堂。由於教案發生前，流言已經四起，加上案後各省人心浮動，各國使臣
又照會清廷，希望下一道明諭。清廷爲了事後補救，在同治九年（西元 1870
年）五月三十日派遣大臣前往法國處理相關事務，據《恭親王奕訢等奏請簡
派大臣一員親賷國書前往法國相機辦理摺》可得知，其內文言：

> 竊查天津滋事一案，臣等連日往晤法國使臣羅淑亞，籌商辦法。該
> 使臣總以案關重大，必待本國之命而行，非伊所敢干預爲詞。查該
> 使臣遇各省細故，皆暴躁異常，此次反若不甚著急，似伊已有定謀，
> 恐成不測。其翻譯官德微理亞聲稱，此案件有四件重情，最要者系
> 拉毀本國旗號，其次傷斃職官，三殺傷本國人命多人，四焚毀教堂。
> 所以伊公使不敢作主，看中國如何辦理。臣等因向各國使臣，告以
> 法國倘因此事遽行決裂，於各國通商大有關礙。據各國使臣云，亦
> 知法國因此用兵，於各國通商大有關礙，惟中國若無妥善辦法，各

〔註72〕 中國第一歷史檔案館，《清末教案·第一冊》（北京：中華書局，西元 1998 年），
頁 785～786。

國即欲相助，亦難代爲居間排解。且羅淑亞情性躁急，其水師提督
尤暴躁非常，現在各海口停泊，難保不遽爾失和，各國亦無詞阻止。
若趕緊奏請大皇帝特簡大員，親賫國書，馳赴法國，先屬中國友誼
道理。設伊提督等遽欲逞強，則各國自可從旁代爲理阻，否雖愛莫
能助等語。臣等查泰西各國，向以旗號爲重。如有拉毀情事，即與
傷其國主無異，每每因此動兵。況加以殺斃領事各節，其勢尤爲可
虞。各國使臣所云自系泰西各國實情，似非虛聲恫喝。且恐各國平
時聯絡密於中國，若不從其所請，則各國受損，將來勢必協以謀我，
其患更深。臣等再四商酌，迄無善策，祗好權其利害輕重，借圖挽
回補救，相應奏請簡派大臣一員，親賫國書前往法國，相機辦理。

〔註73〕

羅淑亞在教案後，態度強硬，告知需要用心查辦，以免有所不測。其翻譯官
德微理亞聲稱事情的嚴重性有四：扯毀旗幟、殺死外交官、殺害法國多人、
焚毀教堂。法國本著這些原因侵華，各國也可能加入此戰局，希望清廷派遣
大臣到法國，進行道歉說明教案的工作，法國才不會藉機出兵，這樣也平消
這次紛爭。

　　東北也受到此教案的波及，同治九年（西元 1870 年），社會上產生的焦
慮和苦難在滿洲也可以感覺到。在奉天，沒有人歡迎令人討厭的洋鬼子，傳
教士們幾乎無法在此立足。他們意識到，只有先做好農村的工作，才能在滿
洲逐步發展。一開始，他們派出中國布道師，實行讀經，布道，與那些對基
督教感興趣的人，進行長時間的深入談論，憑著耐心和機智爲傳教工作鋪平
了道路。蘇格蘭聯合長老會的羅約翰（Rev. John Rose）和約翰・麥金太爾（John
McIntire）牧師，多次從牛莊港出發前往奉天，後來，羅約翰在奉天一個小客
棧裡租了房間，居住六個月。當時有很多人反對，很多人無禮的對待他，還
有好幾次幾乎釀成暴亂。但是，局面逐漸穩定下來，人們在迫害停止後，組
織了一個小型宗教集會，在一條最繁盛的街上，建起一個小禮拜堂。白天，
對外布道；夜晚，則成爲基督徒舉行禮拜的地方。此時，傳教士可以購買房
產作爲長期住所了，第一處教士房產位於奉天城東郊的小河沿岸，接著是另
一處。教會已經擁有相當可觀的地產了，醫院、住宅、學校，還有醫學院，
而教堂也離此不遠。在三英里外的奉天西郊，有另外一座教堂，一所藝術學

〔註73〕同上註，頁 786～787。

院，以及傳教們的住宅。〔註74〕

自《中英法京條約》後，天津教案的發生，造成的影響是全國性，不拘於一地，其原因在於扯毀法國旗號，其次傷斃職官，三則殺傷多人，四則焚毀教堂。在國際公法毀人國旗、傷斃外交官，有宣戰的意味。這是開放外國入內地傳教，最嚴重的紛爭，造成各國的緊張，深懼各省的連鎖效應。東北也深陷於這個氣氛中，深怕教案的爆發，好在清廷適時安撫下詔，不然恐釀下大禍，後果不堪設想。在此氛圍之下，羅約翰與約翰‧麥金太爾不辭艱難，勇於在東北這個地方，靠著自己的信念，努力為傳教事業立下根基。

二、甲午戰爭的影響

光緒二十年（西元 1894 年），清廷因為日本不承認高麗為中國藩屬，下令與日本決裂，調兵遣將，發誓欲一決雌雄。兩軍相見，戰於牙山，則清軍節節敗退，平壤一戰，清軍且退出高麗，既而日軍過鴨綠江，進陷九連城，長驅直入，竟無能禦之者。旅順口環列礮臺二十餘座，號為天險者，也不戰而入日本的掌握。同時，清廷海軍戰艦十八艘，被日本人擄毀殆盡，於是朝廷震恐，遣使請和，遂訂下馬關條約：

　　一、中國不得以高麗為藩屬國。二、償兵費。三、割臺灣。澎湖。

　　及遼東半島。是役也，有裨益於中國人心風俗者一事，使朝野上下，

　　向日驕己輕人，傲物外排外之思想，為之頓減。此後，准外國使臣

　　在正殿覲見，不似前此在紫光閣，直以藩屬視外國矣。〔註75〕

馬關條約的簽定，以割讓遼東一事影響深遠，雖然最終沒有割讓，但是日本勢力已植入東北了。甲午戰爭對傳教工作的最大助益，莫於排外思想的消滅，

〔註74〕約翰‧羅斯牧師（Rev. John Rose）：生於西元 1842 年‧死於西元 1915 年，蘇格蘭新教傳教士。在中國傳教近四十年時間，足跡遍及東北和朝鮮半島，是滿洲和朝鮮新教教會的創始人。他掌握十一種語言，在聖經的翻譯和解釋方面，在傳教理論和實踐方面都有突出貢獻，因此英國教會稱他為「他所生活那個時代最有成就的傳教士。其主要著作有：The Manchus, or The reigning dynasty of China:their rise and progress（西元 1880 年）；Mission methods in Manchuria（西元 1903 年）。約翰‧麥金太爾牧師（Ren. Macintyre）：新教傳教士，曾先後在中國山東和東北等地區傳教。參閱〔英〕杜格爾德‧克利斯蒂著，〔英〕伊澤‧英格利斯編著，張士尊，信丹娜譯，《奉天三十年（西元 1883～1913 年），頁 19～20。

〔註75〕陳方中，《中國天主教史料彙編》（臺北：輔仁大學，西元 2003 年），頁 256。

視外人較不輕蔑。在日本獲勝之後，無論在什麼地方有教會學校、布道堂，或較小的聚會場所，許多人都想去了解外國宗教的內容，因爲他們感覺到外國人的宗教與外國人的勝利有某種聯繫。從光緒二十二年（西元 1896 年）到光緒二十六年（西元 1900 年）春天這四年時間裡，滿洲基督教會的發展如同潮湧，一浪高過一浪，其力量逐年增強。因爲前來求教的人數很多，教堂顯得有些擁擠，傳教士們應接不暇。要求布道師和傳教士光臨指導的村莊一個接一個，需要解答的問題層出不窮。光緒二十二年（西元 1896 年），司督閣醫院的一百多名患者，在希望接受洗禮的名單上簽字。〔註 76〕許多年輕和進步的政府官員，開始閱讀基督教書籍，對教會的基本觀點也有了些模糊的認識，數以千計的人希望把自己的名字寫在教會詢問者。〔註 77〕

　　在這段期間，當你問一個人爲什麼加入教會時，得到的普遍回答是加入教會是好事，這常是顯示了此人所具有的全部基督教知識。許多這樣的人對基督教的指導很快就厭倦了，因爲心性懶散而退了出來，藉口自己根本聽不懂。但是，仍然有許多人產生了眞正的興趣，成爲接受洗禮的第一批候選人，然後正式加入教會。有些人了解一點教會的知識，把教會當作友誼的團體。星期天，教友們聚集到一起聽道，互相之間團結友愛。幫助窮人和老年人，在困難時刻相互支持。因爲世人都有麻煩和困難，所以教會是一個好的團體，他們其中的許多人對基督教的理解逐步加深，最後加入了教會。〔註 78〕在外國勢力的看漲的情形下，教會人數增多，聲譽也好，影響很大。在私下或法庭上解決爭端的過程中，如果教會能夠施加壓力，肯定會起到很大的作用。如果能夠勸說一名外國人參與某事，並派人把自己的名片送給某位官員，其作用就更爲明顯。〔註 79〕由於一般的詢問者，都求助於外國勢力帶來的幫助，

〔註 76〕〔英〕杜格爾德・克里斯蒂著、〔英〕伊澤・英格利斯編、張士尊、信丹娜譯，《奉天三十年（西元 1883〜1913 年）──杜格爾德・克里斯蒂的經歷與回憶》，頁 93。

〔註 77〕指那些已經接受基督教教義，並參加基督教活動，但沒有正式洗禮的信徒。參閱〔英〕杜格爾德・克里斯蒂著、〔英〕伊澤・英格利斯編、張士尊、信丹娜譯，《奉天三十年（西元 1883〜1913 年）──杜格爾德・克里斯蒂的經歷與回憶》，頁 94。

〔註 78〕〔英〕杜格爾德・克里斯蒂著、〔英〕伊澤・英格利斯編、張士尊、信丹娜譯，《奉天三十年（西元 1883〜1913 年）──杜格爾德・克里斯蒂的經歷與回憶》，頁 94。

〔註 79〕同上註，頁 95。

雖然事後發現幫助不大，但是東北的百姓已與基督教有所接觸了，這在教務上是很大的開展。

　　爲了解決這些一時熱的詢問者，基督教進行嚴格的把關，只有經過負責的布道師，或經過聖會會議的討論，覺得他是一個優秀的有道德的人，不是一個鴉片鬼或賭博者；在其職業生涯的各個方面沒有劣跡；清楚爲什麼信仰基督教；在加入教會問題上不存在世俗的動機等，才能從一名初信者，成爲一名洗禮的候選者或申請者。成爲一名候選者之後，在長達九個月時間裡，還必須出席宗教儀式，熟悉宗教經典，繼續證明自己對基督的忠誠和堅定。基督教採取了上面這些預防措施，但仍避免不了不良分子混入教會。〔註80〕

　　從上述角度看，人數的迅速增加不完全是好事。儘管存在這些缺點，初信者動機不純，眞誠難以考查，布道師在數量和培訓兩方面的不足等，但是，基督教會在這段期間各方面都是進步的。光緒二十二年（西元 1896 年），教徒總數是 5788 人，在申請者名單上有 6300 人，其中並不包括名字沒有被登記的眾多詢問者。在光緒二十三年（西元 1897 年）後，教徒總數是 10255 人，申請者達到 9442 人；到光緒二十五年（西元 1899 年）末‧教徒總數達 19646 人，申請者超過 7000 人。中國人在教會生活中的獨立、自助和自我管理等方面進步是相當迅速的。沒有用外國的資金，教堂紛紛建立起來；當地人民支持自己土生土長的傳教士；教會學校開學，資金完全是靠當地人民中籌集。爲了以上的事業，光緒二十二年（西元 1896 年），從教徒中募集的資金數是 261 英鎊；光緒二十五年（西元 1899 年）年達到 2000 英鎊。〔註81〕

　　甲午戰爭後，東北百姓對外國事務產生了興趣，動機雖然有許多人是不了解的與不純正的，想透過基督教幫助他們於現實世界，但也在這個時空背景，讓他們有認識基督教的機會。雖然時間長久了，有部分不良的教徒，或是無知的教民，背離了他的宗教，但基督教已經爲他們播下福音的種子，對於基督教的教務上也取得不錯的成果。

〔註80〕同上註，頁 95～96。
〔註81〕同上註，頁 96。

圖 2-5　馬關條約情景圖

鄭曦原編：李方惠，胡書源，鄭曦原譯，《帝國的回憶：《紐約時報》晚清觀察
記（1854～1911）》（北京：當代中國出版社，西元 2007 年），頁 229。

三、庚子拳亂的影響

　　清廷頒旨對各國宣戰，為了獲得義和團的幫助，於是頒旨確立義和團為合法的團體，源自山東的義和團勢力因此大盛，逐漸波及直隸、東北等地。東北的義和團也因而化暗為明，首當其衝自然是東北的基督教，傳教士紛紛逃亡，教堂大幾被焚毀，教民到處被通緝。義和團造成東北基督教的損害傷亡過程，據《中國天主教史籍彙編》描述如下：

> 東北教難之烈，以奉天為最；吉林次之；黑龍江又次之。奉天副都
> 統晉昌素抱仇教滅洋主義，提倡義和團，不遺餘力。五月底，接到
> 政府宣戰詔書，晉昌大喜，唆令匪眾恣意焚殺。六月初四，燒毀耶
> 穌教堂，幸牧師攜眷早行，得免於難。主教住房，在奉天南關，附
> 近有天主堂，與育嬰堂各房屋，四鄉教友來避難者不少，群議設備
> 護堂，晝夜防守。及匪來攻，李萬珍神父督眾抵禦，匪不得逞。晉

昌聞之，憤甚，乃於初六日，發官兵數百，帶礮數尊，前來助戰。
主教望見官軍，大聲諭眾曰：我輩敵匪可也。若官軍來，則不可與
敵，急命教友停戰，教眾遵命停戰，紛紛逃生，留而未去者。紀主
教、艾李兩神父，與男女信友，約百餘人，內婦孺居多數，既不抵
拒，俱遭慘殺。聖堂各房屋，亦被焚燬。晉昌又下令，搜殺城中教
友，緊閉城門，毋令逃免。從此全省聞風響應，大起仇教風波，瞻
顧四方，已無教友容身地。計奉天全省，惟營口與三台子，以苦戰
得免，其他會堂，悉被屠殺。全省為義捐軀者，約一千四五百人，
主教一位，神父十位，內中國神父三位。吉林與黑龍江教務，向由
一位主教經理，庚子難作，兩省大小教堂，育嬰堂學堂之類，除六
七座外，悉被焚毀。教友九千，逃入深入曠野，得免於難，致命者
無多。然呼蘭廳，有舒神父被戕、北林子有榮神父、渝全街有李神
父，均遇害。張伯多祿神父則致命於伯都訥，由副都統嵩崑判決。
吉林、黑龍江兩省，教務復興，已另設主教治理。〔註82〕

東北教難的損害狀況，以奉天最嚴重，其原因在副都統晉昌仇甚深，加上清
廷對各國宣戰，因此奉天官兵與義和團聯合攻擊基督教。耶穌教牧師接獲消
息，大都逃離避禍，所以耶穌教人員傷亡較少。天主教紀隆主教死守南關天
主堂，堂破死傷嚴重，晉昌仍不放過教民，關城門屠殺。〔註83〕亂後只有營
口、三臺子苦戰免於難，其他神職人員、教民死傷不計其數。殉難者雖不計
其數，但因殉道者的精神，感動更多人信教，同時也淘汰了信仰不堅的教民。
總體而論，教會遭此大劫，雖受害非淺，亦有得益之處。此亂事，多為官方
的操作，民間則隨之起舞，當清廷宣戰時，讓一些平時與基督教有隙之官員，
或是地方士紳頭人有可趁之機，造成傷害傳教工作的事。

　　滿洲若非官方的鼓動，在民間明顯看出，信仰問題所造成的仇視情緒很
弱。日本的征服，俄國的侵略，在抵抗沒有意義的情況下，人們先後無奈地
接受了現實，排外情緒幾乎完全沉寂下去了。在滿洲南部的奉天和吉林兩省，
約有 4 萬人承認自己是基督徒，或生活在基督徒家中，或偶爾出席基督教儀
式，除此之外，還有許多天主教徒。雖然各地還存在著某些矛盾，但在大部

〔註82〕陳方中，《中國天主教史籍彙編》，頁 274～275。
〔註83〕晉昌光二十五、二，署盛京副，二十六、六，實授，八月緣事開缺聽候查辦。
　　　　參閱魏秀梅，《清季職官表》，頁 874。

分地區，他們都能與周圍的人們和睦相處。甚至在奉天所有的外國建築遭到焚毀的前一天，滿洲一位高級官員還對司督閣的助手說：「醫生為什麼離開？他在這裡是非常安全的，沒有人會碰他，也沒有人會破壞醫院。」〔註84〕可是當傳教士接到了有關西摩爾（Edward Hobart Seymour）上將和天津方面的消息一切都變了，牛莊來電報催促東北的傳教士馬上離開。〔註85〕

　　當傳教士離開後，基督徒們很快意識到，義和團劫掠和焚毀外國人財產的時候，正是自己逃命的絕好機會。因此，當後來義和團把注意力轉向基督徒的時候，已經找不到他們的踪影了，奉天所有的基督徒和他們的家屬都逃走了。在此之後，義和團逐戶搜捕基督徒，劫掠他們的財產，沒有一個家庭能夠幸免，許多房屋被燒毀。接著義和團的恐怖統治開始了，而且迅速地蔓延到整個滿洲。在中東鐵路兩旁的俄國人完全嚇呆了，許多鐵路工作人員遭到殺害。部分俄國工程師從鐵嶺突圍，撤到滿洲的北部，和慷慨護送一些天主教和新教傳教士逃走。滿洲北部的所有傳教士都是在俄國人的幫助下才幸免於難的。唯一還在堅守教堂的天主教徒，不斷遭到進攻，但是，在嚴峻的苦難面前，他們沒有後退，並打死打傷很多士兵和義和團。最後，按照副都統的命令，組織強攻。士兵們把大炮拉到城牆上，居高臨下轟擊天主教堂，一些建築著了火，大門被撞開。一位法國主教，兩位神父，兩位修女，很多中國神父，以及數百名天主教徒被槍殺、刀劈，或活活燒死。所有的天主教建築都被燒毀。〔註86〕

〔註84〕〔英〕杜格爾德‧克里斯蒂著、〔英〕伊澤‧英格利斯編、張士尊、信丹娜譯，《奉天三十年（西元1883～1913年）——杜格爾德‧克里斯蒂的經歷與回憶》，頁114。

〔註85〕同上註，頁118；西摩爾（西元1840～1929年），英國海軍將領。西元1852年加入英國海軍。西元1857年，他作為中尉見習生，參加英法侵華的第二鴉片戰爭。西元1862年在上海與太平軍作戰。西元1863年回英國。後升為中將。西元1897～1901年任英國東亞艦隊司令。西元1900年6月10日，各國以保護北京使館為名，由他率領一支英、俄、德、法、美、日、意、奧八國軍隊組成的聯軍二千餘人，從天津出發，進犯北京。在楊村、廊坊等地受到義和團和清軍的狙擊，被迫撤回天津。西元1901年歸國。著有《我的海軍生涯和旅行遊記》。參閱金陵中學歷史教研組，《中國歷史八年級上冊（人教版）教學參考素材庫》（南京：金陵中學，西元2003年），頁20。

〔註86〕〔英〕杜格爾德‧克里斯蒂著、〔英〕伊澤‧英格利斯編、張士尊、信丹娜譯，《奉天三十年（西元1883～1913年）——杜格爾德‧克里斯蒂的經歷與回憶》，頁121～122。

　　已經逃走的中國基督徒怎麼辦？那些分布在滿洲各地城鎮和鄉村的基督徒們又怎麼辦？義和團成員和士兵們正在四處搜捕他們。因為一般情況下，小禮拜堂裡都保存著教會成員和詢問者的名單，這對他們非常不利。七八兩月是名符其實的流血月，如果滿洲真的存在著對基督徒的普遍仇恨，死亡肯定不是數百人而是數千人。人們的情緒不是對基督徒的仇恨，而是對義和團的恐懼。有這樣的情況，一方面，由於多年積累的怨恨和妒忌，一些人希望基督徒在鄰居家裡遭殃；但在另一方面，眾多的男人女人和孩子們能夠生存下來，正是由於他們非基督徒鄰居的沈默，甚至面對高額的賞金，人們也無動於衷。許多人是靠異教親戚朋友的幫助才得以避免飢寒。在筋疲力盡的逃亡路上，許多人是靠陌生人提供的幫助來度日的。〔註87〕八月初，義和團的支持者副都統帶著部分部隊到遼陽以南布防，在他離開的時候，通過直達北京的政府專線，盛京將軍增祺接到一個令人震驚的消息，外國人已經占領天津，義和團和清軍連吃敗仗，一支聯軍正在穩步向北京推進。此時，義和團在奉天的統治已經持續了41天，盛京將軍決定這種狀況再也不能繼續下去了。一個強硬的布告貼了出來，公開斥責義和團的行為。與此同時，八月十一日，盛京將軍命令士兵們掉轉槍口，殺掉每個能夠找到的義和團。結果，好多人被殺，更多的人從奉天城逃走了，其餘的則消失在人海之中，義和團終於在滿洲消失了。〔註88〕

　　東北民間對基督教的態度，並不全然是仇視的，也許多人是保持友善的態度，否則東北的基督教損害傷亡，一定會更巨大的。在義和團劫難後，東北的基督教減弱許多，傳教據點在這場災難毀壞，傳教士經營東北的心血幾乎付之一炬。但是，許多教會的毒害在這次滌淨了，教民信仰上帝的動機變純淨了一些，這也讓往後基督教發展有很好的新開始。傳教士重新調整傳教的策略，東北社會也較能包容這個宗教信仰。

四、日俄戰爭的影響

　　日本政府在光緒二十八年（西元1902年）向俄國政府提出，廢除以前日俄

〔註87〕同上註，頁123。

〔註88〕同上註，頁127；增祺（西元1849～1919年）伊拉里氏，字瑞堂，滿鑲白，密雲駐防佐領，光十六、八，齊齊哈爾副，二十三、十一，福將，二十五、三，盛將，二十六、八，江將，十一月革，二十七、三，盛將，三十一、四，丁憂，三十三、八，寧將，九月調，三十四、九，廣將，宣二、十二，到京陛見，三、二，留京當差，諡簡愨。參閱魏秀梅，《清季職官表》，頁931。

兩國之間的各項協定，實際是在搶占東北權益，通過談判確定兩國的勢力範圍。沙俄則要將其勢力在中國東北、朝鮮進一步擴展，因此在談判桌上盛氣凌人的說：「我們在滿洲是主人，這一點已毫無疑問；而在朝鮮，那還得再商榷。認為從朝鮮將來對俄國的國家利益不可避免地會有巨大的重要性。」〔註89〕沙皇為推行侵略遠東的新方針，尼古拉二世（Николай II Александрович）在光緒二十九年（西元 1903 年）電報中指示遠東司令官阿列克塞耶夫（Алексеев）要在最短期間，使遠東軍事準備處於政治經濟目標相平衡的狀態，從而使任何人都清楚地明瞭我們決心保衛滿洲獨占勢力的特權。〔註90〕日本更是積極擴軍備戰。同時，要以談判威脅俄國，使戰爭瞬將開始。日本在光緒二十九年（西元 1903年）召開御前會議上決定，同俄國政府直接談判，於八月十二日，由駐俄公使栗野慎一向俄外交部拉姆斯多夫（Ламсдорф）面致照會，提出六條談判大綱，其主要內容是：

> 俄國承認日本在韓國有優越利益，日本承認俄國於滿州鐵路有特殊
> 利益，又將來韓境鐵道延至滿洲南部，與中東鐵路及營榆鐵路相接，
> 不得阻撓；日本可派兵至韓國，俄國可派兵至滿洲，然萬不得已時
> 可派兵；凡助韓國改良政體及軍務必要之舉動，盡屬日本之專屬，
> 俄國宜予承認。〔註91〕

上述說明，日本要求韓國的利益歸他們，與俄國交換條件是承認其在滿洲的利益，但必須附帶日本勢力叫延伸至南滿。日本又以雙方可出兵韓國、滿洲

〔註89〕 尼古拉二世是俄羅斯帝國的末代皇帝。生於俄國的聖彼得堡，是沙皇亞歷山大三世與皇后瑪利亞（丹麥公主達格瑪）的長子。皇太子時期，為西伯利亞鐵路建設委員會主席。西元 1891 年，前往海參崴主持出席西伯利亞鐵路開工儀式時，順路訪問日本，於大津遇襲，史稱「大津事件」。從 19 世紀末起，以重工業為中心的俄羅斯工業體系得到完善。高速成長的資本主義經濟與落後的第一產業之間產生了不可克服的矛盾。西元 1895 年與德皇威廉二世干涉日本歸還遼東半島給中國。西元 1900 年，鎮壓義和團之後，派軍參與八國聯軍，入侵中國北京，佔領中國東北。與日本爭奪朝鮮和滿洲，在西元 1904 年爆發日俄戰爭。西元 1905 年，旅順被日本攻克之後，聖彼得堡發生「血腥星期日」事件，爆發西元 1905 年革命。由於斯托雷平改革而暫時度過難關，但是又陷入更複雜的巴爾幹問題。參閱〔美〕安德魯‧馬洛澤莫夫，《俄國的遠東政策（西元 1881～1904 年）》（北京：商務印書館，西元 1977 年），頁 203。
〔註90〕 〔美〕安德魯‧馬洛澤莫夫，《俄國的遠東政策（西元 1881～1904 年）》，頁218。
〔註91〕 王芸生編著，《六十年來中國與日本》，第 4 卷（北京：生活‧讀書‧新知三聯書店，西元 1980 年），頁 163～164。

為條件，但又規定俄國不能插手韓國之事。當然這些提議，俄國是不會接受的，於是在光緒三十年（西元 1904 年），日本突然襲擊俄國在中國旅順口的艦隊，日俄戰爭爆發。二月十日，日俄宣戰，日俄戰爭的烽火就在東北土地上燃燒起來了。日俄戰爭爆發後即二月十二日，清廷宣布所謂的中立，劃遼河以東爲戰區，聽任別國軍隊在中國領土上蹂躪，並公布了《兩國戰爭地及中立條章》，並言：「日本、俄國兩國失和用兵，朝廷軫念彼此均系友邦，不是與中國開釁，應按局外中立之例辦理。」〔註92〕奉天交涉局根據清廷旨意，將西起蓋平縣所屬之熊岳城，中間所歷之黑峪、龍潭、洪家堡、老嶺、一面山、何里寨、雙廟子以東至安東縣界街止，由東至西所歷以上各地名，分爲南北界限，界限以南至海止，其中之金州、復州、熊岳三城及安東縣街爲指定戰地，東至鴨綠江止，南止海起，北行至五十里止，爲指定戰地。〔註93〕除了保持中立外，清廷更考慮到傳教士在戰爭期間的安全問題，所以調遣兵員於東北，其情況據《軍機處檔摺件》說明如下：

> 俄日失和沿江沿海應行籌備事宜，及防捕內匪保護教堂財產，一切
> 都需兵力，前已將添募武威新軍六營、武威左右翼兩旅，及江陰吳
> 淞一帶礮臺護軍各旅，已添足成營。〔註94〕

據前述，日俄戰爭發生，清廷籌備兵員以保護傳教士與教堂。日俄戰爭結束，光緒三十一年（西元 1905 年），日本外務大臣、全權代表小村壽太郎和俄國全權大臣維特（Витте），簽訂了中國東北和朝鮮的《樸資茅斯和約》。其中內容的兩條：「俄國將旅順口、大連並其附近領土領水之租借權，一切權利讓與日本。俄國將長春（寬城子）至旅順口之及一切支路，並在該地方鐵路內所附屬之一切權利財產，以及在該處鐵道內附屬之一切煤礦，或爲鐵道利益起見所經營之一切煤礦讓與日本。」〔註95〕日本依據《樸資茅斯和約》概行允諾，清政府又予以承認，又於同年十二月二十二日簽定了《中日會議東三省事宜正約》（亦稱北京條約）、中日新約），正約 3 款，附約 12 款，其主要內

〔註92〕 陳本善主編，《日本侵略中國東北史》（長春：吉林大學出版社，西元 1989 年），
頁 98。

〔註93〕 楊餘練等，《清代東北史》（瀋陽：遼寧教育出版社，西元 1991 年），頁 281；
王芸生編著：《六十年來中國與日本》，4 卷，頁 183。

〔註94〕 《軍機處檔摺件》（臺北，國立故宮博物院），第 159168 號，奏以日俄失和沿
江海應設防禦及保護教堂財產添募兵力。

〔註95〕 王芸生編著，《六十年來中國與日本》，4 卷，頁 197～199。

容是：「一、將鳳凰城、遼陽、新民屯、鐵嶺、通江子、法庫門、長春、吉林、哈爾濱、寧古塔、琿春、三姓、齊齊哈爾、海拉爾、璦琿、滿洲里第 16 處開埠通商。二、日本在戰爭期間非法所築的安東（今丹東）至奉天（今瀋陽）的安奉行軍鐵路，仍由日本接續經營，日俄以長春為界瓜分中國東北合法化。」〔註96〕由前述所知，俄國將旅順、大連讓與日本，並把南滿興建的鐵路交給日本，無疑宣布日本勢力正進入南滿。清廷對此事後的補救，以開放港口的方式，避免日本勢力在南滿獨大，而後為日俄的商議背書。

　　東北民間對於日俄戰爭的觀感，中國人無疑是同情日本的。十年前的甲午戰爭，日本給中國人留下很好的印象。當時，他們並不瞭解日本占領情況如何，但了解俄國人占領所帶來的災難，因此推測出日本占領可能比俄國好的結論。再說中日屬於同一種族，這次也是第一次證明，東方能夠戰勝西方。但同時，中國人在戰爭中採取中立態度，沒有偏袒任何一方。東北人常說：「這不關他們的事。村民被迫收集情報，擔任嚮導，偵察敵情等等，但是，他們對日俄雙方都是如此。至於滿洲的傳教團體，一直奉行絕對中立的原則，除了在紅十字醫院治療外，絕不對任何一方提供幫助，也不阻礙任何一方接受幫助。」〔註97〕在日軍占領期，傳教士與日本官員的關係非常融洽，他們特別感激傳教士收留了他們的傷員，這成為友好交往起點。日軍總司令大山元帥親自前來拜訪，他溫和而迷人的魅力，簡樸而自然的高貴，給司督閣留下深深的印象，他們的談話只能通過翻譯。日軍在奉天駐軍司令是奧保鞏將軍，在戰爭中他的部隊損失慘重，司督閣與他談話，也要經過翻譯。但是，福島將軍和其他人都懂英語，他們經常來訪，是司督閣家裡的常客。總之，傳教士和日本駐軍司令部人員之間的交往，是一段美好的回憶。另外，在日本和俄國軍隊中的各國武官和戰地記者中，傳教士結識了許多朋友。〔註98〕

〔註96〕步平等編著，《東北國際約章匯釋》（哈爾濱：黑龍江人民出版社，西元 1987年），頁 239～240。

〔註97〕〔英〕杜格爾德・克里斯蒂著、〔英〕伊澤・英格利斯編、張士尊、信丹娜譯，《奉天三十年（西元 1883～1913 年）——杜格爾德・克里斯蒂的經歷與回憶》，頁 153。

〔註98〕大山岩元帥（Marshal Oyama）：近代日本陸軍的奠基人。西元 1891 年晉升為上將，中日甲午戰爭中任集團軍司令。西元 1898 年被授予元帥稱號。日俄戰爭期間，任滿洲日軍總司令。奧保鞏將軍（General Oku）：日俄戰爭期間日軍第二集團軍總司令，最先進入瀋陽的日軍就是他的部隊。參閱〔英〕杜格爾德・克里斯蒂著、〔英〕伊澤・英格利斯編、張士尊、信丹娜譯，《奉天三十年（西

　　傳教士在戰爭期間，對於日本、俄國雙方都保持中立的態度，但對雙方的傷員，都本著宗教博愛的精神救助他們。中立的態度讓日本、俄國雙方都能接受，因為他們不會想製造事端，產生對於他們不利的因素。這些考慮不是沒道理的，在天主教方面代表是法國的勢力，而在耶穌教方面代表是英國人的保護。

元 1883～1913 年）──杜格爾德·克里斯蒂的經歷與回憶》，頁 163～164。

第三章　東北基督教置產與登記

　　傳教士進入東北傳教，最初到處宣揚福音，居無定所，但在傳教有些成績後，擁有一些教民，為了維持其薄弱的信仰。首先，必須覓得根據地以穩定傳教，傳教士據此也免於過度奔波，而有餘力照顧教友，傳教工作才能在東北順利推展。

第一節　基督教在華置產法源與登記始末

　　西方傳教士想在中國購置房地，清廷也為其需求定法規，以規範傳教士在華產業的設置，然而這些法規的確立，並不是一蹴形成的，而是逐漸形成的。遂以下節對這些法規形成的過程，詳細的介紹。

一、基督教在華置產的法源依據

　　基督教在中國置產的合法依據，源於鴉片戰爭後簽訂的不平等條約。在道光二十二年（西元 1842 年）議定《南京條約》時，英國全權代表樸鼎查（Pottinger）提出：「在上海等通商口岸英國人可以自擇基地，建造房屋的要求，中國欽差大臣耆英等以英人所欲住之地，皆係市廛，斷難任其自擇，堅持未許。」〔註 1〕

〔註 1〕　《籌辦夷務始末・道光朝・第五冊》（北京：中華書局，西元 1964 年），頁 2740；
耆英（西元 1787～1858 年）宗室，字介春，祿康子，正藍，廩生，道二、十
二，理右，三、四，兵右，四、七，兵左，五、四，工右，六、九，戶右，
九、九，禮尚，十四、七，工尚，十一月戶尚，十六、七，吏尚，九月降，
十二月兵右，十七、三，熱都，十八、閏四，盛將，二十二、正，廣將，九
月江督，二十四、二，廣督，二十五、二，協辦大，二十八、六，留京任職，

清廷最初，並未准許，但在中英《南京條約》規定：「大皇帝恩准英人帶同所屬
家眷，寄居大清沿海的廣州、福州、廈門、寧波、上海等五處港口，貿易通商
無礙。」〔註2〕《南京條約》簽定後，清廷已經准許英人在通商口岸，可以攜
眷租房暫居。至於租地建屋的地點，道光二十三年（西元1843年）簽訂的中英
《五口通商附粘善後條款》確定，由中英雙方官員會同商定。同時，該約還規
定，來華英國人不能深入中國內地，只能在通商口岸指定的地段行走、貿易、
居住等不許逾越。繼英國之後來到中國的美國、法國，堅持他們的商民在中國
通商口岸應有自由居住之權，因此在道光二十四年（西元1844年）議訂中美、
中法條約時，清廷不得不做出讓步。其定約的內容如下：

> 中美《望廈條約》規定，美國人可以在通商口岸建立學校、禮拜堂
> 和殯葬處所。中法《黃埔條約》則進一步規定，在五口地方，對法
> 國人聽其租賃房屋及行棧貯貨，或租地自行建屋、建行，或建立教
> 堂，且房屋間數、地段寬廣，不必議立限制。〔註3〕

這些內容在咸豐八年（西元1858年）簽訂的中法《天津條約》中又重申和確
認。由於西方列強在中國享有片面的最惠國待遇，因而包括西方傳教士、教
會在內的個人或團體，也都取得了在通商口岸自由地永租土地及建立教堂的
權利。傳教士對僅限於在通商口岸租地造屋並未感到滿足，更希望獲得在內
地自由置產的權利。這個期望終於在通過以下條約與協議得以實現。中法《北
京條約》（中文本）第六款全文如下：

> 道光二十六年正月二十五日上諭，即曉示天下黎民，任各處軍民人
> 等傳習天主教、會合講道，建堂禮拜，且將濫行查拿者，予以應得
> 處分。又將先前謀害信奉天主教時，所充公的天主堂、學堂、塋墳、
> 田土、房廊等應該賠還，經法國駐紮京師的欽差大臣，轉交該處教
> 民。並任法國傳教士在各省租買田地，建造自便。〔註4〕

條款的最後一句，即並任法國傳教士在各省租買田地，建造自便。在雙方交
換的法文本中並無此語，這是當時擔任中法談判翻譯的法國傳教士艾美（Louis

十一月大學士，旋授文淵閣大，三十、十，革，咸八、五、十九，卒。參閱
魏秀梅，《清季職官表》，頁879～880。

〔註2〕 王鐵崖編，《中外舊約章滙編・第一冊》（北京：三聯書局，西元1957年），
頁30。

〔註3〕 同上註，頁30。

〔註4〕 同上註，頁30。

Delamarre）在該約中文本中增加的。〔註 5〕兩種文本條款的內容既然如此不同，究竟以何種文本為准？其實，這一點早在咸豐（西元 1858 年）簽訂的中法《天津條約》第三款就作了明確規定：

> 自今以後，所有議定各款，或有兩國文詞辯論之處，總以法文作為
> 正義。茲所定者，均與現立章程而為然。〔註 6〕

可見，經增添過的《北京條約》中文本第六款是不具法律效力的，理應為清政府所反對。但在談判時，法方一面利用咸豐皇帝急於結束戰爭的心理，以武力相威脅，一方面利用參加談判的清朝官員不諳外情與外語，誘使清方上當受騙、簽約畫押。據此，基督教內地置產形成的開端。爾後在柏爾德密協議，是在同治四年（西元 1865 年）由法國公使柏爾德密（Jules Berthemy）與總理衙門達成的，內容是關於法國教會進入中國內地置產的協議。事件發生源於同治三年（西元 1864 年）十月，浙江省會稽縣一位商姓業主將產契，賣給法國主教於天台建立教堂。當時兼任南洋通商大臣的李鴻章在處理此事時認為，《天津條約》第一款准於法國人租地建堂是在通商口岸，《北京條約》第六款雖有各省二字，實未載明內地字樣。因此傳教士在通商口岸之外租地建屋實屬違禁，下令將賣產人提究查辦，並照會法駐浙領事，要求取消這次非法的地產買賣。〔註 7〕法領事則認為內地置產事宜條約已准，照會內容與之抵觸，所以稟請法駐上海總領事轉法公使做出決定。

　　同治四年（西元 1865 年）正月初五日李鴻章在致總理衙門咨文中重申了條約中各省字樣係指通商口岸的意見，並認為應將中法《天津條約》第十款與《北京條約》第六款參看，法方不得因各省二字含混扯算。〔註 8〕同年正月十六日法使柏爾德密致函總理衙門，希望總理衙門妥善辦理教會內地置產之

〔註 5〕　顧長聲，《傳教士與近代中國》（上海：上海人民出版社，西元 1981 年），頁
　　　　67。
〔註 6〕　王鐵崖編，《中外舊約章滙編・第一冊》，頁 105。
〔註 7〕　《教務教案檔・第一輯》（臺北：中研院近史所，西元 1974 年），頁 1273；李
　　　　鴻章（西元 1823～1901 年）本姓許，本名章銅，字漸甫，號少荃，晚號儀叟，
　　　　安徽合肥人，道二十七進士，同元、三，署蘇撫，十月實授，六、正，湖督，
　　　　七、七，協辦大，仍留任湖督，九、八，直督，十一、五，大學士，六月授
　　　　武英殿大，十三、十二，文華殿大，光八、三，丁憂，改署直督，旋准開缺，
　　　　九、十，署直督，文華殿大，十、八，實授，二十一、七，入閣辦事，二十
　　　　二、九，總署，二十四、七，毋庸行走，二十七、九、二十七，卒，諡文忠。
　　　　參閱魏秀梅，《清季職官表》，頁 879～880。
〔註 8〕　《教務教案檔・第一輯》，頁 51～52。

事。聲稱《北京條約》第六款甚易了悉，李鴻章爲何將通商口岸與各省強爲區別？若不准伊等買地爲建教堂並善舉公所諸事，是與不准伊等在該處傳教何異？應知教堂及各公所，並非一人私產。爲外國人所有，亦仍爲中國人所有。〔註 9〕十九日又致函總理衙門，威脅說：「將來本國得知貴國官員於大皇帝頒布和約，竟敢概行藐視必皆怒日於中，以不致應有如此信函也。」〔註 10〕雖然如此威脅，總理衙門還是認同李鴻章的意見，指出傳教士在各省租買地基一事，所以必與爭辯者，只以內地與各口不同。內地地基一旦爲外國租買，則內地之地遂爲外國之地，其中流弊甚多。要求凡教堂買地應有奉教教民出名。但法方仍然堅持《北京條約》第六款中各省即指通商口外的各處，並堅持由傳教士出名置產。中法的這次交涉，最後以總理衙門於同治四年（西元 1865 年）正月二十五日、正月二十八日分別致柏爾德密、李鴻章的信函形式確定下來。總理衙門致柏爾德密的信函中說：

> 嗣後法國傳教士如入內地置買田地房屋，其契據內寫明立文契人某某。此係買產人姓名，賣爲本處天主堂公產字樣，不必專列傳教士及奉教人之名。現已致函江蘇李撫軍查照辦理。〔註 11〕

並將相同內容的總理衙門致李鴻章函稿錄呈法使備查。但是總理衙門在正月二十八日致李鴻章的信中實際共有兩函。一函與錄呈法使函內容相同，是爲了李鴻章與法總領事商辦時法方索閱之用。另一函除列有柏爾德密協議外，還有如下內容：

> 至賣產之人，嗣後須令於未賣先，報名該處地方官，請示應否准其賣給，由官酌定准定，方准照辦，不得將己業私行賣給。如有私賣者，立加懲處。〔註 12〕

這是在柏爾德密協議中所沒有的，表明了清廷在教會內地置產問題上的限制態度。經過交涉後中法雙方雖然於同治四年（西元 1865 年）正月達成了這項新的關於教會內地置產協議，取代咸豐十年中法《北京條約》（中文本）第六款，但各地在實施過程中，還要執行總理衙門所提出的賣產人需在賣產之前報官酌定的先決條件。不過，清廷這一限制辦法不久便被各地傳教士所察覺，

〔註 9〕 同上註，頁 52～53。
〔註 10〕 同上註，頁 53～54。
〔註 11〕 同上註，頁 55～56。
〔註 12〕 《教務教案檔・第一輯》，頁 56～57。

他們認為這一暗中附加條件，會使柏爾德密協議最終成為一場空談。〔註13〕
光緒十五年（西元1889年）開始，法國公使李梅（M.Lemaire）就多次向清廷
提出，同治四年（西元1865年）法方與總理衙門商定的柏爾德密協議中並無
賣產之人於未賣之先報官酌定一節。要求總理衙門澄清此事。光緒十九年（西
元1893年），兩江總督兼南洋大臣劉坤一與駐上海領事，曾為教堂置產報官
酌定事發生爭論。劉坤一認為傳教士在內地租買房地，設堂傳教，多係私相
授受，業主並不照章先行報官，以致盜賣糾葛，流弊百出，案牘繁興；法總
領事則認為報官酌定係原約所無。此後，法公使一再照會總理衙門，明確要
求刪去在教堂置產協議中的報官酌定的內容，並先後錄呈江西、廣東、四川
等地關於教堂置產需報官酌定的告示，要求總理衙門明定教堂置產章程。在
法方的一再要求下，清廷關於教會內地置產的態度發生了重大轉變。光緒二
十一年（西元1895年）三月十四日總理衙門行文南北洋大臣，重申按照同治
四年（西元1865年）柏爾德密協議辦理，除教堂按契照章納稅外，毋庸固執
賣產人先報地方官酌定，以免滋生事端。同時，總理衙門將關於教會置產的
新規定照復法使。〔註14〕但法使對總理衙門的新規定仍感不足，於同年三月
十八日又向總理衙門發出照會，提出三項要求：

　　一、申明同治四年教堂置產章程，天主教堂照例納稅，並寫明賣產
　　者毋庸報官請示；二、要求總理衙門將以上章程，通知各省督撫將
　　軍等出示曉諭，不用地方印信而用上憲印信，廣為張挂；三、要總
　　理衙門將通知各地督撫將軍咨文原稿抄送法使閱看。〔註15〕

上述協議下達後，各地督撫雖然張挂曉諭被迫執行，但對總理衙門廢除教堂
置產需報官酌定的限制辦法多持保留甚至反對態度。如福州將軍慶裕認為華
民賣產必須兩廂情願，來歷分明，方可賣給。〔註16〕兩廣總督譚鍾麟擔心，

〔註13〕《教務教案檔・第五輯》，頁53。
〔註14〕同上註，頁207；劉坤一（西元1830～1902年），字峴莊，湖南新寧人，廩生，
　　　　咸十一、九，粵按，同元、閩八，桂布，四、五，贛撫，十三、十二，署江
　　　　督，光元、八，廣督，五、十一，江督，七、九，開缺回籍，十六、十，江
　　　　督，二十八、九、五，卒，諡忠誠。參閱魏秀梅，《清季職官表》，頁846～847。
〔註15〕《教務教案檔・第五輯》（臺北：中研院近史所，西元1977年），頁248、256。
〔註16〕同上註，頁248、256；慶裕（西元1834～1895年）喜塔臘氏，字蘭圃，滿正
　　　　白，繙譯生員，光元、四，奉府尹，二、十，到京候簡，三、十一，陝按，
　　　　五、閏三、閩布，十一月桂撫，八、正，漕督，九、二，河東督，十二月盛
　　　　將，十五、七病休，十九、六，熱都，二十、八，福將，二十一、八，卒。

由於賣產毋庸報官酌定，則以後私賣盜賣之案層出不窮，不獨華洋爭訟，多滋口舌，甚至釀成巨案，致啓滋端。閩浙總督邊寶泉等還擬寫了教堂置產的變通辦法。總理衙門又與法使施維蘭（Svetlan）交涉，但施維蘭堅持按原議章程辦理，毋庸變通。〔註 17〕自此，傳教士購買房屋、田產的制度，逐漸形成上述的定則。

二、還堂事件

　　傳教士除了要開拓新的據點，更向清廷索討禁教前，天主教在華的房地產，因此有索還天主堂舊址此舉，其指得是索還自康熙末年以來被清政府查封沒收的天主堂舊址。道光二十四年（西元 1844 年）法國公使拉萼尼（Théodore de Lagrené）一到廣州，就收到了羅類思（Ludovicus Mafia Besi）主教送來的匯報天主教在中國的狀況，並追述自乾隆以來所受迫害的經過的備忘錄一件，羅主教懇請法國使臣，爲天主教的利益向中國方面提出交涉。〔註 18〕拉萼尼不負所望，《黃埔條約》保護天主教的條款與天主教弛禁令的頒布，正是他爲天主教爭取到的最大利益。但是，拉萼尼並未就此滿足，道光二十五年（西元 1845 年）他又與欽差大臣耆英交涉，要求清廷發還被封閉的天主堂舊址。道光皇帝根據耆英的奏摺於道光二十六年（西元 1846 年）發布上諭：

　　　　所有康熙年間各省舊建之天主堂，除已改爲廟于民居者毋庸查辦外，

　　　　其原舊房屋尚存者，如勘明確實，准其給還該處奉教之人。〔註19〕

這個諭旨頒布之後，引起了一系列索還舊址的交涉。其中，法使拉萼尼還親

　　　　參閱魏秀梅，《清季職官表》，頁 882～883。

〔註17〕王中茂，〈近代西方教會在華購置地產的法律依據及特點〉，《史林》，第 3 期（洛陽：河南洛陽師範學院，西元 2004 年），頁 73；譚鍾麟（西元 1822～1905 年）字雲覲，號文卿，湖南茶陵州人，咸六進士，同七、七，豫按，八、二，丁憂，十、十一，陝布，光元、二，陝撫，五、八，浙撫，七、八，陝督，十四、二，因病開缺，十七、四，吏左，十八、五，閩督，二十、十，川督，二十一、三，廣督，二十六、四，留京當差，三十一、三、十二，卒，諡文勤。邊寶泉（西元 1831～1898 年）字蓮溪，號潤民、仲誠，漢軍鑲紅，同二進士，光五、閏三，陝按，六、正，贛布，九、十，陝撫，十一、二，豫撫，十三、五，病解，二十、十，閩督，二十四、九、九，卒。參閱魏秀梅，《清季職官表》，頁 831、802。

〔註18〕王中茂，〈近代西方教會在華購置地產的法律依據及特點〉，《史林》，第 3 期，頁 74。

〔註19〕顧長聲，《傳教士與近代中國》（上海：上海人民出版社，西元 1981 年），頁 59。

赴上海要求發還南門所在的天主堂舊址，因爲南門舊址早已改爲廟宇，不在發還之列，拉蕚尼一連跑了十趟，也未能如願。但是傳教士並未放棄，又請出英國駐上海領事阿禮國（Rutherford Alcock）對上海道台施加壓力。阿禮國以廟宇後邊的大花園、旁邊的一座大屋應該歸還爲由，迫使道台在洋涇濱和董家渡購買土地償還給天主堂。這是上海索還天主堂舊址的交涉，以此爲還堂事件的開端。然而，在東北方面的還堂事件例如：

> 查還牛莊天主堂一案，前准來咨，迭經該旗民地方查明房基，代爲契籌款墊發。乃教士耽延日久，並不赴該處收領，以致去年六月間連被大雨先後倒塌八間，僅存草房三間。本處當即據咨函致法國公使。嗣於去年十一月間法國公使交來法文信一件，請附使寄交梅依西手收在案。本衙門查此案自同治二年（西元 1863 年）迄今已經三載，尚未完結，誠恐因循日久，房基倒壞愈甚，更難辦理。相應咨行貴將軍，飭令原辦地方官迅速令其收領房屋地基，以清案牘而免轇轕可也。爲了迅速完結此案，牛莊防守尉盛福、海城縣知縣郝佩芬將行前議。俟法國傳教士梅依西到牛莊時刻，將查撤天主堂房屋地基迅速令其收領，妥籌辦理而免轇轕。仍將何日交領之處取其領狀，星飛呈覆，以憑咨報外，仍先行咨覆辦理三口通商大臣轉咨總理衙門可也。〔註20〕

上述可知，清廷等待法國天主教傳教士，前來接收牛莊，希望迅速辦理移交，然而依梅西教士歷久未到，牛莊的房況越來越差。因而，嚴飭地方官謹慎辦理，勿延誤還堂事宜，並發其所有權證明，以免產權有所紛爭，造成教案的發生。關於基址賠修方面，同治六年（西元 1868 年）十二月二十七日，奕訢承許牛莊舊堂的地基，並該處官員補修圍牆一周，計高八尺，並開大門一座，以補舊有房的缺陷。現在經過一年多，還沒動工興修。因此，奕訢接到樊國梁（Pierre Marie Alphonse Favier）主教來函，希望奕訢加快修復工作，最好是在新春時修好。〔註21〕樊國梁主教並附上，同治七年（西元 1868 年）正月十

〔註20〕 中國第一歷史檔案館編，《清末教案·第一冊》（北京：中華書局，西元 1996 年），頁 437～438。

〔註21〕 同上註，頁 596～597；奕訢（西元 1832～1898 年）恭親王，宣宗第六子，鑲白，咸三、十，入值，五、七，緣事罷值，十、十二，總署，十一、十，入值，同四、三，緣事罷值，革總署，旋復管，四月再入值，光十、三，緣事開缺養疾，二十、九，總署，十一月再入值，二十四、四、十，卒，謚曰忠。

五日，該處林教士報告的修復進度，其原文如下：

> 同治四年（西元 1865 年）八月初二日已與牛副都統銜協領毓，及同
> 知銜海城縣知縣郝兩面議定，立有合同，將地界四至及門牆砌法均
> 開明其上，毫無刁難要求之處。但林教士自立合同之後，常向催請，
> 伊竟若罔聞，是以堂基耽延，至今未交收領者，實系地方官故爲捱
> 遲。今將所立之合同，並四至及造法之粘單照抄，送請貴親王閱，
> 即希飭催該處地方官爲妥速修訖交領，以結此事可也。〔註22〕

據上述，林教士與當地官員商議之初，並無任何的阻礙，但是當他立下合同後，
地方官員開始藉故拖延。此情況，體現中央與地方不同調，中央希望迅速完結
此案，免生事端；地方則借故拖延，以求抵賴。這些明顯的差異，常常是教案
的導火線。總結第一節而言，傳教據點的產生途徑有二：一則是置新產業，以
同治四年教堂置產章程爲依據，天主教堂照例納稅，並寫明賣產者毋庸報官請
示。二則是還歸舊堂，康熙年間各省舊建之天主堂，除已改爲廟宇民居者毋庸
查辦外，其原舊房屋尚存者，如勘明確實，准其給還該處奉教之人。

第二節　東北基督教據點的造冊調查

　　清廷爲了掌握基督教的傳教據點，以監視基督教的傳教活動，避免產生爭
端，附帶進行保護之責。另一方面，由於這些調查資料，在禍亂發生後，則是
可依照的談判憑據，有此證明使得對於賠償的認知，雙方意見不會相距甚遠。

一、基督教造冊調查形成慣例

　　光緒二十一年（西元 1896 年）十一月二十日，御史楊晨奏：「應令各省

參閱魏秀梅，《清季職官表》，頁 949；樊國梁（西元 1837～1905 年），法國人，
義和團運動時期，北京西什庫教堂（北堂）主教。西元 1861 年，晉升神甫。
西元 1862 年，來中國，長期以主教身份進行活動，爲法國在華服務。西元 1897
年，任直隸北境代牧區助理主教。西元 1899 年，出任直隸北境代牧區宗座代
牧，成爲法國天主教駐京主教，並向清廷取得二品頂戴。次年，義和團興起
後，他從法國公使館調水兵修築工事，武裝西什庫教堂。後被清軍和義和團
圍困，八國聯軍入京後解圍。西元 1901 年，回西歐，大受羅馬教廷讚揚，教
宗賞以「宗座衛士」的梵蒂岡最高榮譽頭銜，還受到法國總統和外交部長的
宴請，法國政府授以十字榮譽勳章。西元 1902 年，又來中國。西元 1905 年，
病死於北京。參閱卓新平，《基督教小辭典》，頁 281。
〔註22〕中國第一歷史檔案館編，《清末教案・第一冊》，頁 598～600。

教堂將產業及教民等造冊，臣竊見各國教堂幾遍海內，刁民每恃為護符，地方遂因以多事。由於教士偏聽袒庇，州縣遷就苟安，迨至民怨沸騰，倉猝醸成巨案。勢焰愈甚，要挾愈多，誠可慮也。此次教案辦竣，請飭總理衙門照會各國公使，仍以保護為名，令將各省所立教堂產業坐落價目，及教民年貌、籍貫詳細造冊報知，以便州縣妥為保護。庶幾無事可以稽查，有事可以辯駁，不至漫無稽考，任其影射浮開，縱隱罪犯。既為照約保護以固邦交起見，各國公使諒亦誼不容辭。」〔註 23〕御史陳其璋也在其奏陳辦理教案十條章程中提及：「查同治初年定章，凡教堂買地，須先報明地方官，契內寫明教堂公產字樣，地方官始能蓋印，且須問明民間是否願賣，不准強買。近年來教民每將田地房屋私賣與教士，並不先報地方官，以致官地祭田一切公產，亦因而私售。迨至百姓控告，地方官不敢蓋印，該教士遂執契與官民為難，拖累萬狀。應請申明舊章，以杜私賣強買之弊。教堂處所宜造冊呈報也。向來各省教堂漫無查考，自長江焚毀教堂後，賠累不資，總署因通行各省，查明各教堂是否華式、洋式，房屋若干間，按年冊報。現聞各省有報、有不報者，亦有始而報、久而不報者，以致教民數椽之屋，皆得混稱為教堂。稍有損傷，輒誣為拆毀教堂，致煩查辦。嗣後應令各教堂開明房屋間數，洋式、華式，報知地方官，由地方官會同教士履勘，確切造冊，畫押存案。並咨報總署，以備稽查。教民人數宜造冊呈報也。查近年鬥毆之案，教民受傷身死，往往索賠恤款，而身死者果否入教，無從查考。應令各教堂將入教之男婦及雇用之華工，開明人數、姓名、籍貫、年歲，報知地方官造冊存案，並報總署備查。其續行入教及續雇華工，亦應即時補報。」〔註 24〕楊晨、陳其璋皆認為

〔註23〕　中國第一歷史檔案館編，《清末教案・第二冊》（北京：中華書局，西元 1998年），頁 623；楊晨（西元 1845～1922 年），字定孚，黃巖路橋河西人。同治四年（西元 1865 年）舉人，光緒三年（西元 1877 年）進士，光緒十年，考中御史，同年開始編《三國會要》，立凡例。次年，與王棻購《遜志齋集》，續刻《臺州叢書》。後歷任順天鄉試同考官，山東道與河南道御史，河北定興縣掌教河陽書院，刑部掌印執事中。光緒十五年，浙江遭大水，省籍京官聯名上疏請賑濟，清廷撥國庫 10 國，救濟杭嘉湖。楊晨再上書臺州災情，得萬金濟災。光緒二十三年，母卒，楊晨辭官歸鄉。民國 11 年卒，終年 78 歲。遺命千金獻遜帝溥儀大婚之禮，向四仁公所助捐田產。參閱〔清〕楊晨撰，楊紹翰增訂，《路橋志略》（臺州：黃巖楊氏崇雅堂，西元 1936 年），頁 1。
〔註24〕　中國第一歷史檔案館編，《清末教案・第二冊》，頁 630～632；陳其璋（？），字雲，生於浙江湖州府歸安縣，出身廩生。咸豐十一年，進士。同治十一年，吏部主事。光緒元年，實錄館校對。光緒十三年，會典館纂修。光緒十四年，

有進行基督教調查的必要，因為民教常有土地的產權紛爭，而造成各說各話的情形，為了杜絕此現況，調查造冊是最可行的方式。另一方面，當教案發生後，接續的善後賠償，往往差距甚大。如果有此調查造冊，談判雙方就有依據可憑，對於教案的處理是有幫助的。楊晨、陳其璋之言，故然有其道理，但造冊實有難度，在恭親王奕訢回覆陳其璋的教案章程的摺子曾言：

> 教堂所收教民，應報明地方官，按年造冊備案。又原奏內稱，教堂處所宜造冊呈報總署，通行各省，查明教堂是否洋式、華式、房屋若干，按年冊報。現聞各省有報有不報者，應令地方官造報等語。臣等查通商以來，教堂林立，漫無稽考。臣衙門於光緒十七年（西元 1891 年）通行各直省，分別詳查冊報。但查地名房式，不問教規。近今數年，俱已冊根。嗣復倘有遲延未報者，應由臣衙門咨催造送備查。又原奏內稱，教民人數宜造冊呈報。教民受傷身死，往往索賠恤款，其人果否入教，無從查考。應令各教堂將入教之男婦、雇用之華工開具姓名，報明備查等語。臣等查各國教士均有護照可憑，易於查考。至教民人數眾多，造冊不易。若各府州縣概令造冊，恐徒滋紛擾，終難清厘，而民教從此多事。至教民受傷身死，議給卹賞，該地方官必詳細查明，方允給賞，斷無任教士影射之理。〔註25〕

恭親王奕訢點明造冊已有實行，但是地方官造冊並不確實，加上教民人數眾多，造冊實在不容易。如果嚴行造冊，調查期間也有紛爭，民教衝突反而加重，只有教案後調查，才不易產生紛擾。調查造冊雖有難處，但在教案頻傳之下，清廷不得不重申，必須嚴謹造冊調查，光緒二十四年（西元 1898 年）六月十八日，內閣學士瞿鴻禨奏請飭總署照會各國公使造具教堂教民清冊文中言：

> 近來文涉棘手，莫如教案。各處教堂林立，亦有借民房傳教，事後遂指為教堂者。教民恃教為護符，亦有因犯案爭訟，臨時投教，以求勝者。種種譸張，莫可究詰，而愚民無知，不顧利害，不識輕重，

丁憂。光緒十七年，陝西道監察御史。光緒二十年，江西道監察御史。光緒二十一年，廣東道監察御史。光緒二十三年，京畿道監察御史。光緒二十四年，湖北宜昌府知府。參閱《宮中檔奏摺——光緒朝》（臺北，國立故宮博物院，西元 1973 年），第 408017902 號。

〔註25〕中國第一歷史檔案館編，《清末教案·第二冊》（北京：中華書局，西元 1998年），頁 639～643。

輒與教中人爲難。一遇刁徒，從而煽惑，遂成巨案，地方官實亦防不勝防。臣思保護要策，宜預查各省教堂座落何處，洋房若干，民房傳教之處若干，一一繪圖貼說，並將教民編入教籍，注明生理丁口，仍一律准其應試捐官。由各省督撫照會領事，造具清冊，一並咨送軍機會、總理衙門、戶部存案。其有續增之教堂及新入教之戶口，隨時報由州縣申請督撫補送備案，不許遺漏。其未經冊報有案者，有事不得借口。如此則地方有司，始得確知教堂教民之數，耳目易周，便於防護。且按冊可稽，辦理較有把握，似亦釜底抽薪之法。〔註26〕

對於瞿鴻磯的提議，慶親王奕劻作了回應，在光緒二十四年（西元1898年）六月十九日，准軍機處抄交內閣學士瞿鴻磯奏請將各省教堂教民數目冊報軍機處暨臣衙門片中回覆言：「查各省府州縣衛共有外國教堂幾所，系屬何教，其所設教堂爲洋式、爲華式，自應先查根據，庶免臨事棘手。」〔註27〕慶親王奕劻認爲瞿鴻磯的提議是應做之事，但他認爲當務之急，應先調查有幾所教堂？係於何教？樣式爲何？慶親王奕劻又言：「屢商各國使臣，轉飭各處教士，將教民戶口姓名每年冊報一次，由其領事照會各該地方官，俾有案據，不至臨時漫無稽查。現只美使臣牟佟滙報，各國均未一律應允。若由地方官自行辦理，該教士教民不服稽查，更恐橫生枝節。」〔註28〕慶王已向各國使臣說明調查造冊之事，但現今只有美使牟佟滙回報，各國並未答應，如果冒然辦理，恐引起紛擾，對此情形，光緒皇帝給了指示，在光緒二十七年（西元1901年）三月二十一日的上諭言明：

瞿鴻磯奏各省教民請編入冊籍，教堂處所須咨明立案，以便清查保

<hr>

〔註26〕同上註，頁765～766；瞿鴻磯（西元1850～1918年）字子玖，號止盦，晚號西巖老人，湖南善化人，同十進士，光二、八，豫學，五、正，丁母憂，十一、五，浙學，十七、八，川學，二十三、二，詹事，八月蘇學，十月調，二十五、正，禮右，二十六、九，左都，旋調工尚，二十七、四，學習入值，六月外尚，十二月正式入值，三十二、正，協辦大，三十三、五，緣事開缺，罷值，諡文愼。魏秀梅，《清季職官表》，頁885。

〔註27〕中國第一歷史檔案館編，《清末教案·第二冊》（北京：中華書局，西元1998年），頁769～770；奕劻（西元1838～1917年），宗室，慶親王，鑲藍，光十、三，總署，二十七、六，外務部總理大臣，二十九、三、入值，宣三、四，裁，改內閣制，任內閣總理大臣，九月開缺，改授弼德院院長，民六、正、六，卒，諡曰密。參閱魏秀梅，《清季職官表》，頁949。

〔註28〕中國第一歷史檔案館編，《清末教案·第二冊》，頁769～770。

護等語。現在議約之際，亟宜將傳教妥定章程，以防後患。著奕劻、

李鴻章歸入前次教案條陳一並核辦。〔註29〕

上諭說明將瞿鴻機的提議，納入條約談判的事項，以增入傳教章程內文中。據本節的闡述，清廷經過幾番商討之後，確定他們要對基督教整體進行一個普查，進而較能掌握基督教的發展情況，有效在民教衝突方面進行管控。另一方面，在衝突之後的賠償細則，也易於理清。

二、東北基督教的調查造冊

　　光緒十七年（西元 1891 年），恭親王奕訢通知各省實行調查造冊時，東北三省據此著手進行調查造冊。光緒十九年（西元 1893 年）四月二十五日，盛京將軍裕祿文稱：「案查前准貴衙門咨，查所屬境內共有大教堂幾處？小教堂幾處？堂屬某國某教？各堂是否洋式？抑係華式？教士是何姓名？係屬何國之人？是否俱係洋人？堂內有無育嬰施醫各事？分別確查，按季冊報，以憑稽核等因。當將各屬查明有無設立教堂，彙造清冊，於上年十二月間咨送在案。現屆本年春季造報之期，據各府、廳、州、縣查明所屬城鄉各界設立各國教堂、講書堂、施醫院，分別住址樣址，及教士姓名，造具清冊開報前來。除金州廳、復州、海龍廳、義州、及東邊道所屬之鳳凰廳。興京同知安東寬甸、通化、懷仁，並昌圖府屬康平縣十一廳州縣據報並無教堂外。茲將報到各屬彙造清冊，相應備文咨送，為此合咨貴衙門，請煩查照施行。」〔註30〕盛京將軍裕祿明確表示，奉天省調查造冊的進行。

　　在吉林方面，光緒十九年（西元 1893 年）六月十九日，吉林將軍長順宣稱「邊務承辦處案呈，案准貴衙門咨開，照得各國教士來華傳教，設立教堂，本為條約所准。中國疆域廣闊，各省府州縣衛共有外國教堂若干？中為某教？其所設教堂為洋式？為華式？各省未據開送，即詢諸各國使館，亦無可靠，

〔註29〕中國第一歷史檔案館編，《清末教案‧第三冊》（北京：中華書局，西元 1998年），頁 59。

〔註30〕中研院近史所編，《教務教案檔‧第五輯》（臺北：中研院近史所，西元 1977年），頁 2428；裕祿（西元 1840～1900 年）喜塔臘氏，崇綸次子，字壽安，號壽泉（清史稿作壽山）滿正白，監生，同七、四，皖按，十一、十，皖布，十三、九，皖撫，光十一、二，署湖督，十三、正，實授，十五、七，盛將，二十一、八，福將，二十三、十一，川督，二十四、五，入值，七月禮尚，總署，八月直督，罷值，二十六、六，免，七月十三日殉難。參閱魏秀梅，《清季職官表》，頁 975。

每遇教案，驟難查理。當於光緒十七年（西元 1891 年）六月二十五日，通行各直省查報，續以沿江教案未了，間有胥役往查，不明事體，致滋西人口實。法使請停，因於九月十八日，通行緩辦各在案，現在沿江教案次第辦竣。各各教堂住址，僅准北洋大臣送直隸境內教堂數目，此外均未查報，合行咨會，即希貴將軍查照上年通行文件，飭屬妥辦，但查境內共有教堂幾處？坐落某地？係何國教士？不必干預堂內教規，致滋口舌。查清後，早日具報本衙門為要等因。當經咨札所屬遵照去後，茲據寧古塔副都統烏拉總管烏拉協領等先後咨報，遵查各屬界地方，並無外國洋人來此設立教堂各等因。續據阿勒楚喀副都統吉林分巡道等報稱，遵查所屬界內各國洋人建立教堂處所，分析造報等因前來。據此，合將吉林阿勒楚喀屬界各國洋人建立教堂處所，分析滙造清冊一本附封，備文咨送，為此咨呈貴衙門，謹請查核施行。」〔註 31〕吉林將軍長順也宣布，吉林進行調查造冊的工作。

　　在黑龍江方面，光緒十九年（西元 1893 年）正月二十日，黑龍江將軍依克唐阿稱：「辦理交涉處案呈。竊查於光緒十八年（西元 1892 年）九月十一日，准欽命總理各國事務衙門咨開，照得各國教士來華傳教，設立教堂，本為條約所准，中國疆域廣闊，各省府州縣衛共有外國教堂若干？中為某教？其所設教堂為洋式？為華式？各省未據開送，即詢諸各國使館，亦無可靠，每遇教案，驟難查理。當於光緒十七年（西元 1891 年）六月二十五日，通行各直省查報，續以沿江教案未了，間有胥役往查，不明事體，致滋西人口實。法使請停，因於九月十八日，通行緩辦各在案，現在沿江教案次第辦竣。各各教堂住址，僅准北洋大臣送直隸境內教堂數目，此外均未查報，合行咨會，即希貴將軍查照上年通行文件，飭屬妥辦，但查境內共有教堂幾處？坐落某地？係何國教士？不必干預堂內教規，致滋口舌。查清後，早日具報本衙門為要等因前來，當即咨札呼蘭等處，迅即查照原文事理詳細查明，趕緊呈報，以憑咨覆去後，旋准呼蘭副都統先後咨據呼蘭廳同知璧良、綏化廳通判文杰呈稱，遵札查明廳屬設立教堂處所，並坐落某地，係何國教士？為洋式？為華式？均經分析咨報前來，查本省除呼蘭、綏化兩廳設有教堂五處外其餘各

〔註31〕中研院近史所編，《教務教案檔・第五輯》，頁 2541～2542；長順（西元 1838 ～1904 年）郭貝爾氏或郭博羅氏，字鶴汀，滿正白，護軍授藍翎侍衛，同十、九，科布多參，十一、八，署烏將，十三、四，革，光九、十一，烏都，十八，調，十四、四，吉將，二十二、四，因病開缺，二十五、七，再任吉將，三十、正，卒，諡忠靖。參閱魏秀梅，《清季職官表》，頁 910。

屬查無設立，茲准前因，合亟備文鈔錄粘單呈請咨呈等情，據此，相應咨呈，為此咨呈貴衙門鑒核施行。」〔註32〕黑龍江將軍依克唐阿亦遵照光緒十七年（西元1891年）的通知，進行調查造冊的行動。

　　在整體調查造冊的政策下，基督教據點歸屬的行政區、位置、教派、樣式、規模、居住教士、備註，經由各廳縣造冊申報，後彙齊詳送奉天、吉林、黑龍江三位將軍，然後咨呈總理衙門，形成為所謂的基督教調查清冊。筆者據此項史料闡述東北基督教據點的情況與其地理分布位置，遂將光緒十九年（西元1893年）夏季清冊列表如下：

表3-1　光緒十九年（西元1893年）奉天基督教地理分布表〔註33〕

行政區	位　置	教　派	樣式	規模	教　士	傳道	備註
承德縣	省城小南門外大什字街西胡同路北，廂藍旗界	法國天主教	洋式		洋人巴來德		
	省南二十里三家子屯	法國天主教	洋式		洋人巴來德		
	省南三十里閔指揮屯	法國天主教	洋式		洋人巴來德		
	省北八十里陳家窩棚	法國天主教	洋式		洋人訥亦而然		
	省西三十五里閻家荒屯。	法國天主教	洋式		洋人巴來德		
	省城大東門外經歷司胡同路北，廂紅旗界。	英國耶穌教	洋式		洋人羅約翰		
	大東門外小河沿北坡上，廂紅旗界	英國耶穌教	華式		醫生洋人司督閣		施醫院

〔註32〕中研院近史所編，《教務教案檔‧第五輯》，頁2565～2566；依克唐阿（西元1834～1899年）扎拉里氏，字堯山，滿鑲黃，馬甲，同八、九，墨爾根副，光二、七，黑龍江副，五、七，呼蘭副，六、六，丁憂，七、四，琿春副，十五、正，黑將，二十、十、革，二十一、八，盛將，二十五、正、三十，卒，諡誠勇。參閱魏秀梅，《清季職官表》，頁947。

〔註33〕中研院近史所編，《教務教案檔‧第五輯》，頁2428～2444。又由於史料記載有不明之處，文中以籠統的天主教、耶穌教統稱。如要細分，天主教都為法國巴黎外方差會，耶穌教則包括蘇格蘭長老會、愛爾蘭長老會、丹麥路德會為主。

	大東門外小河沿北，廂紅旗界	英國耶穌教	華式		洋人羅約翰、傅多瑪、司督閣	居所
	大北門裡大街路東，正藍旗界	英國耶穌教	華式		華人（更換無常，不知姓名）	講書堂
	大北門裡大街路東，正紅旗界	英國耶穌教	華式		華人（更換無常，不知姓名）	講書堂
	大西門外大街路南，正白旗界	英國耶穌教	華式		華人（更換無常，不知姓名）	講書堂
	省西四十里沙嶺屯	英國耶穌教	華式		洋人羅約翰	
開原縣	本城	英國耶穌教	華式		華人劉慶昇	
	法庫門	英國耶穌教	華式		華人朱玉和	
	威遠堡門	英國耶穌教	華式		華人侯長江	
	靠山屯	法國天主教	華式		華人潘洪治	
鐵嶺縣	本城東門外	英國耶穌教	華式		洋人魏雅各	
	本城北門外	英國耶穌教	華式		洋人榮妥馬	施醫院
	本城西門外	法國天主教	華式		洋人鮑若翰	
	縣屬西南鄉安心台	法國天主教	洋式		洋人訥若瑟	
		法國天主教	洋式		洋人訥若瑟	
	縣屬東南鄉百貫屯					
遼陽州	城內東街天齊廟後東西兩院	英國耶穌教	洋式		醫士洋人吳阿禮	施醫院
	城內州署後	英國耶穌教	華式		醫士洋人吳阿禮、德牧師清大夫	施醫院
	城內東街路北	英國耶穌教	華式		洋人李雅各	
	城內東街路南	英國耶穌教	華式		華人劉守先	講書堂
	城內東街馬神廟前東西兩院	法國天主教	洋式			執事華人張有財	內設有育嬰堂、女學房
	城西大沙嶺	法國天主教	洋式		洋人古若瑟、藍祿業	
	城西南勾家寨	法國天主教	洋式		華人夏雲章	

海城縣	本城火神廟街南	英國耶穌教	洋式		洋人馬欽泰		
	縣屬費家屯	英國耶穌教	華式			華人許瀛洲	女學房
	縣屬二台子	英國耶穌教	華式			華婦傅呂氏	女學房
	縣屬廟兒溝	英國耶穌教	華式			華婦宋李氏	女學房
	縣屬水泉屯	英國耶穌教	華式			華婦李蔡氏	女學房
	縣屬牛莊西關	法國天主教	洋式			華人丁安太	
	縣屬董家屯	法國天主教	洋式		洋人貢羅思		
新民廳	本街	英國耶穌教	華式		華人許文明		
	廳屬佟家房申屯	英國耶穌教	華式		華人夏雲凌		
	廳屬三台子屯	英國耶穌教	洋式		洋人樊若望、郭方濟		內設有育嬰、養貧兩院
岫巖州	州屬西南西岔溝	法國天主教	華式		洋人林若翰		
蓋平縣	城西北沒溝營河神廟前	英國耶穌教	洋式		華人馬姓		
	城西北沒溝營三義廟路西	英國耶穌教	洋式		華人紀姓		
	城西北沒溝營三義廟路東	法國天主教	洋式		華人蘇姓		
	城西北沒溝營三義廟路南	法國天主教	洋式		女教士		
	城西北沒溝營老爺閣後	法國天主教	洋式		華人徐姓		
	城東羅家店	法國天主教	洋式		華人吳姓		
	城東楊木林子	法國天主教	華式		華人林姓		
寧遠州	州屬前屯衛	美國耶穌教	華式		洋人劉海瀾		
廣寧縣	小黑山	法國天主教	洋式		洋人艾莫餕		內有育嬰院
	谷家屯	法國天主教	華式		華人錢永祥		
錦縣	本城南街路東	英國耶穌教	洋式		洋人很維禮		
	本城東關路北	英國耶穌教	洋式		洋人很維禮、孫培芳、白多瑪		內設有施醫院
	連山鎮街中路南	法國天主教	洋式		巴來德		

營口廳	營口唐家屯迤南石頭房子	英國耶穌教	洋式	現無洋人傳教士		
	營口三義廟迤西	英國耶穌教	洋式	賣書		
	營口三義廟迤東	英國耶穌教	洋式	洋人教士	華人講書	講書日福音堂　書名日福音堂
	營口東街	英國耶穌教	華式			
	營口英國領衙門東	法國天主教	洋式	洋人教士		
	營口三義廟東	法國天主教	洋式	洋人女教士		
	營口河沿	法國天主教	洋式		華人看守	
昌圖府	金家屯	英國耶穌教	華式	洋人傅多瑪		
奉化縣	縣屬東南太平溝屯	英國耶穌教	華式	洋人羅約翰、魏雅各		
	本城西街路北	英國耶穌教	華式	洋人羅約翰、魏雅各		
懷德縣	十二馬架屯	法國天主教	華式	洋人馬若瑟		

圖 3-1　奉天南關天主教堂

資料來源：遼寧省圖書館編，《盛京風物：遼寧省圖書館藏清代歷史圖片集》（北京：中國人民大學出版社，西元 2007 年），頁 250。出處：《史跡奉天》

圖 3-2　奉天東關教會

資料來源：遼寧省圖書館編，《盛京風物：遼寧省圖書館藏清代歷史圖片集》（北京：中國人民大學出版社，西元 2007 年），頁 251。出處：《滿洲基督教年鑒》

表 3-2　光緒十九年（西元 1893 年）吉林基督教地理分布表 [註34]

行政區	位　置	教　派	樣式	規模	教　士	傳道	備註
吉林府	府屬忠信社秔稭垜屯	法國天主教	華式	小教堂	洋人利篤、德安		
	誠忠社蒽蘇茱河屯	法國天主教	華式		洋人利篤		居所
長春府	府屬本城東四道街	英國耶穌教	華式	大教堂	洋人蓋雅各、高積善		施醫院
	府屬恆裕鄉九甲小八家屯	法國天主教	洋式	大教堂	洋人沙如理		
	府屬恆裕鄉九甲王鬍子窩堡屯	法國天主教	洋式	大教堂	華人張據德		
	府屬恆裕鄉九甲對龍山屯	法國天主教	華式	小教堂	洋人沙如理		

〔註34〕 中研院近史所編，《教務教案檔·第五輯》，頁 2542～2544。

	府屬恆裕鄉十甲齊家窩堡屯	法國天主教	洋式	大教堂	洋人何瀾		
	府屬恆裕鄉十一甲大青山屯	法國天主教	華式	小教堂	洋人沙如理		
	府屬恆裕鄉十三甲蓮花山屯	法國天主教	華式	小教堂	洋人馬若瑟		
賓州廳	廳屬本城	法國天主教	華式	小教堂	洋人桑石振		內有育嬰院
	廳屬阿什河東北海溝屯	法國天主教	華式	大教堂	洋人桑石振		內有育嬰院
	廳屬阿什河東北半拉山屯	法國天主教	華式	小教堂	洋人桑石振		
伯都廳	廳屬孤榆樹地方	英國耶穌教	華式	小教堂	洋人蓋雅各	華人劉文瑞	
伊通州磨盤山分防州	東關外	法國天主教	籌建	籌建中	洋人利篤		
阿勒楚喀	阿勒楚喀所屬海溝屯	法國天主教	洋式	大教堂	洋人桑石振		名爲愛德堂,內有育嬰院

表 3-3　光緒十九年(西元 1893 年)黑龍江基督教地理分布表 [註 35]

行政區	位　置	教　派	樣式	規模	教　士	傳道	備註
呼蘭廳	廳屬本街	法國天主教	華式		洋人孟若望		內設有女學房
	雙山堡東北方子屯	法國天主教	華式		洋人孟若望		
	小石頭河	法國天主教	華式		洋人舒惟尼		
綏化廳	廳屬本街	法國天主教	華式		洋人卜類思		內設有男女學房一所

　　上述簡表中,所列東北基督教建築物共計 82 所,其中奉天的基督教建築物計 63 所,約占東北基督教建築物的百分之七十七。其教堂位置主要分布於承德縣,省城小南門外大什字街西胡同路北,廂(鑲)藍旗界、省南二十里三家子屯、省南三十里閔指揮屯、省北八十里陳家窩棚、省西三十五里閻家荒屯、省

〔註 35〕中研院近史所編,《教務教案檔‧第五輯》,頁 2565～2566。

城大東門外經歷司胡同路北，廂（鑲）紅旗界、大東門外小河沿北坡上，廂（鑲）紅旗界、大東門外小河沿北，廂（鑲）紅旗界、大北門裡大街路東，正藍旗界、小東門外大街路南，正紅旗界、大西門外大街路南，正白旗界、省西四十里沙嶺屯。開原縣，本城、法庫門、威遠堡門、靠山屯。鐵嶺縣，本城東門外、本城北門外、本城西門外、縣屬西南鄉安心台、縣屬東南鄉百貫屯。遼陽州，城內東街天齊廟後東西兩院、城內州署後、城內東街路北、城內東街路南、城內東街馬神廟前東西兩院、城西大沙嶺、城西南勾家寨。海城縣，本城火神廟街南、縣屬費家屯、縣屬二台子、縣屬廟兒溝、縣屬水泉屯、縣屬牛莊西關、縣屬董家屯。新民廳，本街、廳屬佟家房申屯、廳屬三台子屯。岫巖州，州屬西南西岔溝。蓋平縣，城西北沒溝營河神廟前、城西北沒溝營三義廟路西、城西北沒溝營三義廟路東、城西北沒溝營三義廟路南、城西北沒溝營老爺閣後、城東羅家店、城東楊木林子。寧遠州，州屬前屯衛。廣寧縣，小黑山、谷家屯。錦縣，本城南街路東、本城東關路北、連山鎮街中路南。營口廳，營口唐家屯迤南石頭房子、營口三義廟迤西、營口三義廟迤東、營口東街、營口英國領事衙門東、營口三義廟東、營口河沿。昌圖府，金家屯。奉化縣，縣屬東南太平溝屯、本城西街路北。懷德縣，十二馬架屯。

吉林的基督教建築物計 15 所，約占東三省基督教建築物的百分之十八。其教堂位置主要分布於吉林府，府屬忠信社秫秸垛屯、誠忠社蔴蕛荣河屯。長春府，府屬本城東四道街、府屬恆裕鄉九甲小八家屯、府屬恆裕鄉九甲王鬍子窩堡屯、府屬恆裕鄉九甲對龍山屯、府屬恆裕鄉十甲齊家窩堡屯、府屬恆裕鄉十一甲大青山屯、府屬恆裕鄉十三甲蓮花山屯。賓州廳，廳屬本城、廳屬阿什河東北海溝屯、廳屬阿什河東北半拉山屯。伯都廳，廳屬孤榆樹地方。伊通州磨盤山分防州，東關外。阿勒楚喀，阿勒楚喀所屬海溝屯。黑龍江的基督教建築物計 4 所，約占東北基督教建築物的百分之五。呼蘭廳，廳屬本街、雙山堡東北方子屯、小石頭河。綏化廳，廳屬本街。

基督教傳教士在東北擁有的建築物，其式樣有華式與洋式之分。大致而言，華式共 49 所，洋式 32 所，籌建 1 所，華式多於洋式。比較值得注意蓋平縣境內西洋教堂，洋式建築的教堂共計 6 所，占蓋平縣境內的教堂總數百分之八十六；華式建築的教堂僅 1 所，占蓋平縣教堂總數的百分之十四。營口廳境內西洋教堂，洋式建築的教堂共計 6 所，占營口廳境內的教堂總數百分之八十六；華式建築的教堂僅 1 所，占營口廳教堂總數的百分之十四。各基督教建築物大

小規模。表中所列教堂僅吉林回報大小教堂共計 14 所，大教堂占 7 所，大教堂占百分之五十。小教堂 7 所，占總數百分之五十。由數據過少，尚不能判斷，但可以得知教堂規模與城鎮規模無關，取決於教友人數爲要件。

　　基督教堂區傳教神職人員，分爲教士、傳道等員，簡表中所列法國天主教的教士包括巴來德、訥亦而然、鮑若翰、訥若瑟、古若瑟、藍祿業、貢羅思、林若翰、艾莫餃、洋人教士（無記名）、洋人女教士（無記名）、馬若瑟、利篤、德安、沙如理、何瀾、桑石振、孟若望、舒惟尼、卜類思。英國耶穌教的教士包括羅約翰、司督閣、傅多瑪、魏雅各、榮妥馬、吳阿禮、清大夫（無實名）、李雅各、馬欽泰、樊若望、郭方濟、很維禮、孫培芳、白多瑪、賣書、洋人教士（無記名）、傅多瑪、蓋雅各、高積善。美國的耶穌教教士僅劉海瀾。天主教華人教士包括潘洪治、夏雲章、華人蘇姓（無記名）、華人徐姓（無記名）、華人吳姓（無記名）、華人林姓（無記名）、錢永祥、張據德。耶穌教華人教士包括華人（更換無常，不知姓名）共 3 名、劉慶昇、朱玉和、侯長江、劉守先、許文明、夏雲凌、華人馬姓（無記名）、華人紀姓（無記名）。前舉天主教教士中，洋人 20 名，華人 8 名。耶穌教教士，20 名，華人 11 名。至於各教堂的傳道員大都是華人，天主教傳道員包括張有財、丁安太、華人一名（無記名）。耶穌教傳道員包括許瀛洲、傅呂氏、宋李氏、李蔡氏、華人一名（無記名）、劉文瑞。

　　奉天基督教建築物所屬國籍，法國天主教 27 所，英國耶穌教 35 所，美國耶穌教 1 所。吉林基督教建築物所屬國籍，法國天主教 13 所。英國耶穌教 2 所。黑龍江基督教建築物所屬國籍，法國天主教 4 所。據建築物所屬國籍，可察覺地理位置越北，不僅基督教整體數量減少，而且發現吉林、黑龍江耶穌教建築物明顯少於天主教，更在黑龍江的部分竟然沒有一所建築物。耶穌教施醫院 6 所，講書堂 5 所，育嬰堂 1 所。天主教育嬰堂 5 所，女學房 7 所，男學房 1 所。在其他事業方面，天主教著重於育嬰堂、女學房；耶穌教著重於施醫院、講書堂。

第三節　基督教在東北建堂據點成長的高峰

　　在光緒十九年（西元 1893 年）夏季清冊的調查下，已對於基督教據點在東北的分布，有所認知，此項調查也是東北基督教據點，未經歷成長期前的原貌。

接續要探究將是東北基督據點，在成長期後的情況，所謂「成長期」便是在甲午戰手後，基督教傳教事業迅速發展，與終於庚子拳亂前的這段時間。

圖 3-3　贊成和局（即《中日馬關條約》）

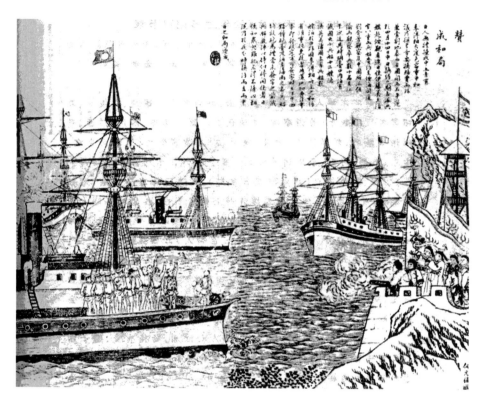

資料來源：陳平原、夏曉虹編著，《圖像晚清：點石齋畫報（珍藏本）》（天津：
　　　百花文藝出版社，西元 2006 年），頁 47。

一、東北基督教據點成長期的調查

　　在日本獲勝之後，無論在什麼地方有教會學校、布道堂，或較小的聚會場所，許多人都想去了解外國宗教的內容，因為他們朦朧地感覺到外國人的宗教與外國人的勝利有某種關係。從光緒二十二年（西元 1896 年）到光緒二十六年（西元 1900 年）春天這四年時間裡，滿洲基督教會的發展如同潮湧，一浪高過一浪，其力量逐年增強。因為前來求救的人數很多，教堂顯得有些擁擠，傳教士應接不暇。要求布道師和傳教士光臨指導的村莊一個接一個需要解答的問題層出不窮。光緒二十二年（西元 1896 年），司督閣醫院的一百

多名患者在希望接受洗禮的名單上簽字。〔註36〕在此背景因素下，東北入教者倍數成長，建堂數亦直線上升，直至光緒二十六年（西元1900年）義和團之亂爲止，司督閣稱此爲東北基督教會的成長期。然而，爲何終止於庚子拳亂？其原由是因爲義和團亂後東北基督教損害甚大，時至民國初年亦無法復歸當時的盛況。義和團造成的損害傷亡，筆者將在下一章討論之，本節先探究東北基督教在這短短七年間的傳教榮景。因此，筆者整理光緒二十五年（西元1899年）基督教秋季調查清冊表，此次調查爲庚子拳亂發生前半年時，所進行的調查造冊，執之與光緒十九年（西元1893年）夏季基督教調查清冊表，作交叉比對與探討，以釐清這七年間，基督教在東北的奮起。光緒二十五年（西元1899年）秋季基督教調查清冊表，整理如下：

表3-4　光緒二十五年（西元1899年）奉天基督教地理分布表〔註37〕

行政區	位　置	教　派	樣式	規模	教　士	傳道	備註
承德縣	省城小南門外大什字街胡同路北廂藍旗界	法國天主教	洋式		洋人巴來德		
	省南二十里三家子屯	法國天主教	華士		洋人巴來德		
	省南三十里閔指揮屯	法國天主教	華士		洋人巴來德		
	省北八十里陳家窠棚	法國天主教	華士		洋人訥亦而言		
	省西三十五里閻家荒屯	法國天主教	華士		洋人巴來德		
	大東門外經歷司胡同路北廂紅旗界	英國耶穌教	洋式		洋人羅約翰		
	大東門外小河沿北坡上，廂紅旗界	英國耶穌教	華式		醫生洋人司督閣		施醫院

〔註36〕〔英〕杜格爾德‧克里斯蒂著、〔英〕伊澤‧英格利斯編、張士尊、信丹娜譯，《奉天三十年（西元1883〜1913年）——杜格爾德‧克里斯蒂的經歷與回憶》，頁93。
〔註37〕中研院近史所編，《教務教案檔‧第六輯》（臺北：中研院近史所，西元1980年），頁2028〜2046。

	大東門外小河沿北，廂紅旗界	英國耶穌教	華式		洋人羅約翰、傅多瑪	係羅約翰、傅多瑪、司督閣等居住
	大北門裡大街路東，正藍旗界	英國耶穌教	華式		華人，更換無常，不知姓名	講書堂
	小東門外大街路南，正紅旗	英國耶穌教	華式		華人，更換無常，不知姓名	講書堂
	小西門外大街路南，正白旗界	英國耶穌教	華式		華人，更換無常，不知姓名	講書堂
	省西四十里沙嶺屯	英國耶穌教	華式		洋人羅約翰	
昌圖府	本城	法國天主教	華式		執事華人閻世元	
	本城	英國耶穌教	華式		牧師洋人畢德治	
	距府六十里「此鳥」鷺樹	法國天主教	華式		洋人李神父	
	距府六十里「此鳥」鷺樹	英國耶穌教	華式		牧師洋人畢德治	
	距府一百里四平街	法國天主教	華式		執事華人夏祥春	
	距府一百里四平街	英國耶穌教	華式		牧師洋人畢德治	
	距府一百一十里八面城	法國天主教	華式		執事華人黃金有	
	距府一百一十里八面城	英國耶穌教	華式		牧師洋人畢德治	
	距府五十里金家屯	法國天主教	華式		洋人趙神父	
	距府五十里金家屯	英國耶穌教	華式		執事華人關印榮	
	距府八十里同江口	法國天主教	華式		執事華人馬守志	
	距府八十里同江口	英國耶穌教	華式		牧師洋人倪裴德	
	距府四十里四面城	法國天主教	華式		執事華人段發慶	

	距府八十里大窪	英國耶穌教	華式		牧師洋人倪裴德	
	距府五十里寶力屯	法國天主教	華式		執事華人叚發春	
興京廳	屬境新賓堡西街	英國耶穌教	華式		洋人羅約翰	
	屬境永陵東堡	英國耶穌教	華式		洋人羅約翰	講書堂
	屬境旺清門	法國天主教	華式		辦事華人王蔭橋	
	屬境新賓堡	法國天主教	華式		辦事華人王蔭橋	
營口廳	營口三義廟迆東	英國耶穌教	洋式		洋人蓋雅各	
	營口東街太古洋行迆西	英國耶穌教	華式			講書華人白雲錦 講書華人張玉井
	營口火神廟迆東	英國耶穌教	華式			名日福音堂
	營口東街唐屯唐家屯迆南石頭房子	英國耶穌教	洋式		洋人羅約翰	
	營口三義廟東南	英國耶穌教	洋式		掌教洋人卞芳士	
	東營街英國領事衙門迆東	法國天主教	洋式		洋人蘇裴理	
	營口三義廟迆東路南	法國天主教	洋式		女教士洋人林姓	育嬰堂
	營口老爺閣迆東	法國天主教	華式		執事華人梁鵬昇	內有洋式樓一座
新民廳	廳署本街	法國天主教	華式		洋人巴來德	
	廳署本街	英國耶穌教	華式		華人許文明	
	距署東三十五里佟家房申屯	法國天主教	華式		華人夏雲凌	
	距署西四十里盧家屯	英國耶穌教	華式		華人里美風	
	距署東南一百四十里三台子屯	法國天主教	洋式		洋人樊若望、郭方濟。	內設有育嬰、養貧二院

鳳凰廳	廳本城東門外	法國天主教	華式		洋人芳庭、執事華人何有功	
海龍廳	朝陽鎮	法國天主教	華式		華人李崇武	
	二八石	法國天主教	華式		華人白玉欽	
	本城	英國耶穌教	華式		傳教士華人李全陰、執事華人王振	
					德、石廣春、李清生、寧煥然	
	朝陽鎮	英國耶穌教	華式		傳教士華人張林、李魁昇。執事張文清、楊桂森、劉向陽	
	托佛別甸子	英國耶穌教	華式		華人韓向陽	
	太平河	英國耶穌教	華式		華人李春德	
	山城子街	英國耶穌教	華式		傳教士華人李從恩。執事華人孫慶廣、李春堂、程世山	
	六八石	英國耶穌教	華式		傳教士華人依明阿。執事華人于長清、邢連英、慕法中	
	白銀河	英國耶穌教	華式		華人劉世忠	
	山城子街	英國耶穌教	華式		華人張翰臣	義學堂
遼陽州	城內東街天齊廟後	英國耶穌教	洋式		洋人醫士清大衛、韓牧師、德牧師	施醫院內有養病房仁母院服藥房
	城內東街馬神廟前	法國天主教	洋式		執事華人張有財	
	城西大沙嶺	法國天主教	洋式		洋人古若瑟、藍祿葉	內有育嬰堂、女書房
	城西南勾家寨	法國天主教	洋式		華人夏雲章	
	城內東街路北	英國耶穌教	華式		華人王滋田	講書堂

	城西劉二堡	英國耶穌教	華式		執事華人王正鰲	講書堂
	城西小北河	英國耶穌教	華式		執事華人董天秩	講書堂
	茨榆坨	英國耶穌教	華式		執事華人董玉昆	禮拜堂
	沙河	英國耶穌教	華式		並無執事人	講書堂
	城昂堡	英國耶穌教	華式		執事華人徐俊德	禮拜堂	
	高占屯	英國耶穌教	華式		執事華人徐俊德	禮拜堂	
	城東安平	英國耶穌教	華式		執事華人王仁山		禮拜堂
	本溪湖	英國耶穌教	華式		執事華人張純三		講書堂
	達子堡	英國耶穌教	華式		執事華人王仁山		禮拜堂
	黃堡	英國耶穌教	華式		執事華人張長清		禮拜堂
岫巖州	州城西岔溝	法國天主教	洋式		洋人高若瑟	
義州	州屬城南寬洪寺屯	英國耶穌教	華式		華人崔純德	
	城西南土城子屯	英國耶穌教	華式		華人蔣慶瀛	
	城東北冷家溝屯	英國耶穌教	華式		洋人很維禮	
	城裡東街路南	英國耶穌教	華式			華人畢宇、孫萬慶
復州	本城東南街	英國耶穌教	華式		洋人蓋雅各	
	本城西街	法國天主教	華式		洋人白雲澄	
寧遠州	距城一百三十里前屯衛	美國耶穌教	華式		洋人劉海瀾、華人陳大庸	教讀華人俞作	義學堂
海城縣	城裡	英國耶穌教	洋式		洋人馬欽泰、女教士一名	姑娘三名	
	城裡	英國耶穌教	華式			講書華人王主恩、徐廣	講書堂

縣	地點	教派	式樣			
					智、莊振聲	
	城裡	英國耶穌教	華式		華婦王翟氏	女義學
	縣屬苗官屯	英國耶穌教	華式		華婦許呂氏	女義學
	縣屬二台子	英國耶穌教	華式		華婦傅呂氏	女義學
	縣屬廟兒溝	英國耶穌教	華式		華婦宋李氏	女義學
	縣屬鏵子峪	英國耶穌教	華式		華民范有山	男義學
	縣屬水泉屯	英國耶穌教	華式		華婦蔡王氏	女義學
	騰鰲堡	英國耶穌教	華式		傳教信德昌、長老林樹棠、執事人七名、教讀先生程樹嘉、女教讀信蔡氏、女教士陳氏、聖書會陳寶盛，均係華人	教會堂
	牛莊	法國天主教	洋式	洋人芳庭		
	縣屬董家屯	法國天主教	洋式	洋人雷多得		
	縣屬後滾子泡	法國天主教	華式	洋人雷多得		
	城裡	法國天主教	華式	洋人芳庭		
	城裡	法國天主教	華式	洋人芳庭		
蓋平縣	東沒溝營老爺閣後	法國天主教	洋式	洋人蘇雷		
	三義廟東	法國天主教	洋式	女教士洋人會冊		內有育嬰堂、施醫院

	太古洋行東	英國耶穌教	洋式	洋人蓋格		內有施醫院
	本城內	英國耶穌教	華式	洋人蓋格		
	城北博洛鋪	英國耶穌教	華式	洋人馬欽太		
	城北大石橋	英國耶穌教	華式	洋人馬欽太		
	城東羅家店	法國天主教	洋式	華人寶姓		
	城東楊木林子	法國天主教	洋式	洋人蘇雷		
	熊岳西子家園子	法國天主教	洋式	洋人蘇雷		
	城東西荒地	法國天主教	洋式	洋人蘇雷		
廣寧縣	小黑山	法國天主教	洋式	洋人艾莫餒		內有育嬰院
	谷家屯	法國天主教	華式	華人錢永祥		
	本城	英國耶穌教	洋式	洋人很維禮		
	中安堡	英國耶穌教	洋式	華人王明山		
	拉拉屯	英國耶穌教	洋式	華人魯秉誠		
	小黑山	英國耶穌教	洋式	華人李廷楷		
	閭陽驛	英國耶穌教	華式	華人董文訓		
錦縣	本城	英國耶穌教	華式	洋人伊約翰		講書堂
	東關	英國耶穌教	華式	伊約翰、邸如春	醫院洋人白多馬	內有醫院一座
	連山鎮	法國天主教	華式	洋人卜司鐸		
	東關	法國天主教	華式	洋人卜司鐸		
鐵嶺縣	縣城南關	英國耶穌教	洋式	華人張承權	長老華人王寶珍、齊萬春	禮拜堂
	縣城南關	英國耶穌教	華式	洋人魏雅各		禮拜堂，內有講書堂
	縣城南關	英國耶穌教	華式	醫生洋人青大偉		禮拜堂，內有施醫院
	縣城東關	英國耶穌教	華式	女師華人孫復恩		育嬰堂

	縣屬正南鄉六十里懿路	英國耶穌教	華式		牧師洋人羅約翰、醫士洋人司督閣	長老華人劉守先、唐貴鄉	講書堂，內有禮拜堂、施醫院
	縣城東關	法國天主教	洋式		洋人梁恒利	執事華人喬自新	內有育嬰堂
	縣城西關	法國天主教	華式		洋人梁恒利	執事華人徐寶珠	
	縣屬正南鄉六十里懿路屯	法國天主教	華式		洋人梁恒利	執事華人喬自新	
	縣屬東南鄉七十里百貫屯	法國天主教	洋式			執事華人傘盛吉	
	縣屬西南鄉六十里安心臺屯	法國天主教	洋式		洋人梁恒利	執事華人高尚楨	
	縣屬西南鄉鮑家崗子屯	法國天主教	洋式		洋人梁恒利	執事華人陳鳳鳴	
開原縣	本城東街	英國耶穌教	華式		華人刑阜遠		
	本城南街	法國天主教	華式		華人白玉成		
	威遠堡門	英國耶穌教	華式		華人蘇連生		
	法庫門	英國耶穌教	華式		華人郭振生		
	法庫門	法國天主教	華式		華人李雄福		
	靠山屯	法國天主教	華式		華人潘洪治		
	後馬市堡	英國耶穌教	華式			華人郭金	
	馬家寨	英國耶穌教	華式		華人戴福永		
	柴河堡	英國耶穌教	華式		華人于得珠		
	五寨子	英國耶穌教	華式		華人邸富仁		
	大台	英國耶穌教	華式		華人蘇成志		
	土口子	英國耶穌教	華式		華人李堆福		
	李家台	英國耶穌教	華式		華人張蘭		
	康家屯	英國耶穌教	華式		華人康殿奎		
	大孤家子	英國耶穌教	華式		華人王吉安		

通化縣	本城東關	英國耶穌教	華式		華人刑權		
	東界八道江	英國耶穌教	華式		華人曹姓		
	南界江甸子	英國耶穌教	華式		華人許姓		
	西北界山城子	英國耶穌教	華式		華人屈福恒		
	北界柳河鎮	英國耶穌教	華式		華人王姓		
	北界小通溝	英國耶穌教	華式		華人曲姓		
	北界孤山子	英國耶穌教	華式		華人武姓		
	北界橫道山子	英國耶穌教	華式		華人張姓		
	北界勝水河子	英國耶穌教	華式		華人戴姓		
	北界樣子哨	英國耶穌教	華式		華人戴姓		
	本城北關	法國天主教	華式		華人袁安		
	四道江	法國天主教	華式		華人白富春		
	南界化皮甸子	法國天主教	華式		華人林姓		
	南界新開河	法國天主教	華式		華人張發順		
	北界柳河鎮	法國天主教	華式		華人無名氏		
	北界六道溝	法國天主教	華式		華人候姓		
奉化縣	本城西街路北	英國耶穌教	洋式		洋人魏雅各、羅約翰、畢德治	執事華人趙文選	禮拜堂
	本城西街路北	英國耶穌教	華式			教讀人張萬福	義學堂
	新恩社四平街	英國耶穌教	華式		洋人魏雅各	執事華人叚成義	講書堂
	榆樹台鎮街	英國耶穌教	華式		洋人魏雅各	執事華人王雲海	講書堂
	小城子鎮街	英國耶穌教	華式		洋人魏雅各	執事華人冀萬清	講書堂
	本城南街西首路北	法國天主教	洋式		洋人柏司鐸、華人李學林	執事華人崔德	
	榆樹台	法國天主教	華式		洋人柏司鐸、華人李學林	執事華人黃金有、張明太、白玉順、夏長春	

	小城子	法國天主教	華式	洋人柏司鐸、華人李學林		
	拉馬甸子	法國天主教	華式	洋人柏司鐸、華人李學林		
	四平街	法國天主教	華式	洋人柏司鐸、華人李學林		
懷德縣	十二馬架屯	法國天主教	華式	洋人馬若望		內有洋式小鐘樓一個
	城西街	英國耶穌教	華式	華人周姓		
	本城	法國天主教	華式	華人王尙文、陳鰲		
寬甸縣	本城	英國耶穌教	華式	洋人馬欽泰		
	本城	法國天主教	華式		華人白雲清	
	縣屬太平哨	英國耶穌教	華式		華人李普堂	
	縣屬太平哨	法國天主教	華式		華人沈寶亭	
康平縣	縣街	法國天主教	華式		講教華人董志善	
	距縣二百二十里鄭家屯街	法國天主教	華式		講教華人張吉	
	距縣二百二十里鄭家屯街	英國耶穌教	華式		講教華人孔憲文	
安東縣	沙河鎮	法國天主教	華式	洋人芳庭	執事華人何有功	
懷仁縣	不明	法國天主教	不明	不明		

表 3-5　光緒二十五年(西元 1899 年)吉林基督教地理分布表〔註38〕

行政區	位置	教派	樣式	規模	教士	傳道	備註
阿勒楚喀	海溝屯	法國天主教	洋式		洋人桑石振現更換洋人戴治逵		名爲愛德堂

〔註38〕中研院近史所編，《教務教案檔・第六輯》，頁 2147～2153。

	城內南街路東	英國耶穌教	華式		洋人勞旦里、華人王錫平		講書堂
	西南門裡路西	英國耶穌教	華式		洋人勞旦里		擬欲在彼與婦女通事等居住
伯都訥	東營劉姓院	法國天主教	華式	小教堂	洋人路平	司鐸德先生、白姓、齊姓等三人道張據	
吉林府	忠信社秔稭垜屯	法國天主教	華式	小教堂	洋人利篤、德安		
	誠忠社菽蘇菜河屯	法國天主教	華式	小教堂	洋人利篤		寓所
	省城河南街東頭路北	英國耶穌教	華式		洋人高積善現更換　洋人杜榮本		
	省城大東門外昌邑屯	英國耶穌教	華式		洋人杜榮本		寓所
	省城大東門外朝陽街路北	英國耶穌教	華式		洋人高積善		醫院
	省城河南街虫王廟前	法國天主教	華式		洋人路平		
長春府	本城東四道街	英國耶穌教	華式	大教堂	洋人紀禮備	醫士洋人丁滋博	堂內有施醫
	本城東四道街	法國天主教	華式	大教堂	洋人沙如理		
	恒裕鄉九甲小八家屯	法國天主教	洋式	大教堂	洋人古若瑟		
	恆裕鄉九甲王鬍子窩堡屯	法國天主教	洋式	大教堂	洋人古若瑟		
	恆裕鄉九甲對龍山屯	法國天主教	華式	小教堂	洋人古若瑟		
	恆裕鄉十甲齊家窩堡屯	法國天主教	洋式	大教堂	洋人桑石振		
	恆裕鄉十一甲大青山屯	法國天主教	華式	小教堂	洋人桑石振		
	恆裕鄉十二甲蓮花山屯	法國天主教	華式	小教堂	洋人桑石振		
	懷惠鄉四甲東城子屯	法國天主教	華式	小教堂	主教藍祿業		

賓州廳	本城	法國天主教	華式	小教堂	洋人桑石振		堂內有育嬰
	阿什河東北海溝屯	法國天主教	華式	大教堂	洋人桑石振現更換洋人戴治逵		堂內有育嬰
	阿什河東北半拉山屯	法國天主教	華式	小教堂	洋人桑石振現更換洋人戴治逵		
	元寶河屯	英國耶穌教	華式	小教堂	洋人勞旦理		
	朝陽溝屯	英國耶穌教	華式	小教堂	洋人勞旦理		
	螞蜒河教社大凌河屯	英國耶穌教	華式	小教堂	洋人勞旦理		
	本城	英國耶穌教	華式	小教堂	洋人勞旦理		
伯都納廳	孤榆樹地方	英國耶穌教	華式	小教堂	洋人孟宗元	華人劉文瑞	係在奉省，傳教員在堂
	孤榆樹地方	法國天主教	華式	小教堂	洋人紀隆	華人張據德	係在奉省，傳教員在堂
五常廳	本城地方	英國耶穌教	華式	小教堂	洋人杜榮本		
	分防山河屯地方	英國耶穌教	華式	小教堂	洋人杜榮本		
	蘭彩橋地方	英國耶穌教	華式	小教堂	洋人杜榮本		
	本城地方	法國天主教	華式	小教堂	洋人田若瑟		
伊通州	州城西街路北	英國耶穌教	華式	小教堂	華人宿林山、劉照彰		工人一名
	州城西街路南	法國天主教	華式	小教堂	華人蔣士林、趙煥燃		
	蓮花街站	法國天主教	華式	小教堂	華人徐貴、李純章		
	半拉山門	法國天主教	華式	小教堂	華人閻士馨		
	下二台	法國天主教	華式	小教堂	華人齊樹棠	僱工趙永生	
農安縣	本城南街	法國天主教	華式	小教堂	洋人路平		
	本城南街	英國耶穌教	華式	小教堂		講士華人李發	

	農裕社靠山屯	法國天主教	華式	小教堂	洋人路平		
	農略社范家坨子屯	英國耶穌教	華式	小教堂		講士華人籍存政	
磨盤山分防州	城東關外	法國天主教	不明	不明	洋人利篤		未蓋教堂，置公產一處五坰零二分
	城東門裡大街路北	法國天主教	洋式		洋人郎穩協樂		
	城裡北街路西	英國耶穌教	華式		洋人雅英各	講書華人姚華	係在奉省開原縣
	黑石鎮	英國耶穌教	華式		洋人杜榮本		
敦化縣	本城東門外	英國耶穌教	華式			講士華人胡姓	傳教員經理

表 3-6　光緒二十五年（西元 1899 年）黑龍江基督教地理分布表

〔註 39〕

行政區	位置	教派	樣式	規模	教士	傳道	備註
呼蘭廳	大街北頭關帝廟東北里	法國天主教	華式		洋人舒維尼		教民不下二、三百戶
	巴彥蘇蘇城內德花街	法國天主教	華式	小教堂	洋人孟若瑟		教民不下七八百戶
	城東人木蘭達段界內小石頭河屯	法國天主教	華式	小教堂	洋人孟若瑟		教民代爲經理
	蘇屬南牌界內之東長林子屯	法國天主教	華式	小教堂		教民劉姓	教民代爲經理
	西集廠	法國天主教	華式		無教士佔居		教民代爲經理
	蘇屬北牌界內之東北方子屯	法國天主教	華式		無教士佔居		教民代爲經理

〔註 39〕中研院近史所編，《教務教案檔・第六輯》，頁 2164～2166。

綏化廳	三道街東路南	法國天主教	華式		洋人榮寶亭		
	上集廠西二道街	法國天主教	華式		華人盛萬春		盛萬春係山東
	上集廠大街路西	法國天主教	華式		華人盛萬春更換華人安守璽		安守璽係綏化

二、東北基督教據點成長期調查的分析

在上節簡表中，所列東北基督教建築物共計 232 所，其中奉天的基督教建築物計 177 所，約占東北基督教建築物的百分之七十六。其教堂位置主要分布於承德縣，省城小南門外大什字街西胡同路北，廂藍旗界、省南二十里三家子屯、省南三十里閔指揮屯、省北八十里陳家窩棚、省西三十五里閻家荒屯、省城大東門外經歷司胡同路北，廂紅旗界、大東門外小河沿北坡上，廂紅旗界、大東門外小河沿北，廂紅旗界、大北門裡大街路東，正藍旗界、小東門外大街路南，正紅旗界、大西門外大街路南，正白旗界、省西四十里沙嶺屯。開原縣，本城東街、本城南街、法庫門、法庫門、威遠堡門、靠山屯、後馬市堡、馬家寨、柴河堡、五寨子、大台、土口子、李家台、康家屯、大孤家子。鐵嶺縣，縣城南門、縣城南門、縣城南門縣城東關、縣屬正南鄉六十里懿路、縣城東關、縣城西關、縣屬正南鄉六十里懿路、縣屬東南鄉七十里百貫屯、縣屬西南鄉六十里安心台屯、縣屬西南鄉鮑家崗子屯。遼陽州，城內東街天齊廟後、城內東街馬神廟前、城西大沙嶺、城西南勾家寨、城內東街路北、城西劉二堡、城西小北河、茨榆坨、沙河、城昂堡、高占屯、城東安平、本溪湖、達子堡、黃堡。海城縣，城裡、城裡、城裡、縣屬苗官屯、縣屬二台子、縣屬廟兒溝、縣屬鏵子峪、縣屬水泉屯、騰鰲堡、牛莊、縣屬費家屯、縣屬後滾子泡、城裡、城裡。新民廳，廳屬本街、廳屬本街、距署東三十五里佟家房申屯、距署東南一百四十里三台子屯、距署西四十里盧家屯。岫巖州，州屬西南西岔溝。蓋平縣，東沒溝營老爺閣後、三義廟東、太古洋行東、本城內、城北博洛鋪、城北大石橋、城東羅家店、城東楊木林子、熊岳西子家園子、城東西荒地。寧遠州，距城一百三十里前屯衛。廣寧縣，小黑山、谷家屯、本城、中安堡、拉拉屯、小黑山、閭陽驛。錦縣，本城、東關、連山鎮、東關。

營口廳，營口三義廟迤東、營口東街太古洋行迤西、營口火神廟迤東、營口唐家屯迤南石頭房子、營口三義廟東南、營口英國領事衙門迤東、營口三義廟迤東路南、營口老爺閣迤東。昌圖府，本城、本城、距府六十里「此鳥」鷺

樹、距府六十里「此鳥」鷺樹、距府一百里四平街、距府一百里四平街、距府一百一十里八面城、距府一百一十里八面城、距城五十里金家屯、距城五十里金家屯、距府八十里同江口、距府八十里同江口、距府四十里四面城、距府八十里大窪、距府五十里寶力屯。奉化縣，本城西街路北、本城西街路北、新恩社四平街、榆樹台鎮街、小城小鎮街、本城南街西首路北、榆樹台、小城子、拉馬甸子、四平街。懷德縣，十二馬架屯、城西街、本城。興京廳，屬境新賓堡西街、屬境永陵東堡、屬境旺清門、屬境新賓堡。鳳凰廳，廳本城東門外。海龍廳，朝陽鎮、二八石、本城、朝陽鎮、托佛別甸子、太平河、山城子街、六八石、白銀河、山城子街。義州，州屬城南寬洪寺屯、城西南土城子屯、城東北冷家溝屯、城裡東街路南。復州，本城東南街、本城西街。通化縣，本城東關、東界八道江、南界江甸子、西北界山城子、北界柳河鎮、北界小通溝、北界孤山子、北界橫道山子、北界勝水河子、北界樣子哨、本城北關、四道江、南界化皮甸子、南界新開河、北界柳河鎮、北界六道溝。寬甸縣，本城、本城、縣屬太平哨、縣屬太平哨。康平縣、縣街，距縣二百二十里鄭家屯、距縣二百二十里鄭家屯。安東縣，沙河鎮。懷仁縣，不明。

　　吉林省的基督教建築物計 46 所，約占東北基督教建築物的百分之二十。其教堂位置主要分布於吉林府，府屬忠信社秫稭垛屯、誠忠社莪蔴荣河屯、省城河南街東頭路北、省城大東門外昌邑屯、省城大東門外朝陽街路北、省城河南街虫王廟前。長春府，本城東四道街、本城東四道街、恆裕鄉九甲小八家屯、恆裕鄉九甲王鬍子窩堡屯、恆裕鄉九甲對龍山屯、恆裕鄉十甲齊家窩堡屯、恆裕鄉十一甲大青山屯、恆裕鄉十三甲蓮花山屯、懷惠鄉四甲東城子屯。賓州廳，本城、阿什河東北海溝屯、阿什河東北半拉山屯、元寶河屯、朝陽溝屯、螞蜒河教社大淩河屯、本城。伯都廳，孤榆樹地方、孤榆樹地方。五常廳，本城地方、分防山河屯地方、蘭彩橋地方、本城地方。伊通州，州城西街路北、州城西街路南、蓮花街站、半拉山門、下二台。農安縣，本城南街，本城南街、農裕社靠山屯、農略社范家坨子屯。磨盤山分防州，城東關外、城東門裡大街路北、城裡北街路西、黑石鎮。敦化縣，本城東門外。阿勒楚喀，海溝屯、城內南街路東、西南門裡路西。伯都納，東營劉姓院。黑龍江省的基督教建築物計 9 所，約占東北基督教建築物的百分之四。呼蘭廳，大街北頭關帝廟東北里、巴彥蘇蘇城內德花街、城東大木蘭達段界內小石頭河屯、蘇屬南牌界內之東長林子屯、西集廠、蘇屬北牌界內之東北方子

屯。綏化廳，三道街東路南、上集廠西二道街、上集廠大街路西。

　　基督教傳教士在東北擁有的建築物，其式樣有華式與洋式之分。大致而言，華式共 193 所，洋式 47 所，不明 2 所，華式多於洋式。比較值得注意蓋平縣境內西洋教堂，洋式建築的教堂共計 5 所，占營口廳境內的教堂總數百分之六十三；華式建築的教堂僅 3 所，占營口廳教堂總數的百分之三十七。廣甯廳境內西洋教堂，洋式建築的教堂共計 5 所，占廣寧廳境內的教堂總數百分之七十一；華式建築的教堂僅 2 所，占營口廳教堂總數的百分之二十九。各基督教建築物大小規模。表中所列教堂僅吉林省回報大小教堂共計 34 所，大教堂占 28 所，大教堂占百分之八十二。小教堂 6 所，占總數百分之十八。黑龍江小教堂 3 所。由數據過少，尚不能判斷，但可以得知教堂規模與城鎮規模無關，取決於教友人數爲要件。

　　基督教堂區傳教神職人員，分爲教士、傳道等員，簡表中所列法國天主教的洋人教士包括巴來德、訥亦而言、李神父、趙神父、蘇裴理、女教士林姓、樊若望、郭方濟、芳庭、古若瑟、藍綠葉、高若瑟、白雲澄、雷多得、蘇雷、女教士會母、艾莫綏、卜司鐸、梁恒利、柏司鐸、桑振石、戴治逵、路平、利篤、德安、沙如理、紀隆、田若瑟、郎穩協樂、舒維尼、孟若瑟、榮寶亭。英國耶穌教的教士包括羅約翰、司督閣、傅多瑪、畢德治、倪裴德、蓋雅各、卞芳士、清大衛、韓牧師、德牧師、很維禮、馬欽泰、蓋格、馬欽太、伊約翰、邸如春、白多馬、魏雅各、青大偉、勞旦里、高積善、杜榮本、紀禮備、丁滋博、孟宗元、雅英各。美國的耶穌教教士僅劉海瀾。

　　天主教華人教士（司鐸或牧師）包括夏雲凌、何有功、李崇武、白玉欽、夏雲章、寶姓、錢永祥、白玉成、李堆福、潘洪治、袁安、白富春、林姓、張發順、無名氏、候姓、李學林、王尙文、陳鰲、蔣士林、趙煥燃、徐貴、李純章、閻士馨、齊樹棠、盛萬春、安守璽。耶穌教華人教士（司鐸或牧師）包括華人（更換無常，不知姓名）共 3 名、許文明、里美風、李全陰、張林、李魁昇、韓向陽、李春德、李從恩、依明阿、劉世忠、張翰臣、王滋田、崔純德、蔣慶瀛、陳氏、王明山、魯秉誠、李廷楷、董文訓、張承權、孫復恩、刑阜遠、蘇連生、郭振生、戴福永、于得珠、邸富仁、蘇成志、李堆福、張蘭、康殿奎、王吉安、刑權、曹姓、許姓、屈福恒、王姓、曲姓、武姓、張姓、戴姓、周姓、王錫平、宿林山、劉照彰。美國的耶穌教華人教士僅陳大庸。前舉天主教教士中，洋人 32 名，華人 27 名。耶穌教教士，洋人 27 名，

華人 48 名。至於各教堂的傳道員大都是華人，天主教傳道員包括閻世元、夏祥春、黃金有、馬守志、叚發慶、叚發春、王蔭橋、梁鵬昇、何有功、張有財、喬自新、徐寶珠、傘盛吉、高尚楨、陳鳳鳴、崔德、張明太、白玉順、夏長春、白雲清、沈寶亭、董志善、張吉、張據德、白姓、齊姓、趙永生、劉姓。耶穌教傳道員包括關印榮、白雲錦、張玉井、王振德、石廣春、李清生、甯煥然、張文清、楊桂森、劉向陽、孫慶廣、李春堂、程世山、于長清、邢連英、綦法中、王正鰲、董天秩、董玉昆、徐俊德、王仁山、張純三、張長清、畢宇、孫萬慶、姑娘三名、王主恩、徐廣智、莊振聲、王翟氏、許呂氏、傅呂氏、宋李氏、范有山、蔡王氏、信德昌、林樹棠、執事七名、程樹嘉、信蔡氏、陳寶盛、王寶珍、齊萬春、劉守先、唐貴鄉、郭金、趙文選、張萬福、叚成義、王雲海、冀萬清、李普堂、孔憲文、劉文瑞、李發、藉存政、姚華、胡姓。美國的耶蘇教傳道員僅俞作。前舉天主教傳道員 28 名；耶穌教傳道員 67 名

　　奉天基督教建築物所屬國籍，法國天主教 72 所，英國耶穌教 104 所，美國耶穌教 1 所。吉林基督教建築物所屬國籍，法國天主教 26 所。英國耶穌教 20 所。黑龍江基督教建築物所屬國籍，法國天主教 9 所。據建築物所屬國籍，可察覺地理位置越北，不僅基督教整體數量減少，而且發現吉林、黑龍江耶穌教建築物明顯少於天主教，更在黑龍江的部分竟然沒有一所建築物。耶穌教施醫院 9 所；講書堂 19 所；義學堂 3 所；男義學堂 1 所；女義學堂 5 所；育嬰堂 1 所。天主教育嬰堂 8 所，女書房 1 所。在社會福音事業方面，天主教注重育嬰堂、女學房；耶穌教注重施醫院、講書堂。在分析光緒二十五年（西元 1899 年）秋季基督教調查清冊後，遂以這兩年的調查數據作比較，了解這成長期間的變動，故列表如下：

表 3-8　光緒十九年（西元 1893 年）與光緒二十五年（西元 1899年）基督教調查清冊數據分析表

分析項目　　　　　清冊年別	1893 夏季清冊	1899 秋季清冊	成長倍數
東三省基督教建築物	82	232	1.83
奉天基督教建築物	63	177	1.81
吉林基督教建築物	15	46	2.07
黑龍江基督教建築物	4	9	1.25

基督教建築物樣式（華式）	49	193	2.94
基督教建築物樣式（洋式）	32	47	0.47
基督教建築物規模（大教堂）	7	28	3
基督教建築物規模（小教堂）	7	9	0.29
天主教教士（洋人）	20	32	0.6
天主教教士（華人）	8	27	2.38
耶穌教教士（洋人）	20	27	0.35
耶穌教教士（華人）	11	48	3.36
天主教傳道員	3	28	8.33
耶穌教傳道員	6	67	10.17
建築物所屬（法國天主教）　奉天部分	27	72	1.67
建築物所屬（英國耶穌教）　奉天部分	35 美 1	104 美 1	1.97
建築物所屬（法國天主教）　吉林部分	13	26	1
建築物所屬（英國耶穌教）　吉林部分	2	20	9
建築物所屬（法國天主教）　黑龍江部分	4	9	1.25
建築物所屬（英國耶穌教）　黑龍江部分	0	0	0
天主教育嬰堂	5	8	0.6
天主教女學房	7	1	-0.85
耶穌教施醫院	6	9	0.5
耶穌教講書堂	5	19	2.8

　　據前表所述，整體而言，教堂之建築皆是成長的現象，在東北全區之中皆有分別，奉天則為成長之數最多；吉林教堂建築物成長率最高；黑龍江則是東北成長最為遲緩之境。教堂樣式與規模，華式多於洋式，小教堂多於大教堂，此等情形皆出於就地取材之論。因為教堂之設立，多半為民居改建，故樣式仍為華式，格局皆偏小，此等現象皆因經費不足之故。從傳教士國籍的消長，可看出華人傳教士成長極快，洋人傳教士成長趨緩。試問何故？皆因洋人差會的人員不足，必須在本地培養人才，所以華人傳教士增加之快，以補足缺額。奉天耶穌教建築物超過天主教，和奉天、吉林建築物英國耶穌教成長率皆高於法國天主教，由此可知，奉天、吉林耶穌教成長較天主教迅速，但唯有黑龍江省耶穌教至今尚未有顯著的發展。東北社會福音事業，天主教與耶穌教著重之處，兩者不盡相同，天主教著重於育嬰、女學；耶穌教著重於施醫、講書。

圖 3-4　東北教堂地理分布圖

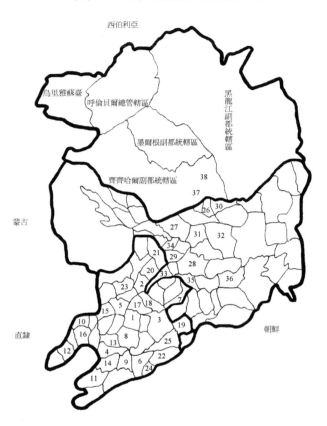

表 3-7　地圖代號表

1、承德縣	2、昌圖府	3、興京廳	4、營口廳
5、新民廳	6、鳳凰廳	7、海龍廳	8、遼陽州
9、岫巖州	10、義州	11、復州	12、寧遠州
13、海城縣	14、蓋平縣	15、廣寧縣	16、錦縣
17、鐵巖縣	18、開原縣	19、通化縣	20、奉化縣
21、懷德縣	22、寬甸縣	23、康平縣	24、安東縣
25、懷仁縣	26、阿勒楚喀	27、伯都訥	28、吉林府
29、長春府	30、賓州廳	31、伯都訥廳	32、五常廳
33、伊通州	34、農安縣	35、磨盤山分防州	36、敦化縣
37、呼蘭廳	38、綏化廳		
附註：奉（1～25）、吉林（26～36）、黑龍江（37、38）			

資料來源：筆者參照《中華歸主》與《中國歷史地圖集‧第八冊》繪製

第四章 東北民教衝突高峰造成的損害傷亡

　　甲午戰爭後，體悟到鄰邦日本，因爲明治維新，成爲富強之國。因此，人們開始好奇其西化的過程，進而對於向他們傳教已久的西方人士，產生了興趣，當然也包括其宗教。許多人抱著姑且聽之的想法，參加教會活動，在其尚未瞭解教義時，他已成爲一名基督徒。這個現象歸咎基督教急於增加信徒，放棄對其信仰教育，導致其信仰大都不堅定。雖然基督教在此時期，各方面的數據都很漂亮，一切都很順遂，但是在光緒二十六年（西元 1900 年）的義和團變亂，把一切都摧毀。本章遂在此背景之下，撰寫東北基督教此時的遭遇與損傷。

第一節　政策改變後拳禍波及東北

一、清廷對義和團策略的演變

　　庚子拳禍的肇始，並非一朝一夕形成的，而是逐漸蘊釀形成的。其勢之擴展，取決於清廷對義和團所採取的態度，所以庚子拳亂的蔓延擴大，與清廷態度放任義和團脫不了關係。據前人之研究，光緒二十六年（西元 1900 年）三月底前，清廷對義和團一直採取防範查禁的策略，禁止對義和團團民隨意追剿，是一種有限度的鎮壓。其間經歷，最初清廷試圖在民教之間加以調停，但隨著義和團的迅速發展，清廷開始限制團民的行動。當這種限制策略不能

取得效果時，便開始下令禁止練拳，但是進入四月後，清廷開始利用義和團。
〔註1〕《義和團史事考》一書中清楚地描述，從義和團興起到庚子戰爭前，清廷對義和團策略的演變，其認為在光緒二十六年（西元 1900 年）四月底以前，清廷對義和團的策略是禁止其反教鬥爭的，對於反抗者進行武力的鎮壓。從四月底後對外宣戰前，清廷對義和團策略是搖擺不定的，對義和團的鎮壓時馳時緊，但終究將義和團視為非法組織。〔註2〕在光緒二十六年（西元 1900 年）五月，清廷召開御前會議商討如何應對。在剿撫兩派官員的激烈爭論中，對列強極為不滿的慈禧採納載漪、剛毅提出的招撫義和團以敵各國之兵，決定將義和團中年力精壯者，即行招募成軍，嚴加約束。幾天後，之前力主剿義和團的榮祿迫於情勢也不得轉向，支持朝廷的決定，表示眼下形勢斷難再分兵力剿辦義和團，勢不得不從權招撫，以為急則治標之計。〔註3〕下段用《清末教案》針對清廷其間的態度繪描之。最初，清廷對於基督教的認知，是以

〔註1〕 林敦奎、李文海，〈封建統治階級與義和團運動〉，《義和團運動有討論文集》（濟南：齊魯書社，西元 1982 年），頁 302。

〔註2〕 林華國，《義和團史事考》（北京：北京大學出版社，西元 1993 年），頁 44。

〔註3〕 國家檔案明清檔案館，《義和團檔案史料・上冊》（北京：中華書局，西元 1959 年），頁 133、145、158；慈禧太后（西元 1835～1908 年），葉赫那拉氏，名杏貞。慈禧出身於滿洲鑲藍旗（後抬入滿洲鑲黃旗）一個官宦世家。清文宗咸豐皇帝的妃子，清穆宗同治皇帝的生母，以皇太后身分或垂簾聽政或臨朝稱制，為自西元 1861 年至西元 1908 年間大清帝國的實際統治者，為期僅次於清朝康熙帝和乾隆帝。生前，外人有以慈禧太后、聖母皇太后、那拉太后、西太后等稱之者；自光緒年間，宮中及朝廷開始以老佛爺尊稱之；死後諡稱為孝欽慈禧端佑康頤昭豫莊誠壽恭欽獻崇熙配天興聖顯皇后。參閱俞炳坤，《西太后》（北京：紫禁城出版社，西元 1985 年），頁 324；載漪（西元 1856～1900 年），宗室，端郡王，鑲白，光二十六、五，總署，八月入值，閏八月緣撤去一切差使，未幾被殺。剛毅（西元 1834～1900 年）字子良，滿鑲藍，生員，光七，八，贛按，八、二，直按，十一月粵布，十二，滇布，十一、二，晉撫，十四、十，蘇撫，十八、四，粵撫，二十、十，入值，十一月禮右，十二月禮左，二十一、十，戶右，二十二、四，工尚，二十三、七，刑尚，二十四、四，兵尚，協辦大，二十六、三，使尚，閏八月革（先卒）。榮祿（西元 1836～1903 年）瓜爾佳氏，字仲華，滿正白，廕生，同十、二，工右，十二、四，戶左，光四、五，左都，同月工尚，十二月開缺，光十七、十一，西將，二十、七，入都祝嘏，九月調，十一月總署，二十一、六，兵尚，二十二、四，協辦大，仍留邸尚任，二十四、四，大學士，署直督，五月授文淵閣大，實授直督，八月入值，二十七、十二，文華殿大，二十九、三、十四，卒，諡文忠。參閱魏秀梅，《清季職官表》，頁 931、854、928。

教民傳布中國，行之有年，教士無非勸人為善，而教民也無恃教滋事，所以民教均各相安，各行其道，為主要看法。但在光緒二十六年五月初十日（西元1900年6月6日），情勢轉變情況如下：

> 近來各省教堂林立，教民繁多，遂有不逞之徒潛迹其間，教士亦難遍查其優劣。該匪徒藉入教為名，欺壓平民，武斷鄉里，諒亦非教士所願。至義和拳會，在嘉慶年間亦曾例禁。近因其練藝保身，守護鄉里，並未滋生事端，是以累降諭旨，飭令各地方官妥為彈壓。無論其會不會，但論其匪不匪，如有藉端滋事，亟應嚴拿懲辦。是教民拳民，均為國家赤子，朝廷一視同仁，不分教會，即有民教涉訟，亦曾諭令各地方官持平辦理。〔註4〕

由些可知，最初清廷對基督教教民、義和團團民盡其公允，不分其類別，憑據其有無犯行，論斷其罰則。清廷又發諭旨：「遇有民教涉訟，未能悉心考察，妥為辦理。致使積怨已深，民教互仇，遂有拳民以仇教為名，倡立團會。再有奸民會匪附入其中，藉端滋擾，拆毀鐵路，焚燒教堂。至鐵路原系國家所造，教堂亦系教士、教民所居，豈得任意焚毀。是該團等直與國家為難，實出情理之外。昨已簡派順天府尹兼軍機大臣趙舒翹前往宣布曉諭，該團民等，應即遵奉，一齊解散，各安生業。倘有奸民會匪從中慫恿煽惑，希圖擾害地方，該團即行交出首要，按律懲辦。經此次宣諭之後，如仍不悛改，即著大學士榮祿分飭董福祥、宋慶、馬玉昆各率所部，實力剿捕，仍以分別首從，解散脅從為要。」〔註5〕在此諭旨中，清廷對於義和團的態度，表示從嚴查禁

〔註4〕中國第一歷史檔案館編，《清末教案・第二冊》（北京：中華書局，西元1998年），頁903～904。

〔註5〕同上註，頁903～904；趙舒翹（西元1848～1901年）字展如、慎齋，陝西長安人，同十三進士，光十九、三，浙按，十二月浙布，二十一、三，蘇撫，二十三、七，刑左，二十四、八，刑尚，十一月總署，二十五、十一，學習入值，二十六、九，革留，十二月令自殺，二十七、正、七，在西安自盡。參閱魏秀梅，《清季職官表》，頁905；董福祥（西元1839～1908年）字星五。漢族。甘肅固原（今屬寧夏）人。西元1862年，陝甘回民起義時，率眾據甘肅安化抗清，活動於隴東、陝北，聲勢頗大。後在陝北被左宗棠部劉松山擊敗，投降清軍，所部改編為董字三營，先後從劉松山、劉錦棠鎮壓陝西、甘肅、西寧等處回民起義，升為提督。西元1875年，又隨劉錦棠進兵新疆。以收復烏魯木齊等地及平定南疆阿古柏騷亂有功，得左宗棠賞識。西元1890年，擢喀什噶爾提督。西元1895年，率部至甘肅鎮壓回民起義。後調甘肅提督。西元1897年，奉調防衛京師，所部編為榮祿所轄

絕無寬貸，並指為白蓮教之密秘宗教，勒令官府務必解散義和團此組織。查緝諭旨事隔不到一個月，光緒二十六年（西元 1900 年）六月初五日上諭：

> 現在朝廷招撫義和團民，各以忠義相勉，同仇敵愾，萬眾一心。因念教民亦食毛踐土之倫，豈真皆甘心異類，自取誅夷，果能革面洗心，不妨網開一面。著各直省督撫通飭各地方官，遍行曉諭，教民中有能悔悟前非到官自首者，均准予以自新，不必追其既往。並諭知民間凡有教民之處，准其報明該地方官，聽候妥定章程，分別辦理。現在中外既已開釁，各國教士應即一律驅遣回國，免致勾留生事，仍於沿途設法保護為要。該督撫等當體察各處地方情形，速為籌辦，毋稍疏忽。將此通諭知之。〔註6〕

武衛後軍。西元 1900 年，義和團運動迅速發展，清廷採取招撫策略。董福祥部士兵紛紛加入義和團，殺死日本駐華使館書記官杉山彬，並參與圍攻東交民巷使館。八國聯軍侵佔北京時，董福祥率軍護衛慈禧太后和光緒帝西逃。清廷與八國聯軍議和過程中，外國使臣要求處死董福祥，清廷不允，旋被解職，禁錮家中。西元 1908 年病死於甘肅金積堡。參閱薛正昌，《董福祥》，蘭州：甘肅人民出版社，1994 年。宋慶（西元 1820～1902 年），字祝三，蓬萊泊子宋家村人，清末將領。30 歲從軍南下，值捻軍起於江淮，宋慶奉命參與鎮壓，數十戰多捷，西元 1860 年晉升總兵，敕號毅勇巴圖魯。西元 1862 年，宋慶組領毅軍，後屢挫捻軍於河南、山東，擢為南陽鎮總兵。西元 1867 年敕賜黃袍馬褂，更勇號為格洪額巴圖魯。西元 1868 年隨李鴻章戰於直隸，賞二等輕車都尉，授湖南提督。西元 1869 年回亂，宋慶隨左宗棠馳往鎮壓。西元 1872 年，賞戴雙眼花翎，移授四川提督。西元 1875 年，奉詔會辦奉天軍務，駐錦州、營口。西元 1882 年移軍旅順口，駐守 12 年，修築炮臺，訓練士兵，所部軍容整肅，設防不息，為諸軍之首。西元 1890 年，加封太子少保。越 4 年，加封尚書銜。光西元 1894 年中日甲午戰爭爆發後，宋慶受命幫辦北洋軍務，率部赴九連城，節制各軍。中日甲午之役後，宋慶被革職留任。西元 1898 年解除處分，保留豫軍 30 營歸宋慶統領。賜名武衛左軍，駐旅順。是年，俄國借旅順屯駐海軍，清廷許之，命宋慶移守山海關。西元 1900 年，宋慶再次幫辦北洋軍務，參與鎮壓義和團。八國聯軍攻天津，宋慶撤往楊村。西元 1902 年，病逝於軍中，終年 83 歲，諡忠勤。參閱《清史稿》，列傳248，《宋慶傳》；馬玉昆（西元 1838～1908 年）字景山１，安徽蒙城人。西元 1865 年隨宋慶鎮壓捻軍。西元 1874 年隨左宗棠抗擊阿古柏和沙俄侵略。西元 1894 年補授山西太原鎮總兵，駐防旅順。甲午戰爭爆發，統毅軍赴朝鮮對日軍作戰。西元 1899 年晉浙江提督。次年調直隸。八國聯軍時，率所部在津郊、北倉等地抵抗。旋護送慈禧太后和光緒帝西逃。西元 1908 年，病逝，追贈太子少保，賞加二等輕車都尉世職，諡忠武。參閱《清史稿》，列傳248，《馬玉昆傳》。

〔註 6〕 中國第一歷史檔案館編，《清末教案‧第二冊》，頁 907～908。

由於慈禧向各國宣戰，清廷的態度急轉直下，已轉爲針對傳教士，查緝在華的基督教，放任義和團恣意破壞，遂發出警告傳教士與教民，要其選擇遣返或是背教。總結這些文告可知，清廷對義和團的態度，從持平→嚴禁→放寬，義和團之勢亦由中→低→高，最終禍事成之。

義和團由於官方態度突然改變，遂在東北蔓延開來，在光緒二十六年（西元 1900 年）六月十一日，奉天省城拳民焚毀英國教堂、醫院暨俄國鐵路公司，並有法國主教指揮教民反對殺拳民各情事。增祺也來不及派兵駐防，減少民教衝突，其原因爲駐防軍必須駐紮在負責任務之地，不能擅離崗位。[註7] 庚子拳亂的肇始，事發太急，連總管在華傳教事務的各國公使，清廷也必須在光緒二十六年（西元 1900 年）七月初八日趕緊發文：「通令保護在京各國使臣，交辦總理衙門王大臣與各使臣商議，派兵護送前往天津暫避，以免驚恐。即著大學士榮祿豫行遴派妥實文武大員，帶同得力兵隊，俟該使臣定期何日出京，沿途妥爲護送。」[註8] 同日內閣奉上諭：

> 前因中外釁端未弭，各國商民教士之在華者本與兵事無涉，諭令各督撫照常保護。現在近畿大兵雲集，各路統兵大員亦當仰體此意，凡洋商教士均當設法保全，以副朝廷懷柔遠人之意。至教民亦國家赤子，本無畛域可分，惟自拳教肇釁以來，該教民等多有盤踞村庄，掘濠築壘，抗拒官軍者。此等迹同叛逆，自不能不嚴加剿辦，第念其究系迫於畏罪之心，果能悔禍自新，仍可網開一面。[註9]

此諭，雖然申明保護各國使臣，但並不包括保護教民，這樣的舉動，無疑使平日仇教者，趁機宣告教民爲叛亂者，官方應剿滅之，遂使官兵與義和團合流之態勢。在義和團變亂的背景下，與拳亂中心山東、直隸兩省比鄰的東北情況如何呢？其情況如下節：

〔註7〕中國第一歷史檔案館編，《清末教案‧第二冊》，頁 909。
〔註8〕同上註，頁 912。
〔註9〕同上註，頁 913。

圖 4-1　義和團團旗

資料來源：http://tuku.news.china.com/history/html/2008-05-27/103927_881505.
htm（文史圖庫——中華網）。出處：新華社。

二、義和團變亂危害東北的情況

　　光緒二十五年（西元 1899 年）奉天義和團肇起，興起於光緒二十六年（西元 1900 年）一、二日間，至五、六月有了蓬勃發展。光緒二十五年（西元 1899 年）十一月，義和團從山東、直隸經海路和陸路首先傳入營口、錦州等地。光緒二十六年（西元 1900 年）一月，營口附近的居民群起練拳，準備殺害洋人。二月，錦州一帶便有神師降世的傳說，二、三月間，關內義和團劉大師兄開始活動於興城、綏中一帶，收童子、少年爲徒，教以咒語，練拳術習刀法，其勢日盛一日，乃至青年壯丁，亦相率從之，鄉野村莊，十有九信。〔註10〕又言：「廣寧（今北鎮）有倡習拳者，愚民附之，雖力勸所不聽。錦州、寧遠（今興城）、新民、廣寧沿邊一帶，時有拳民聯絡土著良民之曾受教民欺凌者，一唱百和，

〔註10〕佐原篤介；（浙西）滙隱同輯，《拳匪紀事・第六卷》（臺北：文海出版社，西元 1970 年），頁 1～2。

婦孺皆知。」〔註11〕瀋陽。從光緒二十六年（西元 1900 年）五月以後義和團也
盛行起來，為首的是山東拳師劉喜祿，以北關天后宮、三皇廟、龍王廟等為據
點設立神壇，教群眾學法術，習拳練刀，旨在扶清滅洋。〔註12〕又有一張老道
者，遍行遼東鄉邑，教人拳法，男練義和拳，女練紅燈照。蓋平（今蓋縣）、海
城、興京（今新賓）、寬甸、開原、鐵嶺、海龍、遼陽等地，都有義和團的活動。
光緒二十六年（西元 1900 年）五月，營口義和團發展最迅速，出現仇外揭帖。
揭帖中寫道：

> 茲因天主耶穌欺神滅聖，不遵佛法，上天收伏雲雨，下降百萬神兵，
>
> 掃除外國洋。佛國弟子義和團，上能保國，下能護民。〔註13〕

隨著營口的揭帖出現，旅順等地也陸續貼出，類似驅逐洋人的字句。五月中
旬，義和團運動在瀋陽城空前高漲，各地貼滿了抨擊洋人的揭帖，號召一切
的清國子民應該立即奮起，把西方洋人驅逐出中國領土。〔註14〕義和團舉起
扶清滅洋的旗幟，預示著反對西方的義和團進入蓬勃發展時期。五月底，瀋
陽義和團在首領劉喜祿、張海等率領下，先後燒毀了大東門外英人耶穌教堂、
城東南小河沿一帶傳教士住宅，和英國傳教士司督閣開設的醫院二百餘間。
當天，義和團還燒毀了城內外一些天主教堂、耶穌教的講書堂。例如：「小南
關天主堂」。六月初開始，又鐵嶺義和團民向車站發起攻勢。六月初，有李寡
婦自稱紅燈照，率義和團民焚燒耶穌、天主兩教堂。〔註15〕由上述可知，奉
天義和團潛伏已久，經中央政府鬆弛政策，遂使揭帖遍布，奉天義和團的發
展如烈火燎原一樣，一發不可收拾，形成奉天到底都有義和團的現象。

　　光緒二十六年（西元 1900 年）春夏之交，義和團高漲，波及吉林省。在吉
林、長春、伊通、磐石等地都有義和團設壇練拳。有義和團法師流入長春，教
入書符籙，練拳仇洋，附近州縣也受到很大影響。有一地主階級說：「謠傳瞬起，
無稽不經，愚民爭相竊議。」〔註16〕如伯都訥的義和團據說是從寬城子（長春）
去的。省城吉林的藥王廟、節孝祠、關帝廟和文昌宮等教練場都高高掛著一面

〔註11〕北京大學歷史系，《義和團運動史料叢編‧第二輯》（北京：中華書局，西元
　　　　1998 年），頁 345。
〔註12〕佟冬，《中國東北史‧第五卷》，頁 269。
〔註13〕中國近代經濟史資料叢刊編輯委員會，〈中國海關與義和團運動〉，《帝國主義
　　　　與中國海關‧第九編》（北京：科學出版社，西元 1959 年），頁 104。
〔註14〕佟冬，《中國東北史‧第五卷》，頁 269。
〔註15〕同上註，頁 271。
〔註16〕佟冬，《中國東北史‧第五卷》，頁 271。

紅色三面旗，旗上書有「坎」字，晝夜招人操練拳術。隨後，懷德、雙城、伊通、阿什河（今阿城）、賓縣、三姓（今依蘭）、寧古塔（今寧安）都開始出現義和團，傳教士惶惶不安，逃奔哈爾濱。〔註17〕光緒二十六年（西元 1900 年）六月中旬，燒毀城內法國教堂、英人教會醫院和城外耶穌教堂。在此之前，伊通州義和團也燒毀了城西天主教堂。省城吉林義和團民燒毀了教會開辦的醫院、河灣子天主教堂、市內魁星樓東的天主教堂等。天主教主教法人藍祿業從吉林向海參崴逃跑。〔註18〕六月中旬，伯都訥義和團民燒毀城內天主教堂。不久，又拆毀蘇家窩堡、韭菜坨子、五里坨子各處教堂。〔註19〕在阿拉楚喀境內，雙城堡的義和團初設壇時有拳童 30 餘名，隨後迅速擴大。他們在柳姓的首領率領下，拆毀四街的教堂。〔註20〕寧古塔境內的義和團，是由城東茱園子姓張的山東人發起的，在山神廟設立拳壇，有義和團 200 餘名。在乜河，義和團在關帝廟設壇，發展到 500 多人。他們拆毀寧安南關的教堂，捉住洋人，處決於北門外。〔註21〕據上述，吉林拳亂較奉天拳亂遲些，傳教士採取暫避鋒芒，所以吉林拳亂造成的損害降低許多，傳教士也多可保全性命。

　　光緒二十六年（西元 1900 年）三、四月間，黑龍江義和團開始興起，六月下旬有較大發展，到六月中旬，東起呼蘭，西至滿洲里，北達璦琿。嫩江岸邊的古城齊齊哈爾，三、四月間有了義和團的活動。據沙俄護路軍尉官記載：「當時省城齊齊哈爾城裡和郊區來了一些陌生人，這些人宣傳有法術可以使自己的身體刀槍不入。」〔註22〕義和團的揭帖遍布街衢和市集。五月，在義和團首領張拳師的宣傳和組織下，開始設壇練拳。成年人在京劇院西胡同內設拳壇，由方拳師率領；少年拳壇則設在城隍廟順福胡同；婦女拳壇設在北關三皇廟胡同。他們還在統一時間內集合起來，共同練習拳術。在他們的推動和影響下，齊齊哈爾的一部分清軍，也組織了義和團，日夜操練演義和團百餘人，自恃為長城。〔註23〕此外，還從三岔河調來義和團三哨（約三百

〔註17〕柴蓮馥，《庚子教會華人流血史‧第五冊》（漢口：中國基督聖教書會，西元1925 年），頁 1。
〔註18〕佟冬，《中國東北史‧第五卷》，頁 272。
〔註19〕北京大學歷史系，《義和團運動史料叢編‧第二輯》（北京：中華書局，西元1998 年），頁 221、260。
〔註20〕佟冬，《中國東北史‧第五卷》，頁 273。
〔註21〕同上註，頁 273。
〔註22〕同上註，頁 274。
〔註23〕〔清〕王彥威輯，《西巡大事紀‧卷首》（北京：外交史料編纂處，西元 1933

人）在省城演練。〔註 24〕黑龍江畔的古城璦琿，六月中旬，從齊齊哈爾來了兩位拳師，在城西大人府西院和北關大蠍子廟設壇練拳。在城鄉各地都張貼反洋揭帖，和打洋人的宣傳畫，高舉起大拳民、滅洋的旗幟。

　　西部的扎蘭屯，也有義和團的活動，他們在中國鐵路工人中間進行宣傳鼓動。中東路扎蘭屯工區俄人工程師言：「當時，不僅在中國老百姓中，甚至在雇傭的工人中間，也有義和團分子。」〔註 25〕在東部呼蘭、北團北子、綏化、慶城等地，都有義和團設壇練拳。五月下旬，義和團保衛京津的捷報陸續傳來，中東路沿線各地義和團民和清軍士兵亂源日益高漲。〔註 26〕在呼蘭，由於義和團的宣傳鼓動，群眾四起響應，鐵路停工，土夫散入城鄉，互相勾結、輒以燒教堂殺教民為事。〔註 27〕在呼蘭義和團的影響下，北團林子、綏化、慶城的義和團也掀起燒教堂殺洋人的抗爭。至此，黑龍江境內教堂盡毀，外國教會辦的育嬰堂、小學堂也毀滅無遺。〔註 28〕

　　由此本節可知，東北三省的危害程度，以奉天省情況最為嚴重；吉林省次之；黑龍江省情況最輕。由於清廷解禁，與義和團不斷以民間宗教、仇外情緒為誘因，招徠許多東北民人加入他們的行列，並且進行對洋人的迫害。東北的義和團就像脫韁野馬似的，到處都有其蹤跡，造成各地基督教傳教據點的龐大傷害與損失。

第二節　東北基督教的傷害與損失

　　上一節，提到東北義和團的發展過程，也說明其造成的損傷是很大的，但具體東北義和團對於基督教造成的傷害與損失為何？遂以本節討論之。在光緒二十六年（西元 1900 年），義和團聯合清廷迫害基督教教會，在這短短的一年之間，重創了才起步的東北基督教，讓好不容易積累的傳教資源毀壞殆盡。其情況在光緒二十六年（西元 1900 年）六月十三日，營子（牛莊）南滿巴黎外方傳教會會長舒萊（蘇賴，Choulet）致辛納（Hinard）的書簡中，有

　　　　年），頁 24。
〔註 24〕北京大學歷史系，《義和團運動史料叢編・第二輯》，頁 257。
〔註 25〕佟冬，《中國東北史・五卷》，頁 275。
〔註 26〕故宮博物院明清檔案部編，《義和團檔案史料・上冊》（北京：中華書局，西元 1979 年），頁 273。
〔註 27〕佟冬，《中國東北史・五卷》，頁 275。
〔註 28〕李杕，《拳禍記》（上海：土山灣印書館，西元 1923 年），頁 264。

提到說：

> 在二十五個縣中，僅僅有三四個仍保持使其中心未受損害。因此，
> 從物質觀點上來看，破產是徹底的。六十年的工作、辛勞、艱難、
> 開銷〔該傳教區創建於道光二十年（西元 1840 年）〕都毀於一旦，
> 在不足一個月期間便使這一切都化為烏有了。從精神方面來看，如
> 果說我們記錄下了某些很痛苦的軟弱行為，那麼我們也獲得了很大
> 的安慰。義和團以盛京總督的名義發表了，一道煽動所有異教徒焚
> 燒我們教堂，和屠殺我們基督徒的命令。許多信徒、男人、女人、
> 青年、兒童都是直到最後一口氣仍在勇敢地重復說他們活著永遠是
> 基督徒，而且希望死仍是基督徒。非常不幸，在那些新基督徒中，
> 背教的人數相當多。大家是否會對此感到極其驚訝呢？不！大樹尚
> 未有時間將其根未入土壤中，這場來勢如此凶猛而又突然的風暴便
> 將它刮倒了。〔註29〕

在書簡中可以看出，東北基督教的傳教事業，受到庚子拳亂的影響，在物質
上的損害情況，幾乎是毀壞殆盡，並且要有重頭來過的心理準備。在精神上，
他們雖然飽受迫受迫害，但東北基督徒在其臨終前，大都對其宗教信仰堅信
不移，這是值得東北基督教欣慰的。相反的，許多信仰不堅貞的新基督教徒，
也在這個時間離開了教會，這無疑是對傳教事業的一項重挫。然而，此間具
體的破壞情況如何？有必要作一番深入的瞭解與探討，以釐清這段傷害事件
的始末。本節即以精神層面、物質層面為題討論之。

一、精神層面的影響

在這場悲劇中，有許多悲愴的殉道經歷，對於當時的基督教到底產生什
麼影響？是在其無畏的精神下，信仰的信心加強了，或是在其威脅下，喪失
了信仰。筆者遂於本段據其殉道的經歷，仔細檢驗與探討。然而，何謂基督
徒的殉道精神？其來源是出自聖者斯德望的殉道過程，在《宗徒大事錄》是
這樣描述的：

> 斯德望充滿了聖神，注目向天，看見了天主的光榮，並看見耶穌站
> 在天主右邊，且說道：「看，我見天開了，並見人子站在天主右邊。」

〔註29〕中國第一歷史檔案館編，《清末教案・第四冊》（北京：中華書局，西元 2000
年），頁 572～573。

於是，群眾將聖人拉出城外，用石頭砸死了。當群眾用石頭砸斯德
望時，聖人大聲呼喊說：「主耶穌，接我的靈魂去吧！主，不要向他
們算這罪債！」〔註30〕

此殉道過程無疑成為後世殉道者的典範，亦成為殉道精神之所在，許多殉道
者臨終的禱告，皆與此有異曲同工，而形成固定的藍本。下段即據李杕的《拳
禍記》為文本，探討東北基督教教徒在經歷庚子拳亂時，在精神上所產生的
變化。筆者為了易於討論，分為兩大類型：個人軼事、整體事件。分別加以
描述與探討，以瞭解東北殉道者，對於東北基督教傳播所產生的影響。

（一）以個人軼事為對象

下表為據李杕在《拳禍記》內容裡，論及的殉道人物，與其殉道經歷。
筆者以其人物的身分、姓名、洗名、年齡、身難地、殉道經歷作一表列。據
此討論庚子拳亂時，東北基督徒遭受迫受，精神產生的變化，對於亂後東北
基督教的影響。遂開列表格如下：

表4-1　殉道人員與其經歷表〔註31〕

身　分	姓　名	洗　名	年齡	身難地	殉　道　經　歷
教民	陳景隆	味增爵	47	新民屯廳	廳官屢提審訊，陳堅承奉教，官命背教，答曰：「不背教，予生奉教，死亦奉教。」八月遼城失陷，官復提審，定以斬刑。
教民	陳勝	若瑟	67	新民屯廳	逃避友家，友心惡，暗使拳匪擒勝，屢逼背教，不從則萬般重毆，卒以斬首致命。
教民	齊姓會長		古稀	新民屯廳	見匪至越垣而遁，傾跌牆外因傷而亡。
貞女	伊亞納	亞納	30許	新民屯廳	自幼守貞，惟貞女堅不背教，又不肯嫁人。匪舉刀斬之，遂全貞而致命。

〔註30〕張雪珠，《宗徒大事錄》（臺北：光啟出版社，西元 1991 年），頁 84；斯德望
　　　　（Stephan，？～西元 752 年）天主教歷史上當選後僅 3 天就身亡的教皇，亦
　　　　被視為對立教皇。原為羅馬教會長老，西元 752 年 3 月 22 日當選羅馬主教，
　　　　尚未祝聖便於 3 月 25 日逝世，故不被其同時代和中世紀教會視為教皇，亦未
　　　　載入教皇名冊。參閱卓新平，《基督教小辭典》，頁 142。
〔註31〕李杕，《拳禍記》，頁 173～210。

望教友	李永吉		34	新民屯廳	匪捉去問奉教否？答曰：「予奉教尚未領洗。」曰：「即未領洗，不如棄教而放汝。」曰：「雖未領洗，然久願進教，萬不能背。匪拷打之，終以斬決。」
神甫	夏雲凌			新民屯廳	四五日內受盡苦刑，不但不怨反勸眾人棄邪歸正，闢外教之妄，闡明聖教之真，在廟如此，沿路亦如此，直至解到省城，授首升天。
教民	江依青阿		72	佟屯本村	被本村富戶賈寶春，所僱之眼線瞥見，隨即捕獲萬般凌辱，勒令背教。曰：「不能背，聖教極真極正，焉能皆之，白刃可蹈，我志不可奪。」
貞女	江瑪利亞	瑪利亞	66	佟屯本村	有人憐江瑪利亞年邁難行，欲為背負。江瑪利亞曰：毋庸，我能自行，於是下車受刑。
教民	佟王氏		82	佟屯本村	拳匪尋得之，將其拖出，打罵交加，緊縛車上，送至省城斬決。
教民	張周氏		73	佟屯本村	拳匪尋得之，將其拖出，打罵交加，緊縛車上，送至省城斬決。
教民	李洪氏		80	佟屯本村	拳匪尋得之，將其拖出，打罵交加，緊縛車上，送至省城斬決。
教民	郭錦志	若望		佟屯本村	被匪擒去百般虐辱，逼令背教不從，綁縛車上一路凌虐，卒至省城授首
教民	張慶豐		28	業興堡	亂刀砍斃。
教民	閻獻氏			閻家荒	拳匪將閻獻氏扭住，問奉教否？曰：「何不奉教。寧受萬苦升天堂，不願偷生入地獄，怡然俯首受斃。」
教民	張誠志		15	塔舖	誠志為匪所獲，逼勒背教堅不從，卒至省城授首。
神甫	衛神父			小黑山	村人將其執送於鴨子廠，途中以亂鎗刺死投屍於河。
神甫	安神父			廣寧	村人將其執送於鴨子廠，途中以亂鎗刺死投屍於河。
神甫	白神父			小黑山	村人將其執送於鴨子廠，途中以亂鎗刺死投屍於河。
神甫	彭神父			連山	仁字軍合於拳匪，兵匪追之，登山入一墳園，與兵戰二日，旋以藥彈告罄，遂致命

神甫	葛神父			連山	仁字軍合於拳匪，兵匪追之，登山入一墳園，與兵戰二日，旋以藥彈告罄，遂致命
神甫	李學林	貌利爵		小城子	初拳匪不知神父所在，有一外教人思得神父財，往告拳匪遂為所獲，拽至奉化縣買賣街為匪所殺。
神甫	李神父	西名肋		榆涂街	齋匪發彈中胸，血流如注未即死，匪洶湧入堂，拽神父於草堆上，燃火燒之遂死。
神甫	榮神父			榆涂街	匪首謂左右曰：「砍他，立割神父一臂。」匪又問錢財何處，神父答不知，又割一臂，繼削其二耳，剝額上皮倒掩目，卒乃斬首。
神甫	舒神父			呼蘭聽城	神父匿樹園中，為兵所見連放排鎗未中，帶兵官定統領，惡兵之不善放也，自發一鎗，果中神父胸腹隨即倒地，後一兵以闊柴刀斬神父頭遂死。
神甫	張據德	伯多祿		伯都訥	副都統嵩崐令押神父出西門外，比至法場，神父曰：「容我念些經。」眾曰：「可。神父乃跪下，作聖號。少頃，刑役舉髮纏。」神父曰：「從前邊砍罷。言畢，立即斬首。」
神甫	白玉鑲	斐理伯		伯都訥	官兵問：令你跪香肯否。答：「不肯。」又問：「你今可說不奉教嗎？」，答曰：「不能說。」又問你奉教已幾代了？答曰：「我祖宗代代奉教，今亦不能改。」即跪下作聖號，劊手立斬之。
修院生	李希聖	奧斯定		小城子	至今不知下落度已被殺矣。
修院生	趙泰衡	法俾盎	25	遼陽西大沙嶺	斬首而亡。
修院生	高姓學生	若望	27	瀋陽三家子	義和團拿入城，先截其兩臂兩腿，然後斬首。
神甫	紀隆			小南關	官兵在堂門，施放洋鎗，一丸中胸上，頓時倒地。
神甫	李萬珍	若望		小南關	官兵在堂門，施放洋鎗，一丸中胸上，頓時倒地。
神甫	艾莫吶			小南關	官兵在堂門，施放洋鎗，一丸中胸上，頓時倒地。
教民	白玉齡			小南關	彈丸如雨下，死於鎗刀下。

教民	任安當			小南關	彈丸如雨下，死於鎗刀下。
貞女	楊大德肋撒	德肋撒		小南關	彈丸如雨下，死於鎗刀下。
貞女	楊大德肋撒	德肋撒		小南關	彈丸如雨下，死於鎗刀下。
貞女	閻基利斯弟納	基利斯弟納		小南關	彈丸如雨下，死於鎗刀下。
貞女	田瑪利亞	瑪利亞		小南關	彈丸如雨下，死於鎗刀下。
貞女	宋瑪爾大	瑪利亞		小南關	彈丸如雨下，死於鎗刀下。
教民	杜盎玻	羅削	60	三台子	臨刑誦經不絕口，而頭斷而止。
教民	杜陵賢	若望		三台子	杜禱曰：「耶穌把我一家，全獻給你聖心罷。」言未畢，匪已入室，鈄刀砍杜，即倒地。

　　前述這些事蹟，皆以不背教為念，誓死護教，因而從容就義。雖然其身亡，但其精神永遠存在，這也讓東北基督教的傳教活動產生了變化，進而在整個東北社會形成了影響。許多東北人深深被其不畏強權，守護自己的宗教信仰，樹立的精神與榜樣所感召。東北人漸漸不那麼排斥這個宗教，久而久之想認識它，而這個現象，對於傳教事業上是一大進展。

圖 4-2　紀隆主教

資料來源：http://lnjp.org/news.asp?action=info&type=A02&id=1853（天主教遼寧教區）

（二）整體事件為對象

三台子被圍事件，發生在光緒二十六年（西元1900年）四月，主教派郭神父傳教於新民廳未幾，遭拳匪之禍。開槍射殺拳匪後，教友請神父走避，神父不肯離開，教友勸他往三台子，因三台子有教友百餘人，能為其後盾。神父不願前往，又恐怕教友無處可躲，這才勉強答應。然後回到三台子，立即與教友商議辦法，如何對抗義和團與官兵的後續動作，做好事前的準備。時至，戰端驟起，三台子被圍，其間經歷二十天的戰爭，神父與教民在精神上受到嚴酷的考驗，但他們順利度過了大難。但其間的經歷，感動了許多亂後的東北人，對傳教活動有莫大的助益，筆者遂在下表，條列出其經歷，以供思考分析。

表4-2　三台子被圍事件表〔註32〕

日　　期	三　台　子　戰　役　重　大　事　項	備　　註
光緒26年 6月7日	瀋陽教友來三台子，郭司鐸命會長置備糧食，以防不虞。計堂中有擡鎗三、洋鎗五十七、火藥八十斤、彈子二千枚。自沙嶺堂攜來鐵礮置於門首。教友搗濠設寨，以備交戰。鐘樓高八丈，派人在樓瞭望。男女一千餘，因屋宇無多，准孩子宿堂中，四周設礮臺，圍以木板。	戰爭事前的準備。
光緒26年 6月28日	沙嶺教堂遭焚掠，是日三台子練勇往迎官兵。午後，堂中發人窺探得悉盛京兵一千五百名，攜快礮十二尊。遼陽兵、新民廳兵各五百名，匪則更多會集而來。	戰爭開始前夕，義和團與官兵合流。
光緒26年 6月29日	早匪兵來攻，彈密如雨，東礮臺亡一人，嬰院礮臺亡二人，兵匪亦斃數人。午刻息戰。午後二點鐘，兵匪又攻，直至日墜，礮聲漸稀，是日兵燃礮一百四十八門，堂中無大害，然已魂不附體矣。傍晚，匪縱火於教民屋，適值西南風，勢必延燒堂院，不料風向立轉，匪往上風縱火，風又轉。	戰爭的第一天。
光緒26年 7月1日	神父派教友數人，護守南園後，鐘鳴六下，兵匪自東北三面合攻，北垣僅隔一路。南垣有男女教友，出死力防守。午後兩點鐘，兵又三面齊來，礮聲如霹靂，堂中人相顧失色。匪二百餘赤體前來，欲搶礮臺，教民立燃數鎗，斃五六人，餘匪遁去，兵亦漸退，時至昏黑，教民將陣亡之友，草草埋葬。是夜，令女教友守垣，男子才得安歇。	
光緒26年 7月2日	堂中晨膳畢，單統領調齊鄉勇拳匪理匪兵丁，不下五千人四面齊攻。東北西三面架礮頗遠，北面一礮近在二十丈外，一開則嬰院平房立即塌下，斃教友三人傷五人。午後三下鐘兵匪又來，向鐘樓燃礮，教友隱伏不敢出，自牆孔中見	連殺二名武員。

〔註32〕李杕，《拳禍記》，頁182～196。

	一武弁，指示燃礮之法，乃望準發鎗，弁即倒斃。兵又自北門來，教友發彈中領隊官，兵乃退，至是已連殺二武員矣。神父命沿牆搗溝深三尺，為婦孺避彈之地，又於牆上挖穴，以便放槍。	
光緒26年7月3日	未開仗，午後大雨，壕溝水滿，眾婦孺坐泥水中，甚苦之，有欲往高處者，恐兵匪鎗擊，故不敢往。	下起雨。
光緒26年7月4日	天未明，兵即鳴礮，三面來攻，薄暮停戰，兵始退去，是日兵燃礮二百餘。	
光緒26年7月5日	早七點鐘，遙見礮車東行，馬二三百頭從之，及至東濠，距堂里許布置礮位。步隊則向南行，攜洋鎗甚多。東南西三面兵匪無算，戰至日暮，彼此息戰。神父親埋致命之教友，滲然淚下，按名點驗列陣者尚存五十四人、火藥尚有二十斤、鐵珠剩十斤、快鎗子已告罄。教友乘夜出尋，獲火藥若干，如法製百餘彈，應明日之用。	死傷不少，彈藥將盡，於是出外尋找補充。
光緒26年7月6日	八點鐘，兵匪由東北西北二面來攻，一匪頭紮紅巾，身穿黃馬褂，手持大刀，昂然而來，兵在其後。教友登牆開鎗，傷十數人，他兵即退。	與義和團賊首交鋒。
光緒26年7月7日	八點鐘，村中廟上鐘鼓齊鳴，知拳匪焚香求神。	官兵與教民根據地接近。
	移時由正北進街而來，口中呼殺，兵丁隨後。至近堂處，匪不敢前，兵逼之，匪仍膽怯，因開仗至今，匪死一百餘，兵死五十餘矣。遂兵自民房燃鎗，相距僅三丈，堂中受大害，教友患甚，入堂求聖母曰：「童貞聖母你是大能之女，若你一鬆手，我們全將屠戮了。男教友，死固不怕，但貞女六十餘、小女一百餘，少婦三百餘，將若何？」求至此，下淚如注未轉瞬，拭淚出堂，仍復交戰開礮五十餘，是日教友無一傷者。	
光緒26年7月8日	兵匪未來攻，教民能戰者，不滿五十人，因防守維難，四週牆根急掘深溝，以便往來，午後四點鐘兵燃數礮無大害。	因防守困難，急掘深溝。
光緒26年7月9日	早七點鐘，兵匪三面來攻，兵踞東北，是日堂中鎗隊二人受傷，計火藥尚剩十斤、鐵沙數斤、鉛子鐵釘已告罄。教友將鄰屋扒倒，兵乃無地藏身。一時人眾聲轟，北街兵營中以為襲營，盡棄馬械而遁，是夜搜獲藥彈數百包，鉛子一個重十五斤。	彈藥將盡，不過幸運拾獲。
光緒26年7月10日	未開仗，苦無白米，騾馬數十頭，早為兵匪搶去，令女教友不分貧富一律碾米，每日兩餐需白米三四石。	無白米
光緒26年7月11日	天未明，兵三面燃礮彈子紛飛，房屋盡壞，是日直攻至日落方止，開仗以來，未有如此之烈，燃礮二百四十餘。堂中人有終日未食者，郭神父僅食一飯團。	戰爭的高峰，因白米不夠，恐要斷炊。

光緒26年 7月12日	早八點鐘，兵匪又攻，營官單某急燃礮遺火於嬰院草屋上，頃刻燎原成勢，未旋踵，西邊草房亦起火，一轉瞬，西鄰杜教友之宅亦焚近神父住樓，教友冒險救火，被兵鎗連傷二人，不得已任其延燒。北角門教民，由破牆中正對兵叢，點燃一礮傷人頗多，兵乃散。	火勢的燃燒，造成房屋毀壞
光緒26年 7月13日	八點鐘，營中擊鼓，有人登鐘樓見礮在堂北平房上，西北亦架一砲，兵則整隊南來，絡繹不絕，焂忽間北與西北西南三面皆兵，俄而東北又來多兵，攜檯鎗甚多。某教民猛然二鎗，因無躲身處，一彈飛來中其肩彈由腰出，立時跌地噴血而死。神父下淚，眾教友皆心慌，因此人久諳鎗法，屢燃屢中，加以膽識兼優。堂中一切戰策，半出其計。	教民的中心人物歿
光緒26年 7月14日	大雨午刻方止，兵匪自西南兩面來攻，連鳴四十礮猛不可遏。南園礮臺以六教民駐守，兵擲火於秫秸堆，教友燃鎗擊之斃二兵。北礮臺教民見南園火起，前來助戰擊死一兵，兵匪力衰而退。	
光緒26年 7月15日	大雨，至十點鐘方止，教友擒一匪諜，供稱兵二千，匪二千餘，不日將續至。堂中鎗隊僅四十人，男教友百餘人，其餘俱係婦孺。	獲一消息，兵匪將再增援，但堂中幸存者，多為老弱婦孺。
光緒26年 7月16日	早七點鐘兵又攻，將鐘樓上十字架擊墜，午後鐘樓亦倒。一弁猛進如前，教友又放鎗，弁亦倒地，他弁繼之，又發一鎗，繼者亦倒，眾兵乃轉身而遁。	遙望之鐘樓倒塌，頓失去耳目。
光緒26年 7月17日	早八點鐘，兵匪二面來攻，開五十礮，來籐牌隊。離堂垣數武。神父教友皆巡守不敢少懈怠，神父忍餓不食已二日。	堂中已將斷炊
光緒26年 7月18日	早八點鐘，兵匪又三面來攻，開五十礮，礮止則鎗繼之，並來籐牌隊。兵在徐姓梨園，前園中兵匪充斥，轉瞬將破，別有教民燃鎗助戰，兵匪不能支遂退，是役轉危為安。	戰爭最後一天
光緒26年 7月19日	大難已終，至日暮無戰事。	戰爭宣告結束。

　　據前段所述，將近二十天的三台子之圍，教民相繼殞命，雖然處於劣勢，仍勇往直前，不畏艱難，不斷克服種種困難，終於等到和平的到來。這場暴風雨可說是帶來了嚴酷考驗，見驗了他們的信心，在信仰生活上更穩固，對於東北基督教也產生精神的質變。本節的敘述，不僅是身體受刀斧的傷害，更重要是在其心中的影響，這才是要探究之事。基督徒對於刀斧的加身，為何能不動於衷呢？無非憑著其信仰的教導。然而，何謂信仰的教導？其來自《聖經》，因此遂以《聖經》道理來剖析基督徒的內心世界。《聖經》言：

若是你的右眼叫你跌倒、就剜出來丟掉，寧可失去百體中的一體，
不叫全身丟在地獄裏。若是右手叫你跌倒、就砍下來丟掉，寧可失
去百體中的一體，不叫全身下入地獄。〔註33〕

這段《聖經》闡釋不管刀斧加身時，亦不可背棄你所信仰真理。本著所信，
即應態度如：「既有人的樣子，就自己卑微，存心順服，以致於死，且死在十
架上」。〔註34〕唯有接受此等試煉，才能無愧於心，得上天堂之門。據其行為
就是「所謂弟兄們、我以神的慈悲勸你們、將身體獻上、當作活祭、是聖潔
的、是神所喜悅的。你們如此事奉、乃是理所當然的」。〔註35〕這段《聖經》
並不是希望教友自殘，而是要有不屈服於惡勢力的精神，為信仰真理而死，
因為耶穌曾說：

我實實在在的告訴你們一粒麥子，不落在地裡死了，仍舊是一粒。
若是死了，就結出許多子粒來。〔註36〕

由此可知，當你為信仰真理而死，並不就此結束，而是以此為感染力，使得
許多人信仰真理，如古羅馬時代，羅馬政府迫害基督徒，其越迫害，其後增
加更多的基督徒。然而，基督徒最終的盼望為何？不就是期待天國的世界
嗎？如何得到上天國的管道？聖經言：「你們得救是本乎於恩、也因著信、
這並不是出於自己，乃是神所賜」。〔註37〕其道理取決「信心」，何謂信心？
是信神，即信仰真理。據本節，就能理解東北基督徒面臨困難時，內心世界
的想法。由此可知，拳亂發生時，帶來的身體傷害，雖然在心理產生恐懼的
因子，但終究在信仰真理的前題下，加強了信心，這樣無疑是對傳教工作產
生了幫助。

二、物質的損害

在討論心理層面後，接下就是討論這場變亂，對於物質上的損害到底有
多嚴重，才能瞭解傳教工作在人命、財產上損失多少，以便於掌握當時東北
基督教的情況，才能分析傳教工作在逢此大難後，重建東北基督教的工作是

〔註33〕中華民國聖經公會，〈馬太福音〉5：29～30，《聖經·新約（和合本）》（臺北：
聖經公會，西元1919年），頁6。
〔註34〕中華民國聖經公會，〈腓立比書〉2：8，《聖經·新約（和合本）》，頁278。
〔註35〕中華民國聖經公會，〈羅馬書〉12：1，《聖經·新約（和合本）》，頁222～223。
〔註36〕中華民國聖經公會，〈約翰福音〉12：24，《聖經·新約（和合本）》，頁146。
〔註37〕中華民國聖經公會，〈以弗所書〉2：8，《聖經·新約（和合本）》，頁270。

如何艱辛？為了統計此損失，即用清廷釐清賠款項目所進行的調查，作為反映出亂後傳教工作的損害程度。庚子拳亂後，清廷在光緒二十七年（西元 1901 年）六月初四日的上諭言：

> 查所有教堂是否買地自造，抑系租賃民房，共有若干間，分別華洋各式，坐落處所方向，已未焚毀，堂內器物有無遺失及現存若干，詳查明白，造具細冊，限文到十日送齊等因。札催該協領、縣遵即查照札指各節，並有華洋教士及教民被害若干民燒毀教堂教民房屋若干間，教民財產有無查抄入官，限文到六日分析詳造清冊，專差呈送。〔註38〕

為了瞭解戰後的責任歸屬，清廷著手於災情的調查與造冊，查為自租，或自造，屋況如何、損失財物等，進行造冊十日回覆；教士及教民的被害人數，毀壞教堂與教民房屋間數，入官的教產等，實施造冊六日回覆。然而在東北拳亂後造冊，起於光緒二十六年（西元 1900 年）間，其過程如下：

> 東北各城鎮村民屋焚毀極多，而鄰近鐵道者尤為慘苦，自宜量予修費，以恤災黎，請通飭查明造冊，呈送核辦等情當經分飭查報在案。茲據義州尉送到清冊，內注有教民某被毀房若干間，旗民人某被毀房若干間。其餘各城送到之冊，僅注某人被毀房若干間，並未分別民教，而義州所造之冊，又復民教牽混，亦未分冊造報。事關交涉，未使稍形含混，查上年變亂時，被毀房屋，其中有為拳匪所毀者，有為土匪潰兵所毀者，現在清理教案，籌辦善後，應分析清楚，分冊分文，詳細造假，凡關教民者，逕報交涉局核辦。其為土匪潰兵所毀者，即逕報善後局核辦，仍各造冊分報來轅，以憑備案。〔註39〕

首次調查的結果，東北各處教民房屋焚毀嚴重，尤其是在鐵道附近，嚴飭加快造冊以瞭解情況。據義州回覆的報告中，對於民教角色不清，肇禍者不明，這些都是因為掌握災情不準確，必須再次釐清一些細節，進行更仔細的調查，才能平息爭端。

（一）奉天的損害情況

〔註38〕 遼寧省檔案館、遼寧社會科學院歷史研究所合編，《東北義和團檔案史料》（瀋陽：遼寧人民出版社，西元 1981 年），《聖經・新約（和合本）》，頁 104～105。

〔註39〕 同上註，頁 107～108。

奉天的調查是在光緒二十七年（西元 1901 年）十一月十一日，因爲主教蘇斐理議辦教案索款甚巨，因而擬將各屬教堂損傷情形，分飭查報清楚，再商談賠償事宜，因此在這情況下，奉天進行了拳亂的調查造冊。其查報情形如下：

> 清查奉天省教堂，除復州、寬甸、鳳凰三城未毀外。其餘昌圖等十八府州縣，現據查報，被毀華洋房屋，共一千五百數十餘間。據已經報到之懷德等十一州縣，計之共教民被毀房屋一千八百二十餘間，其中瓦房少而土草房多，以此例彼，其未經報到之十四州縣，多亦不過二千餘間。若照直隸冀州辦法，頭等房每間只給談錢八十吊、財產減半章程通盤估計，則需款並不甚巨。然與該主教前索之數則已大相懸殊矣。〔註40〕

清查的情形，除復州、寬甸、鳳凰三城未毀。其他十八州府縣，被毀房屋一千五百餘間。懷德等十一州縣，一千八百二十餘間。房屋種類以土草房爲多，未報二千餘間。賠款方法，以直隸、冀州爲範本，頭等房屋給京錢八十吊。但奉天議辦教案賠款的數目，清廷與傳教士認知差距太大，唯有透過調查清冊，評估損害程度，才能說明事實的眞相，幫助議賠的商討。下段即以奉天的調查清冊，釐清損傷情況，遂製作清單表格分列於下：

表4-3 光緒二十六年（西元 1900 年）奉天焚燒教堂戕害教士教民清單表〔註41〕

行政區	位置	教　派	樣式	居住者	損　害　死　傷　情　況
昌圖府		法國天主教	華式		1、被燬華式房屋 315 間，門樓一座，鐘樓二間，旗桿一對，鐘架一個。
懷德縣		法國天主教 英國耶穌教	混合		1、天主被燬華式房屋 57 間，平門樓一座，洋式小鐘樓一間。 2、耶穌教被焚 39 間。 3、計被殺天主教齊功、齊守林二名。 4、耶穌教民賈玉一名。

〔註40〕 中國第一歷史檔案館，《清末教案·第三冊》（北京：中華書局，西元 1998 年），頁 152～154。

〔註41〕 整理於中國第一歷史檔案館，《清末教案·第三冊》，頁 154～156；遼寧省檔案館、遼寧社會科學院歷史研究所合編，《東北義和團檔案史料》，頁 112～137、187～190；〔英〕杜格爾德·克里斯蒂著、〔英〕伊澤·英格利斯編、張士尊、信丹娜譯，《奉天三十年（西元 1883～1913 年）——杜格爾德·克里斯蒂的經歷與回憶》，頁 119～126。

康平縣		法國天主教	華式		1、被燬房屋 166 間。 2、被害教民大口四名。
海城縣		法國天主教	混合		1、被燬洋式教堂房屋 79 間，鐘樓一座，大門樓一座，小門樓三座；被燬華式教堂 396 間。 2、被害教民大口七名，小口四名。 3、螞蟻屯教堂被焚毀。
鐵嶺縣		法國天主教	混合		1、洋式教堂樓房 14 間，洋樓 2 座；華式房屋 42 間，鐘樓一座，冰窖四間。
海龍廳		法國天主教	華式		1、華式房屋 795 間，大門樓一座，小門樓一座。
懷仁縣		法國天主教	華式		1、被燬華式房屋 81 間。 2、被害教民男女二十七名。
通化縣		法國天主教	華式		1、被燬華式房屋 324 間。 2、被害教民大口二十四名。
安東縣		法國天主教	華式		1、被燬華式房屋 11 間。 2、沙河鎮教民任元忠，被害身死。
遼陽州		法國天主教	混合		1、洋式教堂 110 間，鐘樓二座；華式房屋 118 間，石祭臺一座，鐘樓一座。
新民廳		法國天主教	混合		1、洋式教堂 10 間，鐘樓九座；華式房屋 726 間，鐘樓座。 2、被害教民大口四名。
寧遠州		法國天主教	華式		1、華式房屋 22 間。
廣寧縣		法國天主教	混合		1、洋樓一座，計房屋 46 間；華式房屋 62 間。
蓋平縣		法國天主教 英國耶穌教	混合		1、天主教洋式教堂 20 間；華式房屋 176 間。 2、縣屬城東甸子寨耶穌教民潘姓家，於亂時被害男女共十一名。 3、縣屬城南呂家園子天主教民宋姓家，被害男性一名。
錦縣		法國天主教	混合		1、洋式房屋 14 間，鐘樓一座；華式房屋 286 間。 2、被害神傳二名，童貞女四名，教民大口九名。 3、天主教民張喜被害身死，並將其妻搶去；嬰孩被搶去四名。

興京廳	法國天主教 英國耶穌教	華式		1、天主教華式房屋 210 間。 2、被害教民大口八十名，小口三名。 3、旺清門天主教堂洋人胡棟材避去通化縣。 4、所有廳屬界內各教堂房屋器物，均被拳匪焚去。 5、鄉保惟記陸街西堡天主教堂、東堡耶穌教堂、興賓堡耶穌教堂與天主教堂、旺清門天主教堂一處。
岫巖州	法國天主教	華式		1、華式房屋 5 間，鐘樓一座。 2、西岔溝白家屯教民杜安凱、白雲山、白雲登，被害身死。
承德縣	法國天主教 英國耶穌教	混合		1、洋式大教堂 1 座，洋樓教堂 2 座，洋式房屋 29 間；華式房屋 614 間。 2、被害法國主教一位，法國愛司鐸一位，法國李司鐸一位，法國貞女二位；被教民大口一百六十八名，小口五十七名，中國四品先生一位，中國李司鐸一位。 3、英國司督閣施醫院被焚毀。
奉化縣	法國天主教	華式		1、華式房屋 7 間。 2、被害教民大口四名。
寬甸縣	法國天主教 英國耶穌教	華式		1、天主教被焚毀華式房屋 9 間。 2、本城內南街路東及東胡同，自光緒二十三年，新設耶穌堂長顧洪泰，共有堂產 10 間，被焚 5 間。 3、天主堂長沈寶亭，堂產共有 7 間，盡被焚毀。 4、本街舊有天主教堂、耶穌教堂二處，天主教堂系在德裕祥後院租賃西廂房兩間。 5、耶穌教堂系於光緒二十五年秋間，經開大興店之王乃信租一民房立，則王乃信亡於拳亂之中。
開原縣	法國天主教	華式		1、華式房屋 213 間。
義州	法國天主教	華式		2、華式房屋 270 間。

　　據上表統計，義和團亂事遍及昌圖府、懷德縣、康平縣、海城縣、鐵嶺縣、海龍廳、懷仁縣、通化縣、安東縣、遼陽州、新民廳、寧遠州、廣寧縣、蓋平

縣、錦縣、興京廳、岫巖州、承德縣、奉化縣寬甸縣、開原縣、義州等地。總體而言，法國天主教在拳亂期間損失占多數，英國耶穌教相對較少；被毀房屋樣式，以華式房屋占多數，洋式房屋相對較少。在房屋、人員損傷方面，房屋毀壞間數初估 5291 間以上，教民死傷初估 425 人以上。據此表，傷亡數遠多於李杕《拳禍記》的統計。此等數目，可知義和團對於奉天損害有多嚴重。

（二）吉林的損害情況

光緒二十七年（西元 1902 年）十二月二十六日，吉林將軍長順呈送外務部文中提及：「案查上年中外失和，吉省各處教堂多被匪人拆毀焚燒。本年法主教藍祿業到省，索要賠款，當經本將軍咨請貴外務部示辦。旋奉電覆，吉省賠款須詳查損失確數，咨明本部，再行酌辦等因。奉此，相應將上年吉屬各城被焚教堂房間並戕害教民各數目繕具清單，備文咨呈。為此咨呈貴外務部，謹請鑒核酌辦。再，此次所查被焚教堂房間及被戕教民各數，系將耶穌、天主兩項並查在內。目下英教士尚未議及賠款，而法主教藍祿業屢來催促，急不能待，並將原索銀數三十四萬餘兩減讓至二十二萬兩。是以本將軍先向鋪商借墊，幾及市錢十萬吊，囑其靜候部示。」〔註 42〕在此次商議，將光緒二十六年（西元 1900 年）兵燹後，所有吉林省各處焚燒教堂戕害教士教民的清單開列於後，筆者整理清單在下表：

表 4-4　光緒二十六年（西元 1900 年）吉林焚燒教堂戕害教士教民清單表〔註 43〕

行政區	位　置	教　派	樣式	居住者	損　害　死　傷　情　況
吉林府	本城小東門里江	法國天主教	華式		共燒毀 27 間。
	本城虫王廟前	法國天主教	華式		共燒毀 16 間。
	本城東門外昌邑屯	法國天主教			共燒毀 7 間。
	本城東門外昌邑屯	法國天主教	混合	高積善	為傳教士住宅。共燒毀住宅 10 間。

〔註 42〕中國第一歷史檔案館，《清末教案・第三冊》（北京：中華書局，西元 1998 年），頁 159～165。

〔註 43〕同上註。

	本城東門外昌邑屯	英國耶穌教	華式	賴募司	爲傳教士住宅。共燒毀住宅 5 間。
	本城東門外朝陽街	英國耶穌教	華式		爲施醫院。共燒毀房屋 36 間。
	誠信社七甲雙陽河屯				教民郭玉坤、楊幅林，均被外來敬姓拳匪戕害。
	誠信社七甲雙陽河屯				教民趙心田家男女四名口，均被外來敬姓拳匪戕害。
伯都訥	訥城西北營子				教堂被奸民拆毀，窗壁經前副都統嵩業經修補。
	蘇家窩鋪				焚燒教堂 1 所，共 7 間，並戕害教民白玉香、盧萬有與張姓三歲小孫共三名。
	韭荣坨子				教堂 1 所，被焚後經本地紳耆代爲修整，並戕害教民張聚德一名。
阿勒楚喀	城裡地方	英國耶穌教	華式	勞旦里	匪民拆毀廂房 4 間，並損壞 17 間各門窗及周圍院牆。
長春府	本城東四道街	法國天主教	華式		共燒毀 29 間。
	本城東四道街	英國耶穌教	華式		共燒毀 54 間。
	本城北門外	英國耶穌教	華式		爲傳教士住宅。共燒毀 34 間。
	本城東門外	英國耶穌教	華式		共燒毀 9 間。
	恒裕鄉九甲小八家屯	法國天主教	洋式		燒毀洋式法教堂 1 處，共 17 間，並鐘樓一座、洋樓 1 座、偏廈小房 2 間。
伊通州	城裡				疑似燒毀教堂 1 處，共 26 間。
	驛馬站				疑似燒毀教堂一處，共 15 間。
	大南屯				逃勇焚燒教民房 15 間，被拳匪焚燒教民房 5 間。
	蓮花街				焚教堂房 7 間、齊樹崇房 11 間，被拳匪戕害徐廷珍、徐廷貴二名。
	長嶺子				王志、陳際升、李姓、龐姓、馬姓五家房屋均被拳匪焚燒，龐教民之妻被拳匪殺害。
	小孤山				被搶掠。
	下二台				被搶掠。

伊通州屬磨盤山	本城	法國天主教	洋式	燒毀教堂1處、平房39間、三面磚牆。
	本城	法國天主教		陳起、劉振祥、蕭承田、蕭百順、史老女、康梅氏、施赴氏、楊世恩、楊洛頭、卜懷本子侄五名、周廣玉子侄五名、婦女三名、郎中、趙洛圖、賀姓、史會祖孫三名,以上被拳匪戕害亡命。
	本城	英國耶穌教		李才、楊向陽,被拳匪戕害亡命。
	本城	法國天主教		共燒毀209間。
	本城	英國耶穌教		共燒毀209間。
雙城廳	廳城關帝廟前	英國耶穌教		講書堂1所,計房5間。現在仍前完固。
	廳城西街	英國耶穌教		醫院1所,計瓦房7間、草房3間,被拳匪拆毀。
農安縣	縣城城南	法國天主教	華式	平房6間,磚平房5間,大磚門樓1間,小磚門樓2間,均被拳匪焚燒。
	縣屬農略社花家坨子屯	英國耶穌教	華式	土平房5間、土門樓一間。上年六月間該堂講士句任德、徐勞二人自行拆毀,將木料變賣。
	縣屬農和社靠山屯後嶺	法國天主教	華式	磚平房5間、磚門樓1間,周圍土牆被拳匪焚燒。
敦化縣	大荒溝屯	英國耶穌教		教民鞠善德被奸民殺害。
	大荒溝屯	英國耶穌教		教民費玉儉、費玉堂等一家五命被奸民殺害。

　　據上表統計,義和團亂事遍及吉林府、伯都訥、阿勒楚喀、長春府、伊通州、伊通州屬磨盤山、雙城廳、農安縣、敦化縣等地。總體而言,法國天主教在拳亂期間損失占多數,英國耶穌教相對較少;被毀房屋樣式,以華式房屋占多數,洋式房屋相對較少。在房屋、人員損傷方面,房屋毀壞間數初估861間以上,教民死傷初估50人以上。據此表,傷亡數遠多於李杕《拳禍記》的統計。此等數目,可知義和團對於吉林損害的嚴重性。

(三)黑龍江的損害情況

　　黑龍江部分,在法主教藍祿業照會周冕其內文言:「案查光緒二十六年(西

元 1900 年）六月二十起余慶街教士被害、財物搶掠、教堂被燒、教民于家油房等戶數捐搶焚燒十有餘家，其餘僅被捐搶。上集廠廣公所搶燒，教民均各被受捐搶。綏化廳教士被殺，教堂搶燒，教民各被捐搶，漸有被燒房間幾處。蘭城教士被兵殺害，教堂搶燒，教民搶捐各受，無奈藏匿。雙廟子十間、興隆黃家木鋪各受捐搶。西集廠東西包寶川心林子、韓存溝、太平橋等處均被焚燒無遺，小石河教堂被燒大半，教士墳墓被兵挖掘，損壞肢體。巴彥蘇天主堂尚已報案，印封派兵看守，被搶罄盡，主教墳墓被掘，殘壞屍體，業經驗明存卷。除挖墳掘墓，殺害教士三命，另文究追外，推將各該教民致被捐搶焚燒所傷銀錢總數，核計四十一萬零六百三十二兩。」〔註 44〕針對此次照會的內文，將其損害情況表列如下：

表 4-5　光緒二十六年（西元 1900 年）黑龍江焚燒教堂戕害教士教民清單表〔註 45〕

行政區	位　置	教　派	樣式	居住者	損　害　死　傷　情　況
綏化廳	上集廠西二道街	法國天主教		盛萬春	教士被殺，教堂搶燒，教民各被捐搶，漸有被燒房間幾處。
	餘慶街（三道街東路南）	法國天主教		榮寶亭	教士被害、財物搶掠、教堂被燒、捐搶焚燒十有餘家，其餘僅被捐搶。
	上集廠大街路西	法國天主教		安守璽	公所搶燒，教民均各被受損搶。
呼蘭廳	大街北頭關帝廟東北里	法國天主教		舒惟尼	教士被兵殺害，教堂搶燒，教民搶捐。雙廟子十間、興隆黃家木鋪各受捐搶。
	西集廠	法國天主教		無	西集廠東西包括寶川心林子、韓存溝、太平橋等處均被焚燒無遺。
	城東大木蘭達段界內小石頭河屯	法國天主教		孟若瑟	教堂被燒大半，教士墳墓被兵挖掘，損壞肢體。
	巴彥蘇蘇城內德花街	法國天主教		孟若瑟	被搶罄盡，主教墳墓被掘，殘壞屍體。

〔註44〕中國第一歷史檔案館，《清末教案‧第三冊》，頁 340～341。
〔註45〕同上註。

　　據上表統計，義和團亂事遍及綏化廳、呼蘭廳等地。總體而言，法國天主教在拳亂期間損失爲頗多，英國耶穌教則無記錄；被毀房屋樣式，以華式房屋占多數，洋式房屋相對較少。在房屋、人員損傷方面，房屋毀壞間數初估 28 間以上，教民死傷初估 3 人以上。據此表，傷亡數遠多於李杕《拳禍記》的統計。此等數目，可知義和團對於黑龍江的危害了。

　　由此可知，透過整理清冊的表格，使得物質上的損傷數目更加明確，也瞭解庚子拳亂對於東北基督教的危害程度。總體而言，法國天主教在拳亂期間損失占多數，英國耶穌教相對較少；被毀房屋樣式，以華式房屋占多數，洋式房屋相對較少。在房屋、人員損傷方面，房屋毀壞間數初估 6180 間以上，教民死傷初估 478 人以上。據此，傷亡數遠多於李杕《拳禍記》的統計。

第三節　拳亂後賠款與籌措

一、商議賠款數目

　　基督教在東北損失傷亡甚巨，傳教士爲了重建據點，遂向清廷索取賠償，彌補他們心理上與物質上的損失，以復原東北的傳教工作。然賠償要索取多少呢？相信這是需要雙方作交涉的，協商兩肇都能接受的數目，避免紛爭，所以據他們之間的議價過程探究之

　　　　光緒二十七年（西元 1901 年）三月間，法國主教蘇裴理來奉清查教
　　　　務，先索賠款三百五十餘兩，繼則減至二百七十萬兩。〔註46〕光緒
　　　　二十八年（西元 1902 年）十一月三十日議定完結，共賠奉天瀋陽平
　　　　銀四萬兩整，由法國欽差自行勘酌，作爲補償及設修仁慈院所之用。
　　　　賠款銀定於光緒二十九年（西元 1903 年）二月初，由奉天將軍兌交
　　　　駐京法國欽差收領，寄與收據存案。關於賠償二畝地之事，擬將瀋
　　　　陽教堂東隔壁民地一段，共二畝多地，由將軍發官價買交教堂，作
　　　　爲紀隆紀念祠堂（光緒二十九年（西元 1903 年）二月初四日彭英甲
　　　　稟稱，買此民地用銀五千兩，又市錢兩千吊）。至於被挖外國教士墳

〔註46〕遼寧省檔案館、遼寧社會科學院歷史研究所合編，《東北義和團檔案史料》，頁 150；《軍機處檔摺件》（臺北，國立故宮博物院），第 154109 號，奏報辦理奉天省天主教案賠恤事。

地五座，須仿照山西辦法立碑五座，每碑帶亭盡一千銀之數為度。五甬碑共銀五千兩。在議定賠款會談中，盛京將軍增祺、奉天府尹玉特派彭英甲來京與中國外務部及主教會商，議定除各處教堂賠款銀七十七萬兩歸大賠款已定議外，至應撫教民恤款數自以及辦法，分列於下：「在京公同議定，共恤瀋陽隨市平銀一百四十萬兩，作為一概了結。所有前在奉省借與主教銀四萬兩，並木值價銀四百七十六兩五錢，言明於賠款內，如數扣還。恤款瀋陽平銀一百四十萬兩內，扣除還借銀四萬兩並木價核銀五百兩，除清共淨剩銀一百三十五萬九千五百兩，議定分三年九卯在奉天交涉總局交付，永無利息。言明自立合同之日起，仍准前議，到奉天即交銀四十萬兩。至光緒二十九年（西元 1903 年）即光緒癸卯年三月起頭卯，分三、六、九、臘月交銀。每卯應交銀十萬零六千六百一十二兩，此二十九年共應交銀四十二萬六千四百四十八兩。至光緒三十年（西元 1904 年）即光緒甲辰年由三月起頭卯，三、六、九、臘月交銀，每卯應交銀十萬零六千六百一十二兩。此光緒三十年（西元 1904 年）共應交銀四十二萬六千四百四十八兩。至光緒三十一年（西元 1905 年）即光緒乙巳年三第九卯，共應交銀十萬零六千六百一十二兩。至此三年九卯，一律全完無事。每次交銀，均交與瀋城教堂查收。務須將收到銀數給憑收執。」〔註47〕

據上述交涉過程，釐清商議賠款數目，分別以日期、與事者、款項、款數、備註，製作明細表如下：

表 4-6　奉天法國天主教善後賠款明細表〔註 48〕

日期 （光緒）	與　事　者	款項	款數（單位 萬兩）	備　　註
27.3	法主教蘇裴理	初索款	350	
27.3	法主教蘇裴理	減定款	270	
28.11	法欽使呂班、法主教蘇裴理	議定款	144	

〔註47〕遼寧省檔案館、遼寧社會科學院歷史研究所合編，《東北義和團檔案史料》，頁 153～156。

〔註48〕同上註。

28.11	法欽使呂班	教士屬款	4	
28.11	法主教蘇裴理	教民屬款	140	
28.11	法主教蘇裴理	立碑費	0.5	
28.11	法主教蘇裴理	分期款總額	135.95	最初 40 萬，餘款分三年九卯付款
29.2	法主教蘇裴理	還款	40	
29.3	法主教蘇裴理	還款	10.06612	
29.6	法主教蘇裴理	還款	10.06612	
29.9	法主教蘇裴理	還款	10.06612	
29.12	法主教蘇裴理	還款	10.06612	
30.3	法主教蘇裴理	還款	10.06612	
30.6	法主教蘇裴理	還款	10.06612	
30.9	法主教蘇裴理	還款	10.06612	
30.12	法主教蘇裴理	還款	10.06612	
31.3	法主教蘇裴理	還款	10.06612	
31.6	法主教蘇裴理	還款	10.06612	

奉天耶穌教方面，查耶穌教案約章，除焚毀各處教堂歸大賠款另辦外，統計議定由官籌給潘平銀五十七萬兩整，作爲撫恤孤苦，並賠償教民所失之田房、財產、牲畜、車輛、樹株、貨物以及捐罰銀錢等項，分限三年賠清。另附交還日期表下：「光緒二十七年（西元 1901 年）六月二十六日，羅牧師到奉後，由官先行籌借市銀三千兩，原爲墊付教會用度。現因議結奉天全省耶穌教案，各牧師均能共體時艱，和平商議，極力核減，深堪嘉尚。所有前項銀三千兩，毋庸在再於五十七萬兩內扣留，作爲賞與教民，以表彼此和睦之誼。〔註49〕

據上述交涉過程，釐清商議賠款數目，分別以日期、與事者、款項、款數、備註，製作明細表如下：

〔註49〕遼寧省檔案館、遼寧社會科學院歷史研究所合編，《東北義和團檔案史料》，頁 167～168。

表 4-7　奉天英國耶穌教善後貼款明細表〔註50〕

日期（光緒）	與事者	款項	款數（單位萬兩）	備註
27.6	牧師羅約翰	先借款	0.3	不用扣於議定款
27.6	牧師羅約翰	議定款	57	
28.3	牧師羅約翰	還款	5	
28.6	牧師羅約翰	還款	5	
29.3	牧師羅約翰	還款	5	
29.6	牧師羅約翰	還款	5	
29.9	牧師羅約翰	還款	5	
29.12	牧師羅約翰	還款	5	
30.3	牧師羅約翰	還款	7	
30.6	牧師羅約翰	還款	7	
30.9	牧師羅約翰	還款	7	
30.12	牧師羅約翰	還款	6	

　　光緒二十九年（西元 1903 年）四月十二日，增祺、玉恒為寧遠州屬美國教案賠恤議結，教士賀慶等於上年十二月二十一日到州，交出失單，所索仍如原估之數。與之反復辯駁，開誠布公，情勸理喻，該教士等亦主和平，大為讓減。隨議定由官籌給東錢五萬吊為教民恤款，以二千五百吊為教堂賠修之款，統共東錢五萬二千五百吊，作為一律完結。於定議之日先付一半，下餘一半，於一月內付清。按東錢七吊作銀一兩，計東錢五萬二千五百吊，合寧遠市平銀七千五百兩。並與該教士等會擬完案章程六條，為日後民教永遠和睦之計，議定簽押。其款業經奴才等札飭在於該州光緒二十七、八（西元 1901、1902 年）兩年地丁餘租項下動支。光緒二十九年（西元 1903 年）正月二十六日如期撥付完結，應請旨飭部立案，作正開銷。〔註51〕

據上述交涉過程，釐清商議賠款數目，分別以日期、與事者、款項、款數、備註，製作明細表如下：

〔註50〕同上註。

〔註51〕遼寧省檔案館、遼寧社會科學院歷史研究所合編，《東北義和團檔案史料》（瀋陽：遼寧人民出版社，西元 1981 年），頁 174～175；《軍機處檔摺件》（臺北，國立故宮博物院），第 156033 號，奏報寧遠州教堂賠款作正開銷事：玉恒字久峰，蒙正黃，光二十三、九，黔按，二十五、九、奉府尹，二十九、十，光祿寺，三十、八，病休。參閱魏秀梅，《清季職官表》，頁 972。

表 4-8　奉天美國耶穌教善後賠款明細表〔註 52〕

日　期 （光緒）	與　事　者	款　項	款　數 （單位萬兩）	備　註
28.12	賀慶、白雅各、德瑞	初索款	10	
28.12	賀慶、白雅各、德瑞	議定款	5.25	29.1 如數付訖
28.12	賀慶、白雅各、德瑞	教民失物款	5	
28.12	賀慶、白雅各、德瑞	教堂修繕費	0.25	

光緒二十八年（西元 1903 年）十二月，將光緒二十六年（西元 1900 年）拳匪擾害教務各案統計，應償款項按原單卻系三十四萬五千七百兩，時因吉林物力不及，故主教與吉林將軍和衷議定，籌給吉市錢五十四萬吊，將吉林各處教堂房間暨堂內聖物器皿等項，並惆撫教民孤苦，以及教民被焚房屋、財物一並包括在內。除前次交收市錢八萬吊另有房契九千七百吊外，淨剩四十五萬吊零三百，於立合同簽押之日交一十四萬吊零三百；光緒二十九年（西元 1903 年）六月內交十一萬吊；光緒二十九年（西元 1904 年）十二月內交十萬吊；光緒三十年（西元 1904 年）六月內交十萬吊。交款時，吉林將軍、副都統備文照送；收款時，吉江兩省主教備文照復。〔註 53〕

據上述交涉過程，釐清商議賠款數目，分別以日期、與事者、款項、款數、備註，製作明細表如下：

表 4-9　吉林法國天主教善後賠款明細表〔註 54〕

日期（光緒）	與事者	款　項	款數（單位萬兩）	備　註
28.12	藍祿業	索款	吉市錢 34.57	
28.12	藍祿業	議定款	吉市錢 54 萬吊	
28.12	藍祿業	已支付款	吉市錢 8 萬吊	
28.12	藍祿業	已支付房契款	吉市錢 0.97 萬吊	
28.12	藍祿業	分期總款	吉市錢 45.03 萬吊	

〔註 52〕遼寧省檔案館、遼寧社會科學院歷史研究所合編，《東北義和團檔案史料》，頁 174～175。

〔註 53〕同上註，頁 428；《軍機處檔摺件》（臺北，國立故宮博物院），第 157906 號，奏爲吉林省教案賠恤款項議結。

〔註 54〕遼寧省檔案館、遼寧社會科學院歷史研究所合編，《東北義和團檔案史料》，頁 428。

28.12	藍祿業	頭期款	吉市錢 14.03 萬吊	
29.6	藍祿業	還款	吉市錢 11 萬吊	
29.12	藍祿業	還款	吉市錢 10 萬吊	
30.6	藍祿業	還款	吉市錢 10 萬吊	

　　光緒二十八年（西元 1903 年）十二月，與勞教士和衷議定，籌給吉
市錢二十七萬吊，將吉林各處教民被焚、被失房院財物一並包括在
內，賠償一律作為完結，嗣後不得再有異議。於立合同簽押之日，
付錢一十三萬五千吊，迨光緒二十九年（西元 1903 年）十一月初一
日，付錢一十三萬五千吊。按期備文照交耶穌教會教士查收，再由
教士分給教民承領。〔註 55〕

據上述交涉過程，釐清商議賠款數目，分別以日期、與事者、款項、款數、
備註，製作明細表如下：

表 4-10　吉林英國耶穌教善後賠款明細表〔註 56〕

日期（光緒）	與事者	款　項	款數（單位萬兩）	備　註
28.12	勞旦理	議定款	27 萬吊	
28.12	勞旦理	頭期款	13.5 萬吊	
29.11	勞旦理	還款	13.5 萬吊	

　　光緒二十七年（西元 1901 年）九月，藍祿業主教議償，索款四十餘
萬。經周晃力與辯論，鐵路公司照料委員候選直隸州知州劉鏡人，
暨總監工茹格維志等亦從旁力贊。奴才札飭該員，許以五、六萬金
了結，一面密飭相機速結，以免延宕愈久，更多枝節。磋磨兩月餘，
議定籌給償血銀十二萬兩，將光緒二十六年（西元 1900 年）同黑龍
江通省因匪亂毀損教堂房屋家具什物、各種產業、教民被匪傷害人
命、燒毀房產搶詐財項糧貨、一切物件暨因亂荒蕪田地損害貿易等
事一概完結，訂立合同為信。先交銀二萬兩，尚有十萬兩，共分三
期，於十個月內交清。〔註 57〕

據上述交涉過程，釐清商議賠款數目，分別以日期、與事者、款項、款數、

〔註 55〕遼寧省檔案館、遼寧社會科學院歷史研究所合編，《東北義和團檔案史料》，
　　　　頁 429～430。
〔註 56〕同上註，頁 429～430。
〔註 57〕中國第一歷史檔案館，《清末教案·第三冊》，頁 325～326。

備註，製作明細表如下：

表 4-11　黑龍江法國天主教善後賠款明細表〔註58〕

日期（光緒）	與事者	款　項	款數（單位萬兩）	備　註
28.6	藍祿業	議定款	12	
28.3	藍祿業	頭期款	2	
29.3	藍祿業	還款	4	
29.6	藍祿業	還款	3	
29.12	藍祿業	還款	3	

　　本節整理了賠款的議定、頭期款、分期款之明細。據此，說明清廷與傳教士訂定賠款後，雙方的資金流向、清廷的償還方式、分期入帳日期、與之交涉的傳教士、詳細的款數、迄付日期、止付日期。各省賠款數目：奉天省 206.25 萬兩（法國天主教、英國耶穌教、美國耶穌教）。吉林省 81 萬吊（法國天主教、英國耶穌教）。黑龍江省 12 萬兩（法國天主教、英國耶穌教）。透過這些記錄，釐清整個清廷還款的始末，以了解這段時間，在經濟上的衝擊，及財政負擔的沈重。

圖 4-3　辛丑和約會議

資料來源：鄭曦原編；李方惠，胡書源，鄭曦原譯，《帝國的回憶：《紐約時報》晚清觀察記（西元 1854～1911 年）》（北京：當代中國出版社，西元 2007 年），頁 235。

〔註58〕　同上註。

二、籌措賠款事宜

（一）籌款的困難

　　庚子年的巨額賠款，造成財政拮据，必須籌措財源，然而舊有的稅收已入不敷出，所以需要一些新措施，以解決賠款問題。但由於各省教案的賠款，大都要自行籌措，然而羊毛出自羊身上，這些賠款勢必從小民收取稅收償抵，原本就是受害者的百姓，實在拿不錢，於是發生抗捐的情形。在光緒二十八年（西元 1902 年）五月十三日上諭言：

> 自和約定後，各省分派賠款，或攤賠教案，皆萬不得已之舉。朝廷
> 念切民依，常深矜憫，倘各州縣能盡心體恤，斟酌情形，妥為經畫，
> 何至抗捐滋事之案層見疊出？推原其故，總由不肖州縣挨戶攤派，
> 甚或侵蝕入己，而劣紳吏役需索中飽，均所不免。小民無辜，何以
> 堪此？著各該省督撫體察地方情形，核實籌辦，務將捐數明白頒示，
> 俾民間知有一定數目，官紳不得從中朦混侵蝕，庶免勒捐浮收等弊，
> 以恤民隱而濟時艱。〔註59〕

庚子拳亂後，除了大賠款之外，尚須加上本省教案賠款的攤賠，兩者議定的款數甚巨，一時要籌措款項，地方財政必定會有困難。如此一來，地方官吏勢必把腦筋動到老百姓身上，為了避免此類情形的發生，清廷嚴飭官吏勿中飽私囊，而規定攤派於民的款數限額。如不攤派於民，財源從何而來？賠款之數如此大，籌措賠款實有困難，只好先向地方富豪挪借，或由藩庫借錢代墊暫還。光緒三十年（西元 1904 年）四月初五日，據薩保奏報：

> 光緒二十八年（西元 1902 年）四月二十七日，曾因江省議賠教案銀
> 十二萬兩，除權借便民會贏餘銀二萬兩，下餘十萬懇恩俯准，先於
> 公帑籌墊。俟元氣稍復，就地有可籌之款，設法彌補。〔註60〕

光緒二十八年，為了黑龍江教案的賠款，向百姓借銀二萬兩，其餘由公款墊付，等到日後再籌款，以解燃眉之急。最初，議償教案款，向借民人借款與公款代墊，不過是一時的權宜之計，日後仍要償還。除了向民人借款、用公款代墊，在情急之下，更先挪用了兵餉，其詳細情形如下：

〔註59〕中國第一歷史檔案館，《清末教案・第三冊》，頁 366。

〔註60〕遼寧省檔案館、遼寧社會科學院歷史研究所合編，《東北義和團檔案史料》，
　　　　頁 620；薩保，字濟廷，滿鑲紅，光二十三，十一，齊齊哈爾副，二十六、十，
　　　　署黑將，三十、四，卸署，九月病休。

辦理墾務善後事宜款、先後的償恤教款核計銀十六萬五千兩、辦理
教案經費、解送款項川資、和道勝銀行息利等項銀一萬一千九百六
十兩，共銀十七萬六千九百六十兩，均經由庫存官兵俸餉頂下全數
籌墊。惟江省官兵應需俸餉，本處進項不敷發放，每年尚賴部撥協
餉十數萬兩。近年各省解到者僅止十之三四，以致各城俸餉積欠過
多。自遭兵燹，遍地哀鴻，艱難困苦情形，久在聖明洞見。亂後雖
放年餘的餉，仍屬杯水車薪，無濟於事。若再以官兵俸餉久墊教款，
將不免枵腹從公。亦明知庫款支絀籌撥不易，無如江省兵災較重，
元氣未復，難為無米之炊。合無仰懇天恩，俯念江省異常瘠苦，請
旨飭部即將兩次賠償教案銀十七萬六千九百六七兩，如數籌撥，借
資補助，而濟兵艱。除將需過川資經費等項另造清冊咨部查核外，
所有江省償恤教案各銀兩，均由俸餉墊給，懇請籌撥，俾資彌補各
緣由。〔註61〕

從這段咨文可知，除了向民人借款、用公款代墊，還向道勝銀行借款，但仍
不敷支用，必須另謀他法。在無財可籌的困境下，又向人民借貸之限將至，
加上向俄國道勝銀行借款利息的催逼，只好先把各行政官員的俸餉挪用了，
然而挪用的是官員、士兵的生活費，積欠久了也會有變亂，終究不是久遠之
策。唯有向中央再次請款補助，或須向公議會轉借償。除了人為禍害要籌款，
更有自然災害發生，需要賑濟款，其詳情如下：

光緒二十三年（西元1897年）呼蘭的自然災害，為了解決此問題，
曾將是年租賦援例分作三年帶徵，攤至光緒二十六年（西元 1900
年），尚須帶徵三分之一，計應收帶徵錢三萬六千五百五十六吊四百
六十八文。除尚有蒂欠外，實收到官租銀五千二百九十餘兩，錢九
千四百二十餘吊。義和團變亂之後，又薩奏免光緒二十六年（西元
1900年）租賦折內，未將帶徵之款如何辦理之處隨折聲明。茲查光
緒二十六年（西元1900年）已收正賦，業經照例流抵。其欠未完者
一律蠲免外，所有已收之租銀五千二百九十餘兩，錢九千四百二十
餘吊，應請無庸流抵，以免流弊，而增餉糈。〔註62〕

〔註61〕《軍機處檔摺件》（臺北，國立故宮博物院），第 160239 號，奏為黑龍江省償
　　　　恤教案各銀係由俸餉墊給懇飭部速撥彌補。
〔註62〕遼寧省檔案館、遼寧社會科學院歷史研究所合編，《東北義和團檔案史料》，

光緒二十三年（西元 1897 年）呼蘭遭災，爲了減輕人民的租賦，攤派三年分交，直至光緒二十六年（西元 1900 年）。不幸的，光緒二十六年（西元 1900年）又遭逢庚子拳亂，因而欠下巨款賠款，使得原有支絀的財政更加惡化，因爲原先天災的減免稅收，與後來人禍的賠款，使得藩庫空虛，與民不聊生。就連東北財政狀況較好的奉天省，也同樣陷入無米可炊之境，苦思籌措財源之法。然而清廷到底想出何種籌措財源之法，可以解決這個大難題。筆者逐討論如下：

> 因耶穌、天主兩教案恤款爲數甚巨，籌措維艱，當經奏請推廣報效，
> 借資挹注，維時即已慮及事涉窒礙。且年前應付之四十萬兩爲期尤
> 屬急迫，若不先爲設法籌備，臨時貽誤，又爲借口，隨督飭各局處
> 竭力張羅。幸東流水圍荒局派員前往吉林伊通州等處設法招徠，解
> 到荒價銀二十萬兩，又商諸勘辦西流圍荒大臣侍郎鐘靈，於該局徵
> 存項下提借銀十萬兩，尚短銀十萬兩，由各局處搜索。及商號通融
> 湊足，業於年前如期交付訖。至本年二月，應付法使銀四萬兩，及
> 三月應付耶穌天主兩項恤根十五萬六千六百一十二兩，轉瞬又將屆
> 期。現准戶部電開，以奴才等前奏由部庫借銀五十萬兩，已准由津
> 海關撥銀二十五萬，將來仍須籌還。等因。已派員前往領取，亦不
> 過僅付三月一次之需，惟時艱款絀，內外相同，以後再由奴才等在
> 於本省隨時設法籌措應付。〔註63〕

因爲龐大的恤款，壓得喘不過氣的時候，盛京將軍增祺以東流水圍荒局，前往吉林伊通州招徠開墾荒地，獲得荒價銀二十萬兩。同樣之法，在西流水圍荒地籌款，也獲得十萬兩，此作法是透過開墾新種地，以獲得賠款財源。雖獲得開墾荒地的款項，但仍不夠，又向部庫借五十萬兩，和海關二十萬兩。透過海關抽稅，其詳細情形如下：

> 中央政府的財政狀況拮据，騰那不出賠款，唯有向海關增稅，以增
> 補賠款支出的窘境。清廷在其所定承擔保票之財源項目中，提及以
> 新關各進款俟前已作爲擔保之借款。各本利付給之後，餘剩者又進
> 口貨稅增至切實值百抽五。將所增之數，加之所有向例進口免稅各
> 貨，除外國運來之米及各雜色糧面並金銀以及金銀各錢外，均應列

頁 619～621。

〔註63〕 中國第一歷史檔案館，《清末教案・第三冊》，頁 594。

入切實值百抽五貨內，所有常關各進款，在各通商口岸之常關下均
歸新關管理。〔註64〕

地方政府哭窮向中央政府要錢，中央政府財政也不好，因此挪不出款來解決
賠款問題，只好透過向海關增稅，以填補賠款的支出。但由於舊有海關的稅
款，大都有抵押了，因此開設新海關用新稅法，以收取高額的稅收。新關稅
的辦法規定，進口貨稅抽百分之五的稅，在各通商口岸實行，總歸新海關管
理。通商口岸的海關稅收取完，清廷又將重心放在內陸的關卡稅，即所謂的
釐金。其收取釐金情況如下：

> 天主、耶穌兩教賠為數共需市錢八十一萬兩，另二十五萬兩不便釐
> 清帑藏，致煩部臣籌畫，又未便向商民攤派，故奴才等初次先交款
> 項，即由司局所存公款設法挪墊，於摺內聲明俟籌有款再行奏明辦
> 理，茲經過通盤籌算祇有七釐貨物及九釐，屬常年有籌之款，擬將
> 此款分作三年劃撥，光緒二十八年起，按年由七釐捐撥市錢九萬兩，
> 分三年共合二十七萬兩；由九釐捐撥市錢十八萬兩，分三年共五十
> 四萬兩，正合八十一萬兩之數，惟兩教賠款議定交錢之期參差不一，
> 且又時甚迫，若待每年釐捐積有成數再行交款，亦屬緩不濟急，應
> 請無項公款先動用，再由各釐捐按年撥出歸墊，以清眉目而便報銷。
>
> 〔註65〕

教案賠款共八十一萬兩，另外仍有二十萬兩交戶部議處，然而市錢八十一萬
兩不是小數目，雖然先用公款代墊，但仍要歸還。這項款數，清廷就由各關
卡，收取釐金以償還。償還的情形，以七釐（7%）的釐金，籌措每年九萬兩，
分期三年，捐撥二十七萬兩；以九釐（9%）的釐金，籌措每年十八萬兩，分
期三年，捐撥五十四萬兩。據此法，籌到八十一萬兩，便可歸還代墊金，解
決籌款的難題。另外，清廷又加徵了鹽稅，其情形如下：「魚鹽之利向來就是
國家的重大稅收，以鹽稅抵之，不失為一辦法。於是將所有鹽政各進項，除
歸還前泰西借款一宗。」〔註66〕

〔註64〕遼寧省檔案館、遼寧社會科學院歷史研究所合編，《東北義和團檔案史料》，
頁583。

〔註65〕《軍機處檔摺件》（臺北，國立故宮博物院），第157923號，奏為教案賠款數
鉅擬分三年劃撥並以公款僅先動用按年以釐金歸。

〔註66〕遼寧省檔案館、遼寧社會科學院歷史研究所合編，《東北義和團檔案史料》，
頁585。

　　為了增加財源，清廷加增開荒地稅、海關稅、釐金、鹽稅等辦法，僅解了燃眉之急，巨額賠款仍需更長的還款時間。因為賠款除了大賠款外，仍有議定由地方官籌給銀兩，作為撫恤孤苦，賠償教民所失的田房、財產、牲畜、車輛、樹株、貨物，以及捐罰銀錢等項，分限三年賠清。庚子年的賠款，對於東北社會，造成了沈重的負擔，財政情況也因此一蹶不振。這段時間裡，為了避免紊亂的賠償方式，產生擾民之弊病，造成地方的不安。在此考量之下，清廷訂定條例，規範這段時間賠償的準則，以靖地方之紛擾。故開列以下各種規定：

一、賠償款項不可攤派於民，須由督、撫憲奏明，究應如何籌辦之處，敬候請旨遵行。

二、賠款歸傳教士由交涉局至期提收，轉分與教民。

三、此次議定恤賠教民款項，原系公同商妥，為日後民教永遠和睦起見，若被害之家再有指稱所失房田財產等情控告者，是與此次議結合同相背，且恐因此又激他變。現在公同議定，自此次賠恤之後，一概不准再以前事控告。

四、教民房田並典當紅契文約，有查抄入官及被匪霸占者，由教堂開單報官，迅速查明，分別追還。有失落房田稅契等類文約，邀同地保中証暨原賣主公同報明，另立新契粘尾免稅。如非二十六年失落之契，仍照例納稅，均不准差役需索分文。更有因亂時被匪逼將房田典出已得錢者，仍須備原價贖回，不准稍給典價，亦不准霸不容贖，其不願贖者聽之。

五、拳匪殺害人命，教會以恕仇為主，情願不索賠償分文。但念無辜受害遺下寡婦孤兒無可存活，於賠款內，由教會自行酌量撥資撫育，以示體恤。

六、教民所欠新陳錢糧稅務照章完納，不得以遭亂借口抗不繳納。如有故意恃教抗欠者，准地方官照例追完。至應攤官項錢文，除迎神賽會，照章不攤外，其餘善舉及各項差徭仍須照常攤納，以睦鄉鄰而遵國體。〔註67〕

上述規定，賠款不可隨意攤派民，是否攤派，應由總督、巡撫決定；賠款由傳教士自交涉局領回，再分發給教民；一切財產的損失，經議賠後，不准再

提高；關於房產的追討，持有契約者由政府討回，當初，不得已買賣者，可以據原價贖回；孤兒、寡婦的賠恤，由教會負責；教民應照常納稅，不准拖欠稅款，除了迎神賽會外。

圖 4-4　庚子正教殉教者插圖

資料來源：庚子印象：比較少見的義和團運動和八國聯軍侵華戰爭照片[210P]
（http://bbs.i918.cn/thread-1153125-1-1.html）

第五章　基督教在東北民教衝突的調和

　　南滿巴黎外方傳教會會長舒萊（Choulet）致辛納（Hinard）的書簡中，提到說：「在我們的 25 個縣中，僅僅有三四個仍保持使其中心未受損害。因此，從物質觀點上來看，破產是徹底的。60 年的工作、辛勞、艱難、開銷都毀於一旦，在不足一個月期間，便使這一切都化爲烏有了。」〔註 1〕據前述，基督教的傳教事業幾乎停頓，教堂也毀壞殆盡，教民死傷、背教不計其數。在亂後，東北基督教嚴重破壞後，清廷與基督教對此變亂，都深自檢討過失，苦思解決之道。解決之道爲何？首先，應是找出問題的癥結，才能解決困難。然而何謂教案的癥結？遂下段據前人之研究，陳銀崑的《清季民教衝突的量化分析》一文，歸納出問題的癥結，以便作爲解釋之用。清廷與東北基督教處理這些癥結，到底進行那些解決的方法？筆者分別以清廷與基督教態度的轉變、文化教育扭轉印象的認知、醫療慈善拉近彼此的距離，這三大主題討論之。

第一節　衝突癥結與和解態勢

　　民教衝突的原因爲何？陳銀崑曾將《教務教案檔》中，民教衝突的因素，製成表格，筆者據其研究觀點，說明民教衝突的癥結。但此種方法，不免有以偏概全之嫌，所以筆者又引了田超的〈試論晚清東北教案的特點〉一文，輔助陳銀崑在地域性論述的不足。東北民教衝突的原因爲何？遂以這兩篇文章，說明東北民教衝突的原因。

〔註 1〕滿州傳教區創建於道光二十年（西元 1840 年）。參閱中國第一歷史檔案館編，《清末教案・第四冊》（北京：中華書局，西元 2000 年），頁 572～573。

一、民教衝突的癥結

　　民教衝突的原因，陳銀崑在其《清季民教衝突的量化分析》中整理表述，據其研究結果，說明民教衝突原因的始末，分析教案發生癥結的開端，並且介紹清廷、基督教、民間百姓，三方面對教案的態度。陳銀崑在論及民教衝突原因的所占比率，「分別是社會秩序問題占百分之 39.19；實質利益問題占百分之 22.32；國家安全問題占百分之 7.68；價值觀念互異占百分之 5.96；偶然事件占百分之 5.15。」又言：

> 國家安全問題、價值觀念互異占反教原因比數雖不高，但是如果加上因與各案發生無明確關係，而未計入之揭帖所示的國家安全、價值觀念等原因，則比數將會上升。這就是所謂的高層次反教原因，也是呂實強所謂官紳反教原因。至於低層次的反教原因，即社會秩序、實質利益問題占反教原因的多數，除了因為官紳反教原因外，更多是眾多人民反教的因素，因此所占比數則不低。費弗爾提及的群眾運動激發他從事反抗的，十之八九還是私人的怨懟。」〔註2〕

上述以國家安全、價值觀互異，為高層次的反教原因；又以社會秩序、實質利益，為低層次的反教原因。如果扣除官紳反教原因，因私人怨懟也占很高的比例。為了釐清這些問題，遂利用陳銀崑的〈民教衝突原因表〉，以探討民教問題，所以轉引其表格建構如下：

表 5-1　民教衝突原因表〔註3〕

原　　　因	次　　數	百分比（%）
價值觀念之互異	59	5.96
教義	12	1.21
祀先	10	1.01
平等觀念	4	0.40
教會對婦女態度	16	1.62
新舊教互相批評	17	1.72

〔註 2〕 社會秩序問題、官紳積習、實質利益等，實出於人類之自私，占百分之 65.32。參閱陳銀崑，《清季民教衝突的量化分析》（臺北：商務印書館，西元 1991 年），頁 84～86。

〔註 3〕 陳銀崑，《清季民教衝突的量化分析》，頁 85。

國家安全問題	76	7.68
疑心文化侵略	19	1.92
疑心勾結教民作亂	5	0.50
戰爭影響	37	3.74
疑心勾結其他民族	2	0.20
疑心勾結捻匪	5	0.50
邪教與謀反	8	0.80
社會秩序問題	388	39.19
教士行為態度	54	5.45
禮儀服飾濫用	6	0.60
干預詞訟	18	1.82
逾分行為	30	3.03
華籍教士與教民行為	119	12.02
行為囂張	113	11.42
家庭婚姻問題	6	0.60
風俗習慣——祈禳等	68	6.87
迷信	70	7.07
風水	30	3.03
育嬰堂	8	0.80
迷拐幼兒	15	1.52
迷人藥、神仙粉	14	1.41
時疫流行	3	0.30
疑惑誤會	77	7.78
民教嫌	73	7.38
邪教與教有嫌	4	0.40
官紳積習	30	3.03
勒索、貪污、敷衍、推拖	10	1.01
胥吏、書吏、縣役政治	7	0.70
紳權腐化	13	1.31
實質利益問題	221	22.32
還堂糾紛	40	4.04
還堂案	34	3.44

還堂案引起	6	0.60
經濟利益	86	8.69
教民抗糧、差、捐	21	2.12
平民因經濟利益竊堂	65	6.57
醫療糾紛	1	0.10
違約租買堂、地	73	7.38
廟產問題	14	1.41
與教民爭產	6	0.60
公害問題	1	0.10
偶然事件	51	5.15
特殊人群聚——逢考試	6	0.60
偶發事件	45	4.54
其他	165	16.67
涉及事件	89	8.99
教案波及	85	8.59
他事波及	4	0.40
不明	76	7.68
總計	990	100

　　在上表，陳銀崑歸納爲價值觀念之互異、國家安全問題、社會秩序問題、官紳積習、實質利益問題、偶然事件、其他等七大原因。價值觀念之互異細分爲教義、祀先、平等觀念、教會對婦女態度、新舊教互相批評。國家安全問題細分爲疑心文化侵略、疑心勾結教民作亂、戰爭影響、疑心勾結其他民族、疑心勾結捻匪、邪教與謀反。社會秩序問題細分爲教士行爲態度（禮儀服飾濫用、干預詞訟、逾分行爲）、華籍教士與教民行爲（行爲囂張、家庭婚姻問題）、風俗習慣——祈禳等、迷信（風水、育嬰堂、迷拐幼兒、迷人藥、神仙粉、時疫流行）、疑惑誤會（民教嫌、邪教與教有嫌）。官紳積習細分爲勒索、貪污、敷衍、推拖胥吏、書吏、縣役政治、紳權腐化。實質利益問題細分爲還堂糾紛（還堂案、還堂案引起）、經濟利益（教民抗糧差捐、平民因經濟利益竊堂）、醫療糾紛、違約租買堂地、廟產問題、與教民爭產、公害問題。偶然事件細分爲特殊人群聚——逢考試、偶發事件。其他細分爲涉及事件（教案波及、他事波及）、不明。

　　據前段所述的原因，在整理東北教案的檔案史料（教務教案檔、清末教案、清季外交檔案、義和團檔案、東北義和團檔案等），內容皆有提到，只是在東北民教衝突占的比重，不同於全國的比重。因為，東北民教衝突的原因，有其地域性與獨特性。然而，東北民教衝突原因的比重為何？田超在其《試論東北教案的特點》一文中，爬梳東北民教衝突的原因，他剖析東北教案相關檔案指出說：

　　　　東北教案發生的原因，以民教經濟糾紛案和毀堂案為主，及戰爭是引發教案高潮的關鍵。民教經濟糾紛案包括教士的還堂案、民教爭奪地產引發的教案、教士租房建堂引發的教案，以及其他因錢財等問題引發的教案。這類案件共 21 起，占總教案的 20%，而咸豐十一年（西元 1861 年）年到光緒十一年（西元 1885 年）是民教經濟糾紛案的多發生期。因教士查還教堂舊址引發的教案共 2 起，民教爭奪地產引發的教案有 7 起，教士租房建堂引發的教案共有 6 起，及 6 起因錢財等問題引發的教案。毀堂案主要發生在甲午中日戰爭時期，以及八國聯軍期間，東北共發生毀堂案 40 餘起，占總教案的 38%。其中，甲午戰爭期間，發生毀堂案 7 起，因為主場戰場在奉天，所以只發生於奉天省；八國聯軍時期，東北義和團興起，搗毀大量教堂。〔註4〕

東北民教衝突的原因，以經濟糾紛、毀堂案為主，這些案件共二十一起，占教案總數的 20%。主要發生的時間，在咸豐十一年（西元 1861 年）至光緒十一年（西元 1885 年），為數最多。毀堂案發生時間，在毀堂案主要發生在光緒二十年（西元 1895 年），甲午戰爭時期，以及光緒二十六年（西元 1900 年）的八國聯軍期間，東北共發生毀堂案 40 餘起，占總教案的 38%。除了以民教衝突類型分類外，如果據發生的時間點，最頻繁的時間來說：

　　　　光緒二十年（西元 1894 年）至光緒二十八年（西元 1902 年）為東北教案的高潮期，共發生教案 65 起，占總教案的 61.9%。義和團在反洋教過程中，由團民引發的教案達到 33 起，且每起都給教士、教民重創，成為反洋教的主要事件。〔註5〕

〔註 4〕田超，〈試論晚清東北教案的特點〉，《聊城大學學報（社會科學版）》，第 2 期（聊城，聊城大學出版，西元 2008 年），頁 318。
〔註 5〕同上註，頁 318。

甲午戰爭、八國聯軍，將東北地區的反洋教活動推向高潮。由於大規模的反洋教抗爭，使教會勢力遭到重創，同時也迫使教會在庚子戰後，改變對華傳教政策，以減少教案的發生。

由上述可知，東北民教衝突的癥結，除了包括陳銀崑提到的部分，還有東北地區特有的部分，因此產生民教衝突的癥結比重也有所不同。其獨特性在田超的調查中，說明東北民教衝突以民教經濟糾紛案和毀堂案為主，戰爭是引發教案高潮的關鍵。然而，將其原因放置陳銀崑的表列中，應該屬於實質利益問題與國家安全問題，而且在東北民教衝突的癥結，就以這兩項原因占的比重最高，所以此兩項原因為首要解決的項目。

二、和解的態勢

當事情有爭執時，兩肇當事者態度是平息紛爭的指標，如果雙方態度緩和，才能有協調的空間。庚子拳亂後，雙方明顯有共同的認知，清廷態度轉為積極處理與防止教案，基督教也放下身段，採取溫和的談判。

在清廷態度方面，義和團失敗後，在外國的壓力下，載勛、英年、載漪、毓賢等保守派官員分別被處死或遠戍，大阿哥溥儁也被廢黜。以滿族親貴大臣為主的保守勢力受到沈重打擊，取而代之的是一批洋務派官員。他們與排外的滿族親貴相比，奕劻、袁世凱等比較了解中外情況，深知維持中外和局，對於維持清朝政權的重要性，因此力圖表示對外國人友好。〔註6〕總體而言，袁世凱、劉坤一、張之洞等洋務派，內心還是崇尚儒家精神，對於基督教是鄙視，這個觀點與保守派無差別。然而他們知道傳教牽涉外交關係，仇教只

〔註 6〕周萍，〈試析 20 世紀初晚清教案趨於消亡的原因〉，《史學研究》，第 8 期（天津：天津古籍出版社，西元 2002 年），頁 28；英年（～西元 1901 年），何氏，字菊儕，漢軍正白，貢生，光十九、九，署工右，二十、正，實授，二十六、正，工左，三月戶左，八月左都，九月革，二十七、正、六，賜自盡；毓賢（西元 1843～1901 年），字佐臣，漢軍正黃，監生，光二十二、四，魯按，二十四、八，湘布，十一月署江將，二十五、二，魯撫，二十六、二，晉撫，閏八月革，二十七、正、四，在蘭州伏法。袁世凱（西元 1859～1916 年），字慰亭，又作慰庭，號容庵，河南項城人，監生，光二十三、六，直按，二十四、八，開缺專辦練兵事，二十五、五，工右，十一月署魯撫，二十六、二，實授，二十七、九，署直督，二十八、五，實授，三十三、七，外尚，入值，三十四、十二，因病開缺，罷值，宣三、九，總理大臣；參閱魏秀梅，《清季職官表》，頁 948、977、974。

能逞一己之私，使得國家受累。〔註7〕

　　洋務派從維護清王朝統治的利益出發，他們嚴禁民教衝突一再重演。同時，這些官員也試圖改變辦理教案被動的局面，力圖調和民教關係。東北也在這個背景下，盛京將軍增祺在光緒二十八年（西元 1902 年），與教會商訂約規。章程規定如下：

> 教民、平民均係中國赤子，如有不平之事，務須呈請地方官秉公訊
> 斷，不准私自尋仇鬥爭。具呈時亦不准書寫教民字樣，違者不理。
> 地方官亦宜持平辦理，如有曉諭，亦不得獨分別教民、百姓字樣。
> 至於教民若有悖教抗官、干預公事者，准地方官查明實在劣跡，知
> 會該牧訊實立革出教，歸案懲辦。至地方官與各教士尤宜互相親敬，
> 以期遇事易辦，彼此減猜疑之見。〔註8〕

由於民教一視同仁的政策，對於民教衝突的關係起了緩和的作用，減少和防止教案的發生。同時，官員們也改變了過去與傳教士之間，不相往來的對立態度，逐漸加強與傳教士的聯繫合作，改善和教會的關係。清廷接洽各國教士時，不時告誡教士不得干預詞訟教民，關係日漸調和，奉天各地也民教相安。清廷除了態度上的轉變，也求良策以防止民教衝突。在光緒三十一年（西元 1905 年）三月初八日，辦理商約事務大臣呂海寰言：

> 庚子義和拳起，釀禍尤巨，幸得救平，而國權之損失已多，賠款之
> 賠累無窮。近年浙江、四川、河南、江西等省又復疊出教案，平民
> 與教民結怨甚深。強者挺身尋仇，弱者相率外向，言之可為寒心。
> 推原禍始，實由我國教務之交涉，因各國政府為間接，以致牽連政
> 際，遂受各國政府勢力之範圍。竊維各國傳教於中國，應與傳教於
> 各國無異，中國教務之交涉，應與政務之交涉無關。理應直接於教
> 皇，不應假手眾各國。伏查教務交涉，其始專屬羅馬教皇，由教皇

〔註7〕張之洞（西元 1837～1909 年），字孝達，號香濤、薌濤，壺公，之萬族弟，
　　　直隸南皮人，同二探花，同六、八，鄂學，十二、八，川學，光七、十一，
　　　晉撫，十、四，署廣督，七月實授，十五、七，湖督，二十、十，署江督，
　　　二十一、十一，回任，二十八、九，署江督，三十三、五，協辦大，六月大
　　　學士，旋授體仁閣大，七月召京，同月入值，宣元、八、二十一，卒，諡文
　　　襄。參閱魏秀梅，《清季職官表》，頁 899。
〔註8〕中國社會科學院，《義和團史料・下冊》（北京：中國社會科學出版社，西元
　　　1982 年），頁 100。

分派教士駐紮各國傳教。〔註9〕

呂海寰以庚子拳亂後，各省又有民教衝突的發生，情況實在危險至極，如果擦槍走火，不知如何是好。他建議直接與教皇建立溝通管道，不假於他國之手，避免他國從中取利，才有正常的傳教關係。他論及直接與教皇國建立管道的重要性，與現在是大好良機，其說明如下：

> 德國主持馬丁路德新教始，由英國服從新政之眾，設立耶穌教會，美洲因此續設聖公教會，雖分為三支，實總為一教。雖分設傳教，各由各會，至於教務交涉，仍取重於教皇。其以保護教權恢張國力者，始於法國拿破倫，借以鉗制歐洲各國。及德國威廉俾斯麥出，始利用新教以脫其銜軛，卻仍用此術以牢寵德意志聯邦。現聞法廷不願以國力保教，羅馬教皇已與法廷撤離公使停止外交，法廷於里昂設派主教，羅馬教皇不允，勢甚決裂，德廷欲乘此取法國保護宗教之權，以為己有。愚以為宜及時，特簡專使前往羅馬，與教皇議訂教約。或派駐義使臣就近商訂，按彼教自有教規，各國均有教律，應將教規教律詳載約章，遇有重大教案，即可交由專使就近與教皇直接議結。庶教士不能怙符要挾，各國無從借事生波，教民亦不敢恃符滋事。如果各國干預教務，亦可按照教律剖辯是非，持平辦理，不至以保護強權橫生枝節矣。〔註10〕

雖然呂海寰對於基督教教派的敘述錯誤，但其觀點是正確的，他認為基督教雖分裂，但是在名義上仍是尊重教皇的，所以教皇在西方世界影響力還是很大的，必須加以結交。現今教皇與法國不和，他認為應該趁此機會，向教皇提出直接，訂立雙方的傳教約章，以期教律、教規與各國相同，約束在華的基督教教徒。如果各國要干涉教務，也可以拿出與教皇訂立的約章，反駁列強欲染指教務之心。有平等的約章，就可以比照其他國家，建立平等互惠的傳教章程。然而，如何訂立教律、教規呢？呂海寰主張考察各國教規教律，

〔註 9〕 中國第一歷史檔案館，《清末教案‧第三冊》，頁 747～748：呂海寰（西元 1842～1927 年）字鏡宇，一字鏡如，號敬輿，又號又伯，晚號惺齋，山東掖縣人（順天大興籍），同六舉人，光二十四、八，光祿寺，十二月大常寺，二十五年通政使，二十六、八，戶右，二十七、六，左都，十二月工尚，二十一、十二，兵尚，三十二，九，裁缺，三十三、五，外尚兼會辦大臣，七月改任會辦稅務大臣。魏秀梅，《清季職官表》，840。

〔註10〕 中國第一歷史檔案館，《清末教案‧第三冊》，頁 747～748。

會訂專約，以杜後患。對此主張如何實施呢？呂海寰舉土耳其為範例如下：

　　查土耳其國，曾因教案糾葛，受制於法，遂遣專使結好教王，通問
　　報聘，彼此密商，推誠相待，互換條約，設立教使，專理教務，明
　　示寬大之政，陰收自主之權。其教使不用頭二等公使名目以為區別，
　　一切禮儀悉從優待，另為一班，不與各國公使並列，亦不與同時覲
　　見，而土廷遣使並不駐紮羅馬，所有教務章程及教會一切權利，均
　　由其外部與教使直接商訂。自定約後，教士皆稟承於教使，不復受
　　轄於法使。遇有事故，和平迅結，法使竟無從借口。惟當其與教王
　　通使之初，極為秘密，直至約定始告於法，法人先亦不願，後因約
　　內聲明不傷其體面，不廢其保護，旋亦相安。是誠握要以圖一勞永
　　逸之策。〔註11〕

對於定立約章的細節，呂建寰建議援土耳其之例，遣使結好教皇，訂立約章，
設立教使，專辦教務。教使身分不與外交使臣一樣，可避免教務與外交事務
混雜，以除去教案變成外交事件的問題。教務則由外務部與教使商議，因此
事權出於教使，傳教士就不再聽命於法使，自然紛爭就減少。他建議此事須
單獨慎密，而且事件不可外漏，否則約章無法定立。另一緩和民教衝突的方
式，據光緒三十二年（西元 1906 年）二月十六日，山東道監察御史臣杜彤提
出的建議，其內容如下：

　　將歷次教案匯輯成書，係以論說，以曉愚蒙而弭暴動。查近年京外
　　各處，多設有講報所、說書處，名目不一，要皆以開通民智，啟發
　　愚蒙為宗旨，雖市井負販不識字之徒，皆得隨意環聽，需費無多，
　　而受益甚普。各省民智漸見開明，其得力處未嘗不由於此。今民之
　　仇教焚殺者，大抵皆昏使知每次暴動，非惟無濟於事，而轉深受其
　　害，不知由官吏與之交涉，尚可將既失之權挽回一二。民間此理大
　　明，且聞之至熟，自非病狂，諒未有甘蹈覆轍者。與其事後嘆辦理
　　之難，何如平時盡開導之力。〔註12〕

匯集教案成書以當範例，透過教案範例，說明民教關係，減少民教衝突。他建

〔註11〕同上註，頁 835。
〔註12〕中國第一歷史檔案館，《清末教案‧第三冊》，頁 823～824；杜彤，直隸天
　　　　津人，光十八進士，光三十二、六，署新疆提學使，宣二、十，署布政使，
　　　　十二月實授提學使，三、五，回提學使任。參閱魏秀梅，《清季職官表》，
　　　　820。

議多設宣講的機構，述說民教關係，讓老百姓都能瞭解，免除彼此的誤會。爲何要宣講民教關係呢？因爲許多民教衝突，常是一夫百應，隨之起舞，如果能以此開民智，紛爭就頓時變少。與其亂後的善後，此不失爲一良法。辦法既然要推行，自然需要有人來做，但這些人要那裡找呢？那些人的來源如下：

> 以本地之舉貢生監人品端正、議論通達者充之，取其熟悉情形，語
> 言易解。凡城鎮紳民集資公立之講報所、說書處，亦各發給一部，
> 按期添講，以補官立之所不及。〔註13〕

在宣講人員的遴選方面，以本地之舉人、貢生、監生等人品端正、議論通達者，擔任教員，同時也消弭官紳仇教。

東北基督教方面，傳教士對於此變亂的處理態度，明顯溫和不強求，主張以和平爲基調。然而，基督教在東北損害傷亡如此嚴重，傳教士理應向清廷索取更大的賠償，但是也沒有這樣做，而且同意清廷減少賠償的提議，因爲他們瞭解過多的賠償，只會加深雙方的仇恨而已。因爲賠償過多，勢必會攤派於民，而激起另一場變亂。戰爭帶來是雙方的損害傷亡，東北百姓其實日子也不好過，所以他們希望和平落幕。清廷爲了表揚傳教士友善的態度，在光緒二十八年（西元 1902 年）五月十九日，盛京將軍增祺奏請，賞給英牧師羅約翰等三等寶星片中說：

> 英牧師羅約翰、傅多瑪兩人在奉有年，於奉省情形知之甚悉。平日
> 辦事亦極和平，此次籌議貼各恤款，始雖索銀一百八十餘萬兩，迨
> 以奉省官民交困情形，與之切實開陳，即允從減議結。且該牧師等
> 自上年回奉後即嚴束教民，不得以從前拳匪之事挾仇報復。現在天
> 主教尚未議結，該牧師等既知大義，又能仰體時艱，良堪嘉尚，似
> 應量予獎勵，俾資觀感。合無仰懇天恩俯准，賞給該牧師等三等第
> 一寶星各一座，以旌遠人而昭激勸。〔註14〕

上述說明羅約翰、傅多瑪態度極友善，而且在商議賠款也減少索款。而且亂後能共體時艱，約束教民復仇，減少索款。又在光緒二十九（西元 1903 年）年六月二十一日，盛京將軍增祺等奏報言：

> 查奉省天主教賠恤一案，原索三百五十餘萬兩暨二百七十萬兩，迨後
> 派委道員彭英甲、徐鏡第等赴京，隨同外務部與法使臣呂班、署使臣

〔註13〕中國第一歷史檔案館，《清末教案·第三冊》，頁 823～824。
〔註14〕同上註，頁 374。

> 賈思訥、主教蘇斐理磋商，乃以一百四十四萬兩作爲一概了結，分作
> 三年九卯付給。該使臣主教等邦交共念，意主和平，合無仰懇天恩俯
> 准，將法國欽差全權大臣呂班賞給頭等第三寶星，前署使臣・頭等參
> 贊賈思訥、主教蘇斐理均賞給二等第二寶星，以示寵榮。〔註15〕

由於議賠的態度友善，呂班（G.Dubail）獲得頭等第三寶星。前署使臣・頭等
參贊賈思訥、主教蘇斐理均獲得二等第二寶星。在黑龍江也同樣比照待遇，
其授獎過程如下：

> 主教藍祿業等議結教案，辦事和平，據該署將軍奏請賞給對品寶星。
> 臣等謹參酌成案，分別等第，擬請賞給法國正主教藍祿業二等第三
> 寶星，副主教孟若望三等第一寶星，司鐸施德、薄若望、路平均三
> 等第二寶星，以示嘉獎。〔註16〕

傳教士在賠償議定上，盡量減讓賠款，以期民教相安，圖東北能復原如昔。
清廷對於傳教士的善意，也作出了回應，頒發勳意給有功的傳教士，以表其
感念之意。這說明，傳教士對於此次教案態度極爲友善，在減少民教衝突上，
著力許多。

除了傳教士態度改變了，西方各國的想法也變革了，在光緒二十六年（西
元 1900 年）六月二十四日，德國外交大臣布洛夫（Rebroff）給德駐華公使穆
默（Freiherr Mumm Von Schewrzenstein）的訓令說：

> 雖然我們不能放棄保護德國傳教士和促進其傳教事業的責任，但是
> 假使其他方面，有意爲教會本身活動的利益，而主張適當地限制教
> 會活動的話，我們也不反對。〔註17〕

德國外交大臣表明不放棄保教，但是如果教會一昧求自身的利益，他主張可
以限制教會的活動。同樣的，在光緒二十七年（西元 1901 年），法國外交官
畢盛（Pichon）在北京時，經常表示他的意見，其談話如下：

> 天主教在中國的保護權對於共和國並無利可圖，因爲它在一些法國
> 並不感興趣的問題上，而且經常與中國當局鬧糾紛。〔註18〕

〔註15〕　中國第一歷史檔案館，《清末教案・第三冊》，頁 648。

〔註16〕　同上註，頁 695～697。

〔註17〕　復旦大學歷史系中國近代史教研組，《中國近代對外關係史資料選輯（西元
　　　　　1840～1949 年）・上卷》，第二冊（上海：上海人民出版社，西元 1977 年），
　　　　　頁 223。

〔註18〕　〔澳〕喬・厄・萬里循著；（澳）駱惠敏編；劉桂梁、鄒震、張廣學、石堅譯，

傳教士與官方的人際關係的轉變，西方各國在「保教」態度上，已經採取放任的態度，並不像當初這麼積極了，都是教案減少的原因。另外，從教會本身來看，經過庚子拳亂後，同時也爲了適應中國社會急劇的變革，教會相對的改變傳教方針和方法，並在教會內部實行了一些改善的措施。

第二節　文化教育對於認知的扭轉

　　除了雙方態度的轉變，天主教、耶穌教加強了開辦醫療和教育事業，具體的表現在醫療衛生功能的提高、社會救濟事業、提倡新式教育等方面。在義和團變亂後，天主教和耶穌教都重視，擴大文化教育和慈善事業的投入，以爭取民眾認同，使傳教工作能夠順遂。本節上述背景下，先討論文化教育如何扭轉民眾的認知？接受新改變、新觀念，和基督教。

一、開辦文化教育的作用

　　由於雙方文化上的差異，對事情的看法往往大相逕庭，因此常產生誤會與爭執，爲了改善這種關係，基督教透過文化教育的方式，扭轉以往的刻板印象。文化教育的作用，在於傳遞西方文化給中國人，使他們了解西方世界，進而化解誤會與爭執。傳教士在文化教育過程中，接觸中國文化，對於中國社會產生新的認知，因而調整他們的傳教策略。如何調整傳教策略呢？李佳白（Gilbert Reid）認爲：「能使華人反教仇外之勢漸次消滅，要憑靠著中國許多有勢力的朋友。〔註 19〕這說明傳教士雖有西方國家的保護，但是擔心在西方軍事力量來臨之前，教堂可能已經被焚毀，生命岌岌可危。所後僅僅依靠

《清末民初政情內幕——泰晤士報駐京記者、袁世凱顧問喬·厄·莫理循書信集上》（上海：知識出版社，西元 1986 年），頁 493。

〔註19〕呂厚軒、張偉，〈清末基督教在華傳教策略改變述論〉，《濟南大學學報·第十四卷》，第 6 期（濟南：濟南大學，西元 2004 年），頁 35；李佳白（西元 1857～1927 年）光緒八年（西元 1882 年）畢業於紐約協和神學院，後來中國傳教，先後在山東和上海活動。光緒十年（西元 1884 年）到北京，走上層傳教路線，與清王公大臣相往。任倫敦《泰晤士報》駐北京通訊員。被推爲上海廣學會的督辦，在該會的《萬國公報》上積極撰稿，鼓吹"變法"，企圖影響維新運動。光緒二十三年和光緒二十八年（西元 1897 年和 1902 年），先後在北京和上海設立尚賢堂，自任院長，吸收清廷士紳參加。創辦《尚賢堂月報》和《尚賢堂紀事》。提倡基督教與儒學相結合，反對中國革命。民國 16 年（西元 1927 年）9 月 30 日在上海逝世。參閱卓新平，《基督教小辭典》，頁 290。

西方國家的武力保護是不夠的，需要拉攏當地有力人士，透過他們博得民眾的好感，化解反教仇外的紛爭。在遭受義和團的打擊以後，傳教士已普遍認識到，依靠條約制度進行傳教的時代已經過去，基督教在中國的傳播正面臨危機與有淘汰的趨向，要改變這種局面，就要採取新的做法。〔註 20〕如果要避免此危機的發生，基督教必須走回上層路線走，就是透過文化教育來改變傳教環境。於是他們採取創辦報刊、成立學會，大力組織基督教青年會，設立教會大學等措施，擴大他們在士紳階層的影響力。他們更發現，要與中國人進行交流，建立學校是一種把福音，擴展到家庭最有效的方法，所以中國人對基督教福音的抵制，是教會學校得以發展的一個直接緣由。〔註 21〕傳教士倪維思（J.L.Nevivs）曾經明確地說：

> 在中國辦學是最省錢、最有效的傳教方法，它們只花費差會的力量
> 和傳教士的勞力與時間約四分之一，卻為該地教會提供了很大一部
> 分的教徒。〔註22〕

倪維思說明辦學，是最有效的傳教方法。狄考文（Calvin Wilson Mateer）更闡述了基督教會與文化教育的關係，其內容如下：

> 要使所有國家都基督教化，要使基督福音普降全世界、教育無疑是
> 獲得一種重要地位的方法，甚至比軍隊更為有力和重要。因此，他
> 提出基督教會應把教育作為它們工作的一個重要組成部分，它不能
> 把教育這項偉大的工作留給世俗社會去辦。〔註23〕

〔註20〕呂厚軒、張偉，〈清末基督教在華傳教策略改變述論〉，《濟南大學學報・第十四卷》，第 6 期，頁 35。

〔註21〕王忠欣，《基督教與中國近現代教育》（武漢：湖北教育出版社，西元 2000 年），頁 19。

〔註22〕顧長聲，《從馬禮遜到司徒雷登：來華新教傳教士評傳》（上海：上海人民出版社，西元 1985 年），頁 71；倪維思（西元 1829～1893 年）美國人，基督教北長老會教士，西元 1854 年來華，西元 1861 年到登州傳教，次年開辦山東第一所女子學校，西元 1871 年到煙臺傳教，開闢示範農場，引進美國蘋果、梨、葡萄和梅等優質樹種及栽培技術，並將美國樹種與中國樹種相嫁接，生產出香蕉蘋果。西元 1877 年到臨朐縣賑災，捐助救濟銀 7600 兩。西元 1893年卒於煙臺。著有《中國和中國人》《差會工作方法》《神學總論》等書多部。參閱卓新平，《基督教小辭典》，頁 276。

〔註23〕陳學恂編，《中國近代教育史教學參考資料・下冊》（北京：人民教育出版社，西元 1993 年），頁 1～5；狄考文（西元 1836～1908 年）美國賓夕法尼亞人。基督教北長老會傳教士。西元 1863 年底來華，西元 1864 年 1 月到登州傳教，開辦蒙養學堂。該學堂西元 1876 年改稱文會館，由小學升為中學，西元 1881

文化教育的工作，對於學生進行智力、道德與宗教的教育，不僅使他們皈依上帝，而且使他們在信仰上帝後，能夠成為上帝手中捍衛，和促進真理事業的有效力量。為了證實文化教育的重要性和必要性，他還進一步指出：

> 教育在使本地教會自力更生，促進教會反對內部迷信思想的侵蝕，以及抵抗外來訓練有素的人，所發起懷疑主義的進攻是十分重要的。〔註24〕

由於重視思想教育，所以著重高等教育，這個目的非常明顯，就是要培養一批能在中國政府和社會各界占有重要地位的人，以便改變中國的未來。狄考文又言：

> 在任何社會裡，凡是受過高等教育的人，必然是具影響力的人，他們可以支配著社會的情感和意見。具有高等教育素養的人就像發光的蠟燭，未受教育的人將會跟著他走。〔註25〕

傳教士辦高等教育就是點燃燭光，把中國人引向傳教士心中的理想社會。另一方面，文化教育是中西文化交流的重要渠道和形式，但由於這一時期，中國在經濟、文化方面，大大落後於西方。中國人到西方去傳播方東文化，和吸取西方文化是很困難的，因而西方人到中國來進行這種交流成為主要途徑，文化教育成為這種雙方交流的重要橋梁。

年開設大學預科，西元 1904 年遷濰縣，與英國浸禮會在青州辦的廣德書院大學部合併，改稱廣文學堂。他多次利用回國休假機會為文會館募集資金和實驗設備，西元 1880 年獲漢諾威大學榮譽神學博士學位，西元 1888 年獲伍士德大學榮譽法學博士學位，西元 1890 年基督教來華傳教士第二次全國代表大會推選他為「中華教育會」首任會長，西元 1895 年辭去文會館校長職務，西元 1902 年獲華盛頓大學和傑弗遜大學榮譽法學博士學位，西元 1908 年卒於青島。狄氏精數學，編有《筆算數學》《代數備旨》等，成為當時中國初辦學堂時的數學教科書。此外，還編有《官話課本》，是當時外國人學習漢語必備之書。參閱卓新平，《基督教小辭典》，頁 279。

〔註24〕陳學恂編，《中國近代教育史教學參考資料‧下冊》（北京：人民教育出版社，西元 1993 年），頁 8～11。

〔註25〕朱有瓛、高時良，《中國近代學制史料‧第四輯》（上海：華東師範大學出版社，西元 1993 年），頁 97。

圖 5-1 洋式教育

資料來源：鄭曦原編；李方惠，胡書源，鄭曦原譯，《帝國的回憶：《紐約時報》
晚清觀察記（西元 1854～1911 年）》（北京：當代中國出版社，西元
2007 年），頁 89。

　　文化教育在傳教環境上的改善，辦教會學校是最好的方式，隨著基督教
教會組織的發展，信徒日益增加，傳教士急切希望教會學校，培養教育基督
徒與基督徒的孩子，他們不希望他們的信徒，把孩子送進非教會學校，去接
受儒家經典的教化而破壞基督教教義。同時，爲了基督教教會不成爲文盲教
會，他們認爲必須爲貧窮的信徒提供免費的教育，傳教士們還希望通過教會
學校這種新式學堂傳授西學課程來培養一批聰明的基督徒，從而提高整個基
督教在中國人心目中的地位。狄考文曾講：

> 這種新式學堂開設西學課程的理由是，學習科學可以破除迷信；可
> 以使教會有聲望；可以使畢業生有能力左右中國社會發展的方向。
> 〔註26〕

於是著眼於使學生能成爲，社會上和教會裡有勢力的人物，成爲一般老百姓
的先生和領導者，使他們能勝過中國舊式士大夫，從而能取得舊式士大夫的

〔註26〕顧長聲，《傳教士與近代中國》，頁 295。

統治地位，進而改善基督教的傳教環境。

　　免費的教會學校，在一定程度上，動搖了中國傳統學校教育的貴族化機制，這也符合基督教平民化的精神。在反對儒家文化官本位取向的同時，教會學校在貧窮的下層人民中獲得了良好的信譽，為基督教在民間找到了合適生存的土壤。〔註 27〕改造儒學而發展教會學校，傳教士從事教育的另一個重要的原因是，他們認為與基督耶穌主導下的西方文化相比較，中國的傳統儒家文化太落後，覺得僅僅通過傳教不一定能解決根本問題，需要全面的文化活動，其中興辦教會學校是一個重要的舉措。李提摩太（Timothy Richard）在比較中西學校時也認為說：

　　　　雖然中國學校，法度之善，淵源之遠，辟雍鐘鼓，遺澤未湮，實非

　　　　五洲各國所能及，但學校之書只知述古，自囿方偶，不能博通五洲，

　　　　近達時務，實在可惜。〔註 28〕

其實這些中國傳統文化的弊端，也是在華傳教士從事傳教活動的新契機，只

〔註27〕 劉金玉，〈中國近代基督教教會學校的生成探討〉，《衡陽師範學院學報・第二十五卷》，第 1 期（衡陽：衡陽師範學院，西元 2004 年），頁 112。

〔註28〕 何曉夏、史靜寰，《教會學校與中國近代化》（廣州：廣東教育出版社，西元 1996年），頁 52～53；李提摩太（西元 1845～1919 年）英國的傳教士。出身於南威爾斯的農民家庭。先後就學於斯旺西師範學校和哈佛福韋斯特學院。西元 1870年 2 月 12 日被英浸禮會派來中國，在上海稍事休息後，北上山東煙臺、青州傳教，並學習中文。西元 1876～1879 年華北大旱，他從事賑災活動，在山西發放賑款，藉以與清廷高級官員結交。花 1000 英鎊購買科技書籍及科學儀器，進行自修，向中國官紳宣講哥白尼發現天心說的秘密、化學的奧秘、蒸汽機帶給人類的福利、電力的奇蹟等科普知識，並作示範表演。西元 1886 年 11 月，移居北京，受曾紀澤之托，曾為曾氏子侄教授英文。西元 1890 年 7 月，應李鴻章之聘，在天津臨時任《時報》主筆。次年 10 月，到上海接替韋廉臣為同文書會（廣學會）的督辦（後改稱總幹事）。他與李鴻章、張之洞、曾國荃、左宗棠、康有為、梁啟超、孫中山等人有過接觸，張之洞曾撥款 1000 兩資助廣學會，梁啟超擔任過他的中文秘書。在甲午戰爭、戊戌變法、義和團運動期間，他積極活動於上層人士之間，多次建議將中國置於英國保護之下，聘請外國人參加政府，企圖影響中國政局的發展，結果都未如願。他主張“更多地控制主要的大學、主要的報紙、主要的雜誌和一般的新讀物。通過控制這些東西和控制中國的宗教領袖，我們就控制了這個國家的頭和背脊骨。他主持廣學會達二十五年之久，出版《萬國公報》等十幾種報刊，四十年間，出版 2000 多種書籍和小冊子，成為中國規模最大的出版機構之一。西元 1902 年，西太后因他協助處理山西教案有功，同意開辦山西大學堂，聘他為山西大學堂西學書齋總理。往來於上海、太原之間。清廷賜他頭品頂戴，二等雙龍寶星，並諎封三代。參閱卓新平，《基督教小辭典》，頁 285。

有掃除這些障礙和阻力，興辦教會學校和從事其他的文化活動才有可能。儒學傳統對基督文明的抵制，與中國各階層對西方基督文化的反抗攻擊，傳教士更加堅定了興學的決心，並不斷地在更多地區興辦教會學校，培養教民，傳播西方文化特別是科學，它使教會學校在全國更多地方得以擴散來。科學與宗教當然不是相同的事，歷史上兩者常常處於對立的雙方，世界上宗教往往是科學的桎梏，但基督教教義裡卻爲科學預留合法的席位，近代西方科學的發展，與基督教教義緊密結合的特殊現象。在基督徒看來，科學的發展榮耀了上帝的名，科學也再次證明上帝創造萬物的奇妙，所以在這種情況下，在華從事教育的傳教士利用科學在教會學校開啓民智，科學在傳教士的傳教和教育中與基督教教義契合，科學在開啓民智的功能對於推動文化教育功不可沒。〔註29〕

　　另一方面，基督教文化教育，開始關注女子教育，與任用當地人才，開啓女子的新思維，和著手於基督教在地化。女子教育在封建思想和禮教嚴密禁錮下，當時女孩子讀書極受限制，教會學校以平等的姿態，吸收一批女學生就學，不僅爲這一部分女子創造了受教育的機會，而且也爲中國女子逐步得到，受教育的權利開了風氣之先，這比中國傳統教育只注重培養，少數男性優秀出仕更具先進性。女子教育對於廢除封建陋習，也起到重要的作用，起初教會女子學校對婦女纏足並沒有什麼要求，後來教會女子學校添設體操課，要這些纏足的姑娘在操場上罰站，這簡直是痛苦不堪，這樣使她們自然對於纏足厭惡。後來教士又有天足會的組織，提倡不纏足運動，許多女塾都跟著規定，纏足的姑娘不收，於是要進學堂的教外姑娘，也有不纏足了。〔註30〕另外，爲了穩定學校的秩序，教會女子學校在學生入學時要其家長填志願書，以保證學生未達學有所長時，決不半途輟學。中國各地盛行早婚，由於女子學校此一規定，在抵制早婚陋習方面也收到了成效。〔註31〕總體而言，女子教育的發展，使得屬於男子的知識專有權喪失，女子也有接受知識的機會，而且這知識是新知識。由於女子接受新知識，產生了新的認知，對於來自外邦的新宗教，接受的程度也比較高。另外，對廢除婦女纏足、早婚的陋習，使得女子原爲家庭附屬品的她，

〔註29〕高時良，《中國教會學校史》（長沙：湖南教育出版社，西元1994年），頁31～41。

〔註30〕褚季能，〈女學先聲〉，《東方雜誌・第三十一卷》，第7號（上海：上海古籍出版社，西元1934年），頁25。

〔註31〕王治心，《中國基督教史綱》（上海：上海古籍出版社，西元2004年），頁330。

有自己選擇的機會，加深她們選擇基督教宗教的機會。

　　同時，各國在華基督教會開始注意培養中國的神職人員，由中國布道師直接布道，以促使中國人接受基督教。這些中國本土的神職人員一般是從神學院、神學班畢業，宗教知識豐富，素質有所提高。光緒二十六年（西元1903年），天主教中國籍神甫有 499 名，以後幾年陸續增加，到民國元年（西元1912年）增至 729 名。基督教外籍教士逐漸由本籍教士代替，有助於減少和消除官吏的猜忌和群眾的誤解，傳教活動也因而得到，一般紳民的寬容和默許。〔註32〕雖然與本色化的過程仍相距甚遠，但是教會已逐漸培養本地的傳教人員，已經爲基督教在華深根做好預備。

　　開辦文化教育的作用，創造出一些新的知識分子，撼動了貴族的壟斷，減少文盲的盲從，改變女性的地位，造成基督教在華紮根。上述這些，都是透過文化教育改變人的認知，因而對基督教的瞭解，減少誤解與不認同感，相對也灌輸他們新的觀念與思維，以致對新的事物包容度較高，包括基督教。

貳、文化教育對東北傳教活動的影響

　　基督教在東北的文化教育，傳教士借助條約打開了東北傳播福音的通道，但東北布道活動卻並非一帆風順，因爲東北幅員遼闊，人口眾多，各差會中外職員不敷分配，致使宣教工作力不從心。特別是東北百姓對於陌生基督教的態度冷淡，布道時常聽眾寥寥，分發的宣傳小冊子被當作廢紙出買。傳教士楊格非（Griffith John）曾經感嘆說：

> 中國人似乎是我所見到和了解的最漠不關心、最冷淡、最無情、最不要宗教的民族。他認爲要把福音的眞理灌輸給這樣一個民族，是何等的困難。〔註33〕

〔註32〕周萍〈試析 20 世紀初晚清教案趨於消亡的原因〉，《史學研究》，第 8 期（天津：天津古籍出版社，西元 2002 年），頁 30。

〔註33〕陶飛亞，《基督教與近代山東社會》（濟南：山東大學出版，西元 1994 年），頁 339～340；楊格非（西元 1831～1912 年），英國倫敦會著名的來華傳教士之一，他是中國華中地區基督教事業的開創者。出生於一個基督教家庭，家境比較貧窮，16 歲就開始在教堂裏講道，西元 1850 年自學考入大學，後來學習神學，西元 1855 年被按立爲牧師，同年來到中國。最初他在上海學習中文，西元 1856 年開始單獨傳教。後來他到過太平天國控制的地區，受到良好接待和傳教的自由，多次到南京訪問。西元 1861 年後，西方國家獲得在中國內地建立教堂的權利，楊格非就來到華中地區的漢口，成爲到達該地最早的傳教士之一。以後，他又到四川、陝西、湖南等省傳教。他還建立了學校和許多傳教據點，取得了很大成績。在傳教思想上，他主張自下而上的傳教方式，

以宗教信仰改變中國最初的嘗試屢屢碰壁，再加上東北城內人民排外情緒異常強烈，傳教士在東北的初期傳教工作步履維艱，收效甚微。同治六年（西元 1867 年）六月，法國使館照會清廷總理各國事務衙門，牛莊、營口地方聚眾反對外國洋人，望嚴加禁止。〔註 34〕據《滿洲宗教志》，當時滿洲排外氣氛最濃厚爲吉林，外國傳教士無論如何也得不到一塊定居的地方。有英國傳教士高積善於光緒十四年（西元 1888 年）在此傳教，被人懷疑爲拐賣幼童者，遭痛打與監禁。〔註 35〕爲改變此困境，傳教士採用文化教育的方式，以突破現況，由於文化教育在中國極受人們推崇，一個沒有受過教育的人在社會上，所能起的影響是有限的。〔註 36〕因此，傳教士感到要在此打開傳教局面，必須採取適應中國國情的傳教方法，文化教育就成了他們關注的焦點，他們認爲基督教會應該把教育，作爲它們工作的一個重要組成部分，沒有教育作爲媒介，在中國這樣的民族中的傳教努力是勞而無功的。

　　基督教文化教育在東北發展成果卓著，應屬於醫學教育，它是隨著教會醫療工作而發展起來的，早期教會醫院多培養助手或招收學徒，以彌補人力不足，據司督閣創辦盛京施醫院時，由魏曉達、洪步斗協助司督閣工作。光緒十八年（西元 1892 年）醫院附設培養醫務人員學校，光緒三十三年（西元1907 年）盛京施醫院重建的同時，召收李樹華、李樹德、李林蔭、洪國璋、郭維潘等 12 名青年，進行醫務訓練。但這種方式無論在數量上還是質量上，都無法滿足教會醫療事業迅速發展的需要。當時感到醫務人才不足的司督閣，建議成立醫學校，在民國元年（西元 1912 年）英國長老會與丹麥信義會，聯合創辦奉天醫科大學，這是當時具有現代化設備的最高醫學學府，學校規定修業年限爲五年，預科一年，本科四年。同年 2 月考取第一屆學生 40 名。〔註37〕吉林高大夫醫院也在光緒二十二年（西元 1896 年）開始，在醫院樓內舉辦醫助培訓班，招收學員共 165 人，學制 5 年，不收學費，培養西醫醫療

在中國努力從事這一事業達 50 年之久。西元 1888 年他被選爲英國公理會全國總會主席。他撰寫了很多傳教作品，還翻譯了聖經的一些內容。參閱卓新平，《基督教小辭典》，頁 277。

〔註 34〕營口市地方志編纂委員會，編：《營口市志》（北京：中國書籍出版社，西元1992 年），頁 28。

〔註 35〕〔日〕千田萬三，《滿洲文化史‧點描》（大阪：屋號書店，西元 1943 年），頁 128。

〔註 36〕陳學恂編，《中國近代教育史教學參考資料‧下冊》，頁 8。

〔註 37〕遼寧省地方志編纂委員會編，《遼寧省志‧宗教志》，頁 226。

助手，考試合格發給愛爾蘭蘇格蘭長老會簽發的醫師證書。〔註 38〕由於東北社會的實際需要，醫學教育成爲東北文化教育上，發展最快的項目。

除了醫學教育，傳教士也將護理學教育傳入東北，光緒十年（西元 1884年）盛京施醫院創辦，司督閣集醫藥和護理於一身，缺乏經過培訓的助手，形成一個嚴重的障礙。開始時，司督閣必須自己做每一件事檢查病人、開方、配藥、爲手術準備器械和備品、實施麻醉、進行手術、包紮傷口，以及所有關於術後，護理方面的必要指導。〔註 39〕爲了解這個問題，同年隨著醫療業務擴大，相繼招收少數男侍疾承擔初級護理工作，更在光緒十一年（西元 1885年）英國長老會派田露絲護士來華，成爲東北第一位專業護士。又在光緒二十二年（西元 1896 年），在盛京女醫院建立後，附設產科學堂一處，訓練出許多助產士，宣統三年（西元 1911 年），盛京施醫院設產科，以老師帶徒弟方式訓練護士、助產士。〔註 40〕

由於東北婦女得到受教育的權利，使她們能夠學習新學問、接受新事物，教會女校的畢業生不僅學習到了科學文化知識，而且在道德上得到提高，東北教會醫院設立產科學堂，也使女性學習到了西醫知識，開創了近代女性的職業教育。女子護理、助產等教育的開創，使婦女可以進入學校，並與男子一樣平等的接受近代科學教育，同時使婦女獲得了謀生的技能。雖然畢業生就業領域狹窄，有機會謀生的人也在少數，但她們自立於社會，不需要男人而獨立生存，體現自信、自由。婦女在醫學界工作，與男人共事，使婦女的潛能得到發掘，對男女之防的舊習俗是一種挑戰，因而推動了東北婦女觀念的變化，對於傳教工作無疑是有利的。東北由於基督文化教育的輸入，獲得新知識、新技能、新感觀，進而對這個給他們機會的基督教，勢必有一定的肯定，許多人都因教會的文化教育而入教的。

〔註 38〕 吉林省地方志編纂委員會編，《吉林省志‧宗教志》，頁 343。
〔註 39〕 〔英〕伊澤‧英格利斯著，《東北西醫的傳播者：杜格爾德‧克里斯蒂》（瀋陽：遼海出版社，西元 2005 年），頁 48。
〔註 40〕 趙寅恭重修；曾有翼纂，《瀋陽縣志‧第十四卷》（臺北：成文出版社，西元1916 年），頁 620。

圖 5-2　女塾宏開

資料來源：陳平原、夏曉虹編著，《圖像晚清：點石齋畫報（珍藏本）》（天津：
百花文藝出版社，西元 2006 年），頁 313。

　　東北文化教育對於風俗習慣的改變，重點在於對社會移風易俗產生影響。
中國風俗極須改良者，除破除迷信外，莫如煙酒嫖賭。〔註41〕天主教羅馬傳信
部禁止吸食鴉片，教會還禁止教友買賣妻女，傳教士還努力改變著當地的一些
陋習，如童婚和童養媳等，並指導農村教徒改善耕作，興修水利。文化教育對
於東北人民戒除毒品作出了貢獻，舊社會的東北，吸食鴉片是非常普遍的事情，
在中國東北的滿洲，吸食鴉片是非常普通的，和許多種疾病有著重要的關係。
據統計，瀋陽成年男子中約有 40% 的人吸食成癮，還有大批婦女，特別是上流
社會的婦女更愛好此道。〔註42〕人們吸食鴉片的動機列出如下：

　　　　一些人使用鴉片是為了減緩疼痛；一些人使用鴉片是為了從痛苦和
　　　　失意中解脫出來，分散自己的注意力，但是，絕大多數吸食者僅僅
　　　　把其當作一種奢侈，為了享受吸食時所引起的舒適和愉快。〔註43〕

〔註41〕王治心，《中國基督教史綱》（上海：上海古籍出版社，西元 2004 年），頁 339。
〔註42〕〔英〕伊澤・英格利斯著，《東北西醫的傳播者：杜格爾德・克里斯蒂》，頁 336。
〔註43〕同上註，頁 336。

鴉片的危害在於消化能力降低，重要器官的分泌減少，功能活動減弱，而且對疾病的抵抗能力遠遠不能與正常人相比，因此，鴉片吸食者特別易於感染急性疾病。在光緒九年（西元 1883 年）霍亂流行期，鴉片吸食者的死亡率是令人震驚的，沒有一個感染上霍亂的鴉片吸食者會逃出那場劫難。〔註44〕為了戒除毒癮，很多吸鴉片者紛紛到教會醫院就診，基督教長老會的盛京施醫院，在這一方面取得了一定的成績，該院在開展戒毒工作時，前期採取的措施是用藥丸，帶有少量的嗎啡，並且逐步減少的滋補劑。在後期，醫院採取是把患者收入醫院住院的辦法治療鴉片吸食者，從一開始就切斷毒品的所有來源，或者如果絕對必要的話，在皮下注射少量的嗎啡，並對病人嚴屬規定，他們的體力和意志力都受到嚴格的考驗，而且，透過文化教育不斷對其講道，提升他們在精神的抵抗力，直到其完全戒除這種惡習為止。〔註45〕在東北許多不良的風俗習慣，造成社會的動盪，教會利用文化教育的功能，幫助他們戒除這些風俗習慣，進而改變他們的人生，從此加入基督教，或是對基督教產生好感。

圖 5-3 纏足

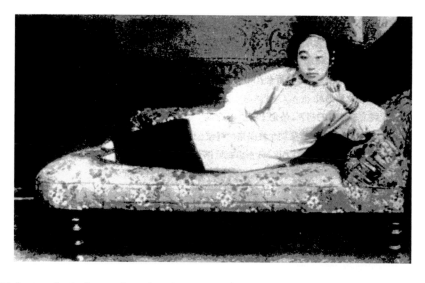

資料來源：鄭曦原編；李方惠，胡書源，鄭曦原譯，《帝國的回憶：《紐約時報》
晚清觀察記（西元 1854～1911 年）》（北京：當代中國出版社，西元
2007 年），頁 82。

〔註44〕〔英〕伊澤・英格利斯著，《東北西醫的傳播者：杜格爾德・克里斯蒂》，頁337。
〔註45〕同上註，頁 338～339。

　　在慈幼教育方面，教會認爲兒童和青年，沒有成人接受基督教理時遇到的諸多困難，他們是教會將來轉化異教世界的希望。〔註46〕因此，19世紀下半期，外國教會，特別是法國天主教會在中國創了大量育嬰堂，作爲中國傳教的方法利益、擴張在華勢力。在中國最困苦的人，莫如盲目聾啞與孤兒，特別是在中國，這種人的痛苦更重，因爲一般社會對於他們沒有什麼救濟的方法，譬如：盲童，他的父母，看作廢人，男的叫他學習星相算命，女的叫她學習歌唱做瞽妓；一生命運便是悲慘之境。〔註47〕外國教會的慈幼事業包括育嬰堂、孤兒院、盲童學校、聾啞學校等慈幼機關，其目的是要博取中國人民的好感，發展教會勢力。教會慈幼事業的大宗是舉辦育嬰堂和孤兒院，天主教傳教士要比基督教傳教士，更加注重開設這種機構，凡是在大城市裡的天主堂，差不多都設立一個育嬰堂或孤兒院，他們那些修女稱爲姆姆的人，都是擔負著照顧嬰兒與教育兒童的義務。〔註48〕天主教在慈幼教育方面，比耶穌教著力較深。

　　在盲童學校，光緒二十二年（西元1896年），聖書公會德儒博夫人聞北京將瞽字可譯爲快字，並能用毛筆書寫，故從北京聘請瞽人劉俊溪到奉天，借聖書會房舍教授婦女快字學習，不到3個月竟能朗讀聖經，借此而認識漢字，這是東北應用瞽字之始，當時所用書籍，係用硬紙製成凸字，讀時以手代目，自左而右。〔註49〕由於鐵嶺張永權牧師和快字教員史永愛支持，光緒二十八年（西元1902年）成立奉天瞽文重明女學校並開始應用瞽文。其教育方針是爲失明女生設立類似基督化的大家庭，教導他們學習技藝，作爲生活補助，同時教導她們學習日常生活，和必需的文學和常識，可用於社會生產和服務人民。〔註50〕在育嬰堂、孤兒院方面，光緒十一年（西元1885年）南滿教區主教紀隆在奉天小南關天主教堂內，創辦的育嬰養老院，在義和團運動中被焚毀後，南滿教區主教蘇斐理斯在宣統三年（西元1911年）重建，建院後收嬰孩80餘名，老人50餘名。該院收養的孤兒到了上學的年齡，可以進校讀書，同時也學做一些針線活，還要學習要理和經文。這些慈幼事業，

〔註46〕 W.G.F.Cunnyngham. The Foreign Missionary and His Work [M]. Nashville, Tenn; Publishing House of the M.F.Church, South, 1899.
〔註47〕 王治心，《中國基督教史綱》，頁344。
〔註48〕 同上註，頁347。
〔註49〕 同上註，頁345。
〔註50〕 瀋陽大東區文史資料工作委員會編印，《大東文史資料・第五輯》（瀋陽：大東區文史資料工作委員會，西元1991年），頁115～117。

教會開辦這種機構，是為了拯救孩子們的靈魂上天，孩子如能幸存，就可以從小灌輸宗教，成為一名熱心的教友。

下表據東北三省的省志，整理出晚清基督教在東北的文化教育據點，以瞭解東北基督教文化教育的具體成果，遂將其內容分列如下：

表 5-2　東北基督教文化教育據點表〔註51〕

機構名稱	建立年份	所屬國家差會	創辦人	備　註
東北基督教神學院	1894	英國長老會	羅約翰	英國基督教長老會所屬蘇格蘭宣教會及愛爾蘭宣教會聯合，在奉天開辦學道班，即初級神學。期滿四年，發給證書後，便有封立為副牧師、聘用為牧師的資格。
奉天文會書院	1902	英國長老會	勞旦理	本院系大學性質。地址在奉天市大南關
岫岩三育小學	1911	丹麥路德會	信義會	
培英學校	1905	丹麥路德會	柏衛	在孤山鎮
育賢中學	1895	英國長老會	伊約翰	利用雙岔子醫院廣場空地。
錦州學道館	1895	英國長老會	邸回春	招收不同年齡的婦女，主要教識字啟蒙和《聖經》。
奉天天主教神學院	1880	法國巴黎外方會	主教杜公斯當	專門培養天主教神職人員。修生畢業後，可管理教會和為教徒施行聖事。
長春萃文女子中學	1907	英國長老會	女教士金瑞慈	
吉林文化兩級小學	1911	英國長老會	女教士邸如春	辦學宗旨是，招收信徒子女中的女童，講授小學程度的文化知識，設聖經必修課。
榆樹縣文華小學	1897	英國長老會	孟宗源、華人劉舒齊	招收信徒女子
海龍縣朝陽鎮成達學校	1901	英國長老會	長老會	除按普通學校設置課程外，加設了英語課。

〔註51〕遼寧省地方志編纂委員會編，《遼寧省志·宗教志》，頁220、226、230、231、266～267；吉林省地方志編撰委員會編，《吉林省志·宗教志》，頁345、347、348、228；黑龍江省地方志編撰委員會編，《黑龍江省志·宗教志》，頁306。

柳河縣孤山子文達小學	1903	英國長老會	長老會	
義務女學校	1909	中國（不明）	伊通縣教會	
神羅修院	1844	法國巴黎外方會	李神父	農安縣小八家子拉丁修院
呼蘭廣育學校	1910	法國巴黎外方會	巴黎外方會	

據上表，共列出十五所文化教育機構，其分時間點最爲早爲西元 1844 年，最晚爲西元 1911 年。所屬國家以丹麥、英國、法國爲主。機構成立以中小學爲多數。

第三節　慈善醫療拉近與東北社會的距離

一、慈善醫療事業對於傳教環境的改善

在《教務紀略》中提及同治元年（西元 1862 年）上諭奏稱：「天主教原以勸人行善爲本」，此言論代表天主教不同於邪教，其是行善的宗教，可見行善對於一個宗教的重要性。爲了掃除傳教上的阻礙，利用慈善醫療事業發展教會的辦法，是成效最爲顯著，這項事業不但得到各差會的認可，而且還被教會發展成爲在東北地區僅次於布道，和文化教育的主要活動領域。慈善醫療事業之所以受到教會重視並得到發展，是因爲施醫在布道過程中，有著獨特優勢。

借助慈善醫療事業的力量爲傳教服務，本來就是基督教的傳統做法，是傳教士謀求使基督教在中國發展，所借用的重要知識工具，他們中有些人原本就是醫生，出自職業習慣，一邊傳教，一邊行醫，後期來華的教士還以推展慈善事業爲由，在中國興辦醫院，開設醫學學校。最早將西方醫學傳入中國的傳教士，爲元世祖至元二十六年（西元 1289 年）被教皇尼古拉四世（Nicolaus IV），派遣來華的義大利籍方濟各會傳教士孟德高維諾（Giovanni di Monte Corvino），他來中國前曾是腓特烈皇帝（Friedrich III），的御醫，說明他有很高的醫術，入華後也爲人看病，在北京除傳教外，兼以醫術爲活動工具。在中國最早開辦醫院的傳教士是葡萄牙人加內羅主教，他於明穆宗隆慶元年（西元 1567 年）來華，在廣東傳教，他曾在澳門開設兩處醫院，一處專爲異教徒看病，一處專爲基督教徒看病。元代、明代來華的傳教士都以傳教爲主要目的，行醫看病只是附帶涉及，儘管中世紀的西方醫學落後於中國，

傳教士的醫術也並不爲中國人看重，他們的醫療行爲在華產生的作用十分有限。〔註 52〕但他們中的一些人卻憑其獨特的醫術，在中國站穩了腳步，甚至有的還深入到宮廷，從而爲基督教在中國傳播創造了條件。

　　早先傳教士傳播基督教的成功經驗，受到近代來華傳播福音的傳教士的重視，尤其是在教禁未開、傳教受阻的情況下，借助醫學之力敲開中國緊閉的大門，更成爲當時在華傳教士所依賴的重要方法。特別是此時期，由於人體生理等方面的重大發現，西方醫學相對於東方醫學的優勢已明顯顯露，如診斷方法方面，聽診、叩診的應用；治療方面，麻醉術的發明以及外科手術、無菌操作等。這些先進技術提高了患者的治癒率，這對於講究實惠、注重實效的中國人來說，在領略到西藥的實用性強、有效性高等好處後，在接納西醫、西藥的同時，也自然接納了擅長醫學的傳教士，這就爲基督教的傳播創造了有利的前提條件。

　　第一位以正式醫師身份來華的基督教傳教士伯駕（Peter Parker），於道光十五年（西元 1835 年）在廣州創設眼科醫藥局，成功的打開了在華傳教的新局面，伯駕的成功經驗，引起了來華傳教各差會的重視，紛紛遴選醫師傳教士來華，發展教會事業。慈善醫療，可以緩解人民的抵抗情緒，爲傳教事業創造一個良好的環境。基督教的慈善醫療事業，在教義上也有深切的關係，在聖經中的《馬可福音》、《馬太福音》都有耶穌傳教時給人治病的記錄，耶穌還教他的門徒給人治病以傳教。《馬可福音》中，「耶穌治好了各樣的病，也趕出許多的鬼，並且不許鬼說話，因爲鬼認識他」。〔註 53〕又《馬太福音》中，「耶穌在加利列開始公開傳道並治病。他在各會堂傳天國的福音，醫治百

〔註 52〕　曹增友，《傳教士與中國科學》（北京：宗教文化出版社，西元 1999 年），頁 352～353；教宗尼各老四世（西元 1227～1292 年），又譯尼古拉四世、泥閣四世，原名 Girolamo Masci，在於，西元 1288 年～1292 年。孟德高維諾，在西元 1289 年，教廷再派方濟各的他前往東方各汗庭。西元 1293 年，孟德高維諾到達元大都拜見忽必烈，並獲准在大都宣教，由是開始了元代基督教在華傳教之歷史，當時與唐代以來傳入中國的景教被合稱爲也里可溫教。西元 1328 年，孟德高維諾死於中國，當時全中國內有信徒三萬人，可見其盛況。參卓新平，《基督教小辭典》，頁 174、178。

〔註 53〕　中華民國聖經公會，〈馬可福音〉2：33～34，《聖經・新約（和合本）》（臺北：聖經公會，西元 1919 年），頁 48；伯駕（西元 1804～1888 年），基督教美國公理會傳教士，第一位來到中國的基督教傳教醫生，鴉片戰爭時期曾參與《望廈條約》的談判，後擔任過美國駐華公使。伯駕有一句名言：「中國人不服從，就毀滅。」曾呼籲美國出兵佔領台灣。參閱卓新平，《基督教小辭典》，頁 265。

姓的病痛。當地人把一切害病的，就是各樣疾病、各樣疼痛和被鬼附的、癲癇的、癱瘓的都帶來了，耶穌治好了他們」。〔註54〕這些都是傳教士為何要辦慈善醫療的原因。

營口開埠以後，外國人進入東北儘管有了則例、律例的保護，但由於這種開放是列強以武力脅迫的結果，並非出自清廷與百姓自願的。這種強迫性，使中國各階層對洋人有一種本能的排斥心理，所以當時東北地區排外氣氛非常嚴重，抗洋事件屢屢發生。這種情況隨著慈善醫療事業的開展、西醫技術得到人們的認可後才有所改變。施醫初，由於中國人的傳統觀念，對西醫持懷疑和恐懼態度，司督閣於光緒九年（西元1883年）在瀋陽小河沿創辦的施醫院，又稱盛京施醫院，在開診的初期，很少有真正的病人到診所去看病，去的多是假裝有病，試試洋鬼子究竟要什麼把戲。當時傳著謠言的說：

> 洋鬼子那有什麼好心給中國人治病，不過是拿治病作為幌子來陷害
> 我們，洋鬼子的藥水可喝不得，喝下去心就要翻出來等，因而，大
> 多數看病的，領到藥水後，出了診室的門就把它倒掉。〔註55〕

後來，司督閣成功地給某商號經理作了眼內障摘除手術，使他多年失明的雙目得以復明，人們對西醫才有了新的認識，來醫院就診的人逐漸增多。〔註56〕借助慈善醫療的力量，傳教醫師不但解除了人們對於西醫的疑懼心理，而且還為他們接近民眾提供了一個契機。慈善醫療在贏得民眾感恩的同時，也自然破除了人們對傳教士的抵觸心理，從而為傳教事業的發展創造了條件。先天有利的發展條件，東北歷來缺乏醫生，土人無知醫者，醫多來自內地。〔註57〕當時的人們普遍相信鬼神，認為所有的病最終都要歸結於某個鬼神身上，巫風盛行，家有病者，不知醫藥之事，輒招巫入室誦經，裝束如方相狀，以鼓隨之，應聲跳舞，云病由某祟，飛境驅之，向病身按摩數次遂愈。或延喇嘛治之，亦大同小異。〔註58〕就連當時東北的政治、商業和文化中心盛京，系統的衛生設施根本不存在，狗和豬都成了食腐動物，死水塘隨處可見，難怪在流行病發生的時

〔註54〕中華民國聖經公會，〈馬太福音〉4：23～24，《聖經·新約（和合本）》（臺北：聖經公會，西元1919年），頁4。

〔註55〕瀋陽市委員會文史資料研究委員會編，《文史資料選輯·第一輯》（瀋陽：遼寧人民出版社，西元1962年），頁86。

〔註56〕同上註，頁86。

〔註57〕西清，《黑龍江外紀》（哈爾濱：黑龍江人民出版社，西元1984年），頁223。

〔註58〕徐宗亮，《黑龍江述略》（哈爾濱：黑龍江人民出版社，西元1985年），頁225。

候，無情的病魔會很快蔓延到整個城市。〔註59〕這些都顯示了東北當時環境惡劣、不講衛生、缺少醫藥的情況。

　　基督教慈善醫療的醫療水平、醫療條件都比較高，醫療效果比較好，到教會醫院就診的人非常多。盛京施醫院，光緒十二年（西元1886年）記錄的門診人數就有萬人，其中手術251例，108位病人住院治療。〔註60〕到了20世紀初，盛京施醫院每歲診治約四萬餘人。〔註61〕盛京女施醫院每歲診治三萬餘人。〔註62〕不僅如此，慈善醫療事業都具有一定的慈善性質，雖然實行收費，但對於貧苦患病，仍然免費診治送藥。成立的女施醫院、婦科、產科，為東北婦女的治病帶來了方便。慈善醫療無疑是拉近與東北民眾的距離。

　　慈善醫療事業的目的，不僅是要減少人身體上的痛苦，更是要拯救人的靈魂，所以大多數的醫生，在沒有到中國之前，都曾經接受過神學的訓練。他們相信，每個傷口的包紮，每劑藥品的給付，都是上帝之愛的直接宣告。他們的責任，是要向病人宣傳福音，使大多數就醫的病人在離開醫院的時候，得到一種宗教上的影響。對於一般貧窮的病人，不收醫資，不收藥費，使他們感覺到教會醫院完全是一種慈善事業，對於宗教方面發生了興趣。醫院中對宗教方面的設施非常注重，一般看護士及職員，大都施以宗教上的訓練，特別在每個醫院之中，有專聘的傳道人員或牧師，擔任問病人講道及分發布道傳單等工作。〔註63〕因此，教會醫療事業的傳教活動，也使不少人在特殊情況下皈依了基督教。譬如著名的傳教醫生司督閣藉行醫以傳教，他以外科手術聞名遐邇，被稱為奉天聖者、經他醫治的病人而信教的頗多，一位叫常森的盲人接受司大夫的醫療以後，便回鄉到處傳揚基督教，據稱曾勸化約2000人信了基督教。〔註64〕這也是慈善醫療事業對於近代東北觀念變化產生影響。

　　另一方面，借助慈善醫療事業贏得地方官紳的信任，對推展傳教事業具有更直接的意義，傳教士借此為當地官紳及其親屬治療疾病，以及積極參與一些

〔註59〕〔英〕伊澤・英格利斯著，《東北西醫的傳播者：杜格爾德・克里斯蒂》，頁35。

〔註60〕同上註，頁72。

〔註61〕趙寅恭重修：曾有翼纂，《瀋陽縣志・第十四卷》（臺北：成文出版社，西元1916年），頁620。

〔註62〕王樹楠，《（民國）奉天通志・卷144》（瀋陽：東北文史叢書編委會，西元1983年），頁3289。

〔註63〕王治心，《中國基督教史綱》，頁288。

〔註64〕楊森富，《中國基督教史》，頁304～305。

社會公益活動贏得信任，使傳教活動得到地方官紳的認可，這對推展教會事業無疑具有重要的意義。司督閣替當地官員和他們的親屬治病施藥外，更積極參與一些防疫、救災等公益事業，以自己的善舉贏得了當時奉天顯赫人物左寶貴、趙爾巽、徐世昌、唐紹儀及張作霖的支持。早期來吉林傳教的高積善也治癒了士紳宋存禮，而獲得他的幫助，在當地買到房基地建造禮拜堂和醫院。〔註65〕在光緒三十三年（西元 1907 年），在義和團運動中被毀的盛京施醫院重建時，趙爾巽帥與日本大山大將，紛紛捐助四萬兩，其餘中、日、英士紳急公好義者，無不爭先助資善舉者約有二萬兩。〔註66〕盛京施醫院光緒三十三年（西元 1907 年）正月二十一日開院典禮，恭請趙爾選以下省城大員及日、英、美、德等國總領事以下官紳行竣工典禮，下午次帥、各國領事以及中外官紳均衣冠整齊，參列典禮，並有皇寺常印喇嘛帶領從人數名前往叩賀，二十二日招宴中國教民，二十三口柬請省埠華商百五十人公宴。〔註67〕從慈善醫療事業中，東北人民認識到了西醫以及西方文化的價值，包括其宗教文化。基督教以善爲本，拉近與士紳、百姓之間的距離，也爲傳教工作鋪好了路。

二、慈善醫療工作方式與其據點

　　教會醫院在開設初期，由於上門求診的人很少，所以傳教醫師採取了靈活的施診方式，有人求診，就在醫院診療，藉機向病人宣傳基督教義，或者發放宣傳教義的小冊子，無人求診，就帶上藥具和宣傳品外出醫診，一邊施診，一邊傳教。等到傳教局面開啓後，就在醫院裡設專職傳教士，面向前來就診的病人傳教，也就是說，傳教士在醫院的傳教活動並非一成不變的，而是隨著傳教活動的開展有所變化的。基督教會在東北地區利用醫院進行布道的情況，東北地區教會醫院開辦初期，由於人們對西醫的無知和誤解，很少有人到診所去看病。爲了接觸群眾，熟悉群眾，擴大基督教的影響，傳教醫

〔註65〕吉林省地方志編纂委員會編：《吉林省志・宗教志》，頁 342～343。

〔註66〕《民胞物與大被歡顏》，《盛京時報》，西元 1907 年 3 月 6 日；趙爾巽（西元 1844～1927 年）字次珊，號无補，漢軍正藍，同十三進士，光二十一、三，皖按，二十四、五，陝按，九月甘新布，二十五、八，丁憂，二十八、四，晉布，十二月湘撫，三十、七，署戶尚，十一月留京當差，三十一、四，盛將，三十三、三，裁，改任川督，七月湖督，三十四、二、川督，宣三、三，東督，迄辛亥革命，民十六、九、三，卒。參閱魏秀梅，《清季職官表》，頁 905。

〔註67〕施醫院開院慶志》，《盛京時報》，西元 1907 年 3 月 10 日。

師採取了巡迴式醫診布道的方式。平時有人到醫院求診，就在醫院為病人施醫，並向求診群眾宣講基督教義，爭取一部分有信仰基督教願望的人到教堂聽道理，直至受洗入教。若無人求診，就外出醫診，邊診療邊傳教。

等到西醫技術被東北廣大民眾認可並接受以後，在院內進行傳教成為教會醫院的主要布道方式，但巡迴式醫診布道這種方式並未被放棄，而是作為院內布道的一種補充形式被繼承下來。丹麥信義會在東北共有四處醫院，即綏化教會醫院、丹東教會醫院、遼寧岫岩縣教會醫院與瀋陽小河沿盛京施醫院（丹麥、英國合辦），為了擴大施醫布道的影響，教會經常派遣醫師外出巡迴醫診，如司督閣利用巡迴診療，深入群眾中擴大影響。他在光緒十二年（西元 1886 年）一次巡迴醫診的情形，這次巡診遠達鐵嶺，行程 200 多里，沿途邊診療，邊傳教同時散發小冊子。〔註68〕經過努力，傳教事業取得了一定進展。四年時間裡，經他一人洗禮入教會患者就有 54 人。〔註69〕當時哈爾濱沒有設醫院，醫師到那裡後，對於一般常見疾病進行簡單的治療，重症介紹到綏化、阿城、呼蘭教會醫院。〔註70〕這種布道方式相對於住在醫院內傳教更為靈活，在方便了群眾的同時，也擴大了教會的影響。院內施醫布道，教會醫院就診的病人漸漸增多，各差會開始在醫院內派專職傳教士，負責布道工作，一方面向就診病人宣傳教義，另一方面組織醫院內的宗教儀式，以此達到吸引人信奉福音的目的。在前面提到的盛京施醫院裡，為了進行傳教工作，在醫院設有一個專職的傳教士，他的任務是，每天上午在掛號處向候診的群眾進行宣教，下午到病房去與病人談話。〔註71〕以基督的福音潛移默化地感染病人。

在丹麥路德會創辦的丹東教會醫院裡，宗教氣氛更加濃厚，對門診病人，門診病房都有傳教先生講道、讀經、唱詩，帶領病人禱告，宣傳基督福音。〔註72〕對住院病人，每日午飯稍事休息之後有一次禮拜。凡能下床活動的病人都被召集到大病室內，聽傳教人員講道，時間約三十到四十分鐘。在治療間歇階段，則有醫院傳教士到病床前作單獨講道。除此之外，醫院內的

〔註68〕 〔英〕杜格爾德‧克里斯蒂著；〔英〕伊澤‧英格利斯編著；張士尊、信丹娜譯，《奉天三十年（1883～1913）》，頁 66。

〔註69〕 同上註，頁 69。

〔註70〕 馬維權主編，《黑龍江宗教界憶往》（哈爾濱：黑龍江人民出版社，西元 1992年），頁 222～223。

〔註71〕 瀋陽市委員會文史資料研究委員編，《文史資料選輯‧第一輯》，頁 93。

〔註72〕 丹東市委員會文史資料研究委員編，《丹東文史資料選輯‧第三輯》（瀋陽：遼寧人民出版社，西元 1987 年），頁 81。

職工勤雜人員也要在每天晚飯後作小禮拜半小時之久，由醫院的傳教士進行講道等活動，不論是教徒或非教徒都得參加。〔註73〕

　　總體而言，在教會醫院內施醫布道，相對於巡迴醫診布道，人員更爲集中，也更能以施醫的善舉感染人，所以這種傳教方式，受基督教差會的青睞，成爲其慈善醫療的主要方式。

　　基督教的慈善醫療事業，除了醫療活動外，還包括防疫、救災等社會救濟事業，光緒二十年（西元1894年），中日甲午戰爭期間，盛京施醫院收容很多傷兵。光緒十四年（西元1888年），遼陽城遭受太子河特大洪水，在此傳教的吳阿禮大夫雇用小船載運食物、藥品等到災區放賑、治病。〔註74〕光緒三十年（西元1904年），日俄戰爭期間，盛京施醫院一面收容傷兵，一面救治難民，受益難民人數達35000人。宣統二年（西元1910～1911年）末，嚴重的鼠疫在北滿流行，哈爾濱一帶死傷慘重，瘟疫沿鐵路蔓延，大有波及關內之勢，清廷電令東三省總督錫良組織防疫，派天津陸軍醫學堂會辦伍連德博士爲全權總醫官，北京設立京師防疫局，東北設東三省防疫總局，錫良邀請司督閣協助防疫工作，任命他爲防疫總指揮，盛京施醫院有三名英國醫師參加防疫工作，司督閣負防疫總責，袁阿禮照顧醫院工作，嘉克森負責皇姑屯車站防疫檢查工作。他們在這場防疫戰中爲撲滅鼠疫作出了貢獻，嘉克森還爲此犧牲了自己的生命。〔註75〕這些社會救助活動是基督教醫療衛生事業的延伸和擴展，具有一定的社會意義，也加強基督教在東北社會中「慈善」的形象。

〔註73〕　丹東市委員會文史資料研究委員編，《丹東文史資料選輯‧第三輯》，頁92。

〔註74〕　遼陽市政協文史資料研究委員會編，《遼陽文史資料‧第五輯》（瀋陽：遼陽市政協文史資料研究委員會，西元1990年），頁127。

〔註75〕　遼寧省地方志編纂委員會編，《遼寧省志‧宗教志》，頁223；伍連德（西元1879～1960年）公共衛生學家，中國檢疫、防疫事業的先驅。西元1910年末，東北肺鼠疫大流行，他受任全權總醫官，深入疫區領導防治，不久即告控制。西元1911年，他主持召開了萬國鼠疫研究會議。在他竭力提倡和推動下，中國收回了海港檢疫的主權。他先後主持興辦檢疫所、醫院、研究所共20所，還創辦了哈爾濱醫學專門學校（哈爾濱醫科大學前身）。他與顏福慶等發起建立中華醫學會，並創刊《中華醫學雜誌》。嘉克森不具有正式醫療人員資格，但以助手的身分義務協助醫官參與防疫，因其不幸染病過世，清廷給予醫官等級的撫卹，其家屬分文未取，捐出卹款作爲防疫設施的經費。參閱彭偉皓，《清代宣統年間東三省鼠疫防治研究》（臺中：東海大學碩士論文，西元2007年），頁101。

圖 5-4　營口清控制區內牛家莊流行病防疫觀察所

資料來源：旅順博物館，《「滿鐵舊影」：旅順博物館藏「滿鐵」老照片》（北京：
中國人民大學出版社，西元 2007 年），頁 95。

下表據東北三省的省志，整理出晚清基督教在東北的慈善機構的據點，
以瞭解東北基督教慈善事業的具體成果，逐將其內容分列如下：

表 5-3　東北基督慈善機構據點表〔註 76〕

機構名稱	建立年份	所屬國家差會	創辦人	備註
紅十字會	1894	丹麥路德會	女教士	
安東教會醫院	1906	丹麥路德會	安樂克	在安東元寶區天后宮
女醫院	1908	丹麥路德會	郭慕深	
朝陽教會診所	1908	丹麥路德會	郭慕深	
福音藥房	1903		弟兄會	兩處
盛京施醫院	1884	蘇格蘭長老會	司督閣	在小河沿買房應診。1900 年，義和團將男女醫院全部焚毀，事後又恢復。

〔註 76〕遼寧省地方志編纂委員會編，《遼寧省志‧宗教志》，頁 222～276；吉林省地
方志編纂委員會編；《吉林省志‧宗教志》，頁 236～343；黑龍江省地方志編
撰委員會編，《黑龍江省志‧宗教志》，頁 308。

新盛京施醫院	1907	蘇格蘭長老會	司督閣	資金來源於庚子賠款，奉天將軍趙爾巽捐 2 萬元，奉天商會捐 2 萬，京奉鐵路免費運料。
錦州施醫院	1886	英國長老會	白多馬	在錦州城東關雙岔子路北
基督教醫院	1905	英國長老會	邱如春	義和團焚毀錦州醫院重建醫院；增加劉素生、朱培恩等女醫生
天主教鐵嶺施診醫院	1902	法國巴黎外方會	梁亨利	在鐵嶺教堂內
小南關天主教堂育嬰養老院	1885	法國巴黎外方會	紀隆	法國照顧會主辦。被義和團焚毀，蘇裴理斯在 1911 年，重建。
仁母醫院	1886	蘇格蘭長老會	長老會	110 的床位
普濟醫院	1896	蘇格蘭長老會	白蘭德	60 的床位
北鎮施醫院	1896	蘇格蘭長老會	長老會	80 的床位
仁愛醫院	1901	蘇格蘭長老會	長老會	35 的床位
普愛醫院	1905	蘇格蘭長老會	長老會	30 的床位
婦嬰醫院	1905	蘇格蘭長老會	長老會	30 的床位
吉林高大夫醫院	1895	英國長老會	高積善	高積善給當地士紳宋存禮治病，並獲得其捐助成立之。拳亂後得賠款吉錢 27 萬吊，在原址重建施醫院和教堂
長春男施醫院	1893	愛爾蘭長老會	丁滋博	在長春東四道街租房
長春女施醫院	1896	英國長老會	女教士紀醫士	在長春西五馬路教會
長春男分施醫院	1899	愛爾蘭長老會	丁滋博	在東三馬路
長春仁慈堂	1910	法國方濟各	修女巴爾巴拉	仁慈堂不屬於吉林教區，直接隸屬於羅馬修道總院，直接受駐中國上海的總院和北平分院領導，經費經由總院供給。
長春仁慈養老院	1911	法國巴黎外方會	巴黎外方會	撫養年殘疾無依靠的老年人
長春仁慈育嬰堂	1911	法國巴黎外方會	巴黎外方會	收容撫養孤兒、棄兒
呼蘭基督教醫院	1909	英國長老會	余克信	

　　據上表，共列出二十五所慈善機構，其分時間點最爲早爲西元 1884 年，

最晚爲西元 1911 年，所屬國家以丹麥、英國、法國、愛爾蘭爲主，機構成立以醫院爲多數。

　　由於本章上述三節得知，在義和團運動後，雙方和解態勢，文化教育的發展，慈善事業的進行，消除了基督徒與非基督徒之間的界限，教堂和禮拜堂在滿洲各地重新建立起來。光緒三十三年（西元 1907 年）在奉天東教堂舉行聖會，人們蜂擁而至。爲了表達非基督徒對基督徒的祝願，政府官員、商人和其他人紛紛前來參加活動。此時，教徒人數增加而穩定。〔註 77〕道光二十年（西元 1840 年）到光緒二十六年（西元 1900 年）的 60 年間，東北人對天主教比較陌生，對西方傳教士具有恐怖感，雖然發展了信徒並在農安、長春等地修建了教堂，但進展並不快。光緒二十六年（西元 1900 年）在山東省義和團運動影響下，吉林境內也發生了 9 起教案，西方宗教和西方傳教士、部分中國信徒，成爲這場運動的打擊對象，天主教的傳播暫時受到了扼制。

　　但在光緒二十七年（西元 1901 年），天主教的傳播出現了，持續發展的走勢。光緒二十七年（西元 1901 年）到宣統三年（西元 1911 年）的 10 年間，入境的傳教士和中國信徒人數，都超過了前 60 年的總和。〔註 78〕在黑龍江省，義和團失敗後，英國長老會捲土重來，成立了阿城教區，爲幫助傳教，同時還建立了阿城基督教博濟醫院。但由於義和團的餘波和日俄戰爭，以及其他因素影響，教徒增加很少。但到了宣統三年（西元 1911 年），發展基督徒達 600 餘人，僅通肯（今海倫市）一地就新發展基督徒 176 人。〔註 79〕由於清廷與基督教的策略改變，明顯爲東北傳教活動，帶來了新契機，不論是在傳教據點增長，傳教士與信徒人數日益增加，也奠定日後東北基督教的傳教基礎。

〔註77〕〔英〕杜格爾德·克里斯蒂著；〔英〕伊澤·英格利斯編著；張士尊、信丹娜譯，《奉天三十年（1883～1913）》，頁 174。
〔註78〕黑龍江省地方志編撰委員會編，《黑龍江省志·宗教志》，頁 211。
〔註79〕黑龍江省地方志編撰委員會編，《黑龍江省志·宗教志》，頁 242～243。

第六章　結　論

　　基督教在東北的發展歷程，深受交通設施的影響，主要的交通大道僅爲自北京經錦州、瀋陽、吉林、新城（即伯都納）、齊齊哈爾、嫩江（墨爾根）而至西伯利亞，雖然水道航運頗爲便利，但仍受限於固定區域。清廷的禁教政策，禁止了中國的傳教工作，延宕了基督教在中國發展。清廷又對東北實行封禁政策，限制關內人口向東北遷移，造成了東北人煙稀少。另一方面，東北遭受天津教案、庚子拳亂、日俄戰爭，造成此地區極不安定。在這些因素下，基督教在東北的傳教活動受到限制，造成東北基督教的發展，相較其他區域遲緩。總體而言，從禮儀之爭爲始，至《中法北京條約》爲止，在禁教與封禁政策雙政策下，東北基督教的發展，相對於其他省分較爲不順遂。

　　天主教與耶穌教的發展，天主教較耶穌教影響東北社會時間較大。其原因歸於天主教傳入東北時間較爲久遠，加上天主教有事權統一，然而在這方面，新教卻是門派分立，遇事不容易整合，雖在後期有聯合傳教，已時至民國。據基督教的整體發展因素而言，首先是交通的改善，營口開港，代表東北遼河流域開放，於是進入遼河平原等地就暢行多了，有了這麼便利水運網絡，傳教活動也更加熱絡了。陸路交通，公路自清初開始發展，到了清末更加完善，形成四通八達的交通網絡，在配合鐵路運輸方面起到了重要的輔助作用。傳教據點的發展，以營口爲根據地，水路爲動脈，更加上陸路交通的輔助，逐漸擴張到東北各地。

　　影響傳教環境改變的事件中，天津教案是開放外國入內地傳教後，最嚴重的紛爭，造成各國的緊張，深懼各省的連鎖效應。東北也陷於此氣氛中，深怕教案擴大，清廷安撫下詔，不然恐釀下大禍。甲午戰爭後，東北百姓對

外國事務產生了興趣，原因想透過基督教幫助他們於現實世界，但也在這個時空背景中，讓他們有認識基督教的機會。在義和團劫難後，傳教據點在這場災難的毀壞，幾乎付之一炬。但是，許多教會的毒害在這次滌淨了，教民信仰上帝的動機變純淨了，這也讓往後基督教發展有很好的新開始。傳教士重新調整傳教的策略，東北社會也較能包容這個宗教信仰。日俄戰爭期間，傳教士對於日本、俄國雙方都保持中立的態度，但對雙方的傷員，都本著宗教博愛的精神救助他們。中立的態度讓日本、俄國雙方都能接受，因為他們不會想製造事端，產生對於他們不利的因素。因為，天主教代表是法國的勢力，而在耶穌教代表是英國人的保護。

西方傳教士想在中國購置房地，清廷也須為其需求定法規，以規範傳教士在華產業的設置，然而這些法規的確立，並不是一蹴形成的，而是逐漸形成的。在柏爾德密協議為原則下，自此傳教士購買房屋、田產的制度，逐漸形成定則。所以傳教據點的產生途徑有二：一則是置新產業，以同治四年（西元1865年）教堂置產章程為依據，天主教堂照例納稅，並寫明賣產者毋庸報官請示。二則是還歸舊堂，康熙年間各省舊建之天主堂，除已改為廟宇民居者毋庸查辦外，其原舊房屋尚存者，如勘明確實，准其給還該處奉教之人。

基督教據點的擴展迅速，清廷為了掌握基督教的傳教據點，以監視基督教的傳教活動，避免產爭端，而且附有保護之責。另一方面，這些調查資料，在禍亂發生後，是可依據的談判工具，使得在賠償的認知有底限，雙方意見不會相距甚遠。經過幾番商討之後，清廷確定他們要對基督教整體進行一個普查，進而較能掌握基督教的發展情況，有效在民教衝突方面進行管控，在衝突之後的賠償細則，也易於釐清。在造冊調查之下，基督教據點的行政區、位置、教派、樣式、規模、居住教士、備註，經由各廳縣造冊申報，後彙齊詳送奉天、吉林、黑龍江三位將軍，然後咨呈總理衙門，形成為所謂的基督教調查清冊。在光緒十九年（西元1893年）夏季清冊的調查下，已對於基督教據點在東北的分布，有所認知，此調查也是東北基督教據點未成長前的原貌，接續要探究就是東北基督據點的成長期，此成長期便發生於甲午戰爭後。

整體而言，基督教據點皆是成長的現象，在東北全區之中皆有分別，奉天則為成長之數最多；吉林教堂建築物成長率最高；黑龍江則是東北成長最為遲緩之境。教堂樣式與規模，華式多於洋式，小教堂多於大教堂，此等情形皆出於就地取材之論。因為教堂之設立，多半為民居改建，故樣式仍為華

式，格局皆偏小，此等現象皆因經費不足之故。華人傳教士成長極快，洋人傳教士成長趨緩。皆因洋人差會的人員不足，必須在本地培養人才。經過成長期後，基督教的整體情況，奉天耶穌教建築物超過天主教，和奉天、吉林建築物英國耶穌教成長率皆高於法國天主教。由此可知，奉天、吉林耶穌教成長較天主教迅速，但唯有黑龍江省耶穌教至今較未有顯著的發展。東北社會福音事業，天主教與耶穌教著重之處，兩者不盡相同，天主教著重於育嬰、女學；耶穌教著重於施醫、講書。

甲午戰爭後，東北基督教在此時期，各方面的數據都很漂亮，一切都很順遂，在光緒二十六年（西元 1900 年），義和團變亂，把一切都毀了。庚子拳禍的肇始，並非一朝一夕形成的，而是逐漸蘊釀形成的，其勢之擴展，取決於清廷對義和團所採取的態度，所以庚子拳亂的蔓延擴大，與清廷態度放任義和團脫不了關係。清廷對義和團的態度，從持平→嚴禁→放寬，義和團之聲勢亦由中→低→高，最終禍事成之。清廷對各國宣戰時，無疑使平日仇教者，趁機宣告教民為叛亂者，官方應剿滅之，遂使官兵與義和團合流之態勢。在義和團變亂危害程度，由於吉林、黑龍江兩省，教堂數量較少，教友數目也相對奉天少，神職人員亦同，危害在數字上自然少之，但若以危害的相對程度，並不比奉天損害輕微，這點可以反映在神職人員的死亡比例上。義和團對於東北基督教造成的傷害與損失，在心理層面上，當庚子拳亂發生時，帶來的身體傷害，雖然在心理產生恐懼的因子，但終究在信仰前提之下，加強了信心，無疑是對傳教工作是有所幫助的。

物質的損失方面，奉天義和團亂事遍及昌圖府、懷德縣、康平縣、海城縣、鐵嶺縣、海龍廳、懷仁縣、通化縣、安東縣、遼陽州、新民廳、寧遠州、廣寧縣、蓋平縣、錦縣、興京廳、岫巖州、承德縣、奉化縣寬甸縣、開原縣、義州等地。法國天主教在拳亂期間損失占多數，英國耶穌教相對較少；被毀房屋樣式，以華式房屋占多數，洋式房屋相對較少。在房屋、人員損傷方面，房屋毀壞間數初估 5291 間以上，教民死傷初估 425 人以上。吉林義和團亂事遍及吉林府、伯都訥、阿勒楚喀、長春府、伊通州、伊通州屬磨盤山、雙城廳、農安縣、敦化縣等地。法國天主教在拳亂期間損失占多數，英國耶穌教相對較少；被毀房屋樣式，以華式房屋占多數，洋式房屋相對較少。在房屋、人員損傷方面，房屋毀壞間數初估 861 間以上，教民死傷初估 50 人以上。黑龍江義和團亂事遍及綏化廳、呼蘭廳等地。法國天主教在拳亂期間損失為頗

多，英國耶穌教則無記錄；被毀房屋樣式，以華式房屋占多數，洋式房屋相對較少。在房屋、人員損傷方面，房屋毀壞間數初估 28 間以上，教民死傷初估 3 人以上。

　　傳教士爲了重建據點，遂向清政府索取賠償，彌補他們心理上與物質上的損失，以復原東北的傳教工作。亂後的賠償，清廷與傳教士訂定，雙方的資金流向、清廷的償還方式、分期進帳日期、與之交涉的傳教士、詳細的款數、迄付日期、止付日期。各省賠款數目，奉天省 206.25 萬兩（法國天主教、英國耶穌教、美國耶穌教）。吉林省 81 萬吉市錢吊（法國天主教、英國耶穌教）。黑龍江省 12 萬兩（法國天主教、英國耶穌教）。透過這些記錄，釐清整個清廷還款的始末，了解這段時間，在經濟上的衝擊，財政負擔的沈重。爲了增加財源，除了加徵鹽稅外，亦有變革貨物稅稅法，改以按件取稅，以增加財源。據前述增財之法，僅只是解燃眉之急，巨額賠款仍需更長的還款時間，因爲賠款除了焚毀各處教堂大賠款外，仍有統計議定由官籌給銀兩，作爲撫恤孤苦，並賠償教民所失之田房、財產、牲畜、車輛、樹株、貨物，及捐罰銀錢等項，分限三年賠清。雖增加了財源，在大賠款外亦有其他細項的賠款，需要分期交納，透過本省原本的稅收慢慢償還。

　　在防止賠償籌措弊端上，禁止地方官員加稅於民，擾民生計，特別明文規定，不可攤派於民。賠償款發放方面，皆由傳教士與交涉局辦理，再由傳教士分給教民。強調商議完結之後，不許藉由完結案件，再行討伐之舉，以避免紛擾不斷。在土地歸還原狀之議，不管人或田等資產，盡數歸還不得侵佔。索還房地產，由教堂傳教士開單，以證其說，而且歸還時不得再收其他費用。受害者家屬撫卹之款項，皆由大賠款裡撥給，以照顧這些孤兒寡婦。賦稅交租方面，一律按照規章繳納，教民不得藉故拖欠，否則按律嚴懲。

　　庚子拳亂後，清廷與東北基督教爲了處理民教衝突，清廷在政策上作了轉變，基督教部分加強文化教育，持續慈善事業的推動。在東北教案衝突的癥結，除了包括陳銀崑提到的部分，還有東北地區特有的部分，因此在東北產生衝突的癥結比重也有所不同。其在田超的調查中，說明東北教案以民教經濟糾紛案和毀堂案爲主，戰爭是引發教案高潮的關鍵，然而其原因放置陳銀崑的表列中，應該屬於實質利益問題與國家安全問題，而且在東北教案衝突的癥結，就以這兩項原因占的比重最高，所以此兩項原因爲首要解決的項目。因爲有這些紛爭，事情有爭執時，兩肇雙方態度是平息紛爭的指標，如

果雙方態度緩和，才能有協調的空間。庚子拳亂後，雙方明顯有共同的認知，清廷態度轉爲積極處理與防止教案，基督教也放下身段，採取溫和的談判。清廷改善雙方關係的努力，在交涉對象上，希望由法國轉爲教廷，因爲基督教雖分裂，但是名義上仍是尊重教皇的，所以教皇在西方世界影響力還是很大的，必須加以結交，制約法國的保教權。又將教案匯集成冊，作爲地方官員往後教案判決處理的依據，減少審判標準不一，期望達到公平審判的原則。另一途，即是召集講員分析教案的原由，並宣講於一般百姓以開民智，避免百姓對於基督教的誤解，而造成另一動亂的開端。在宣講人員的遴選方面，以本地之舉人、貢生、監生等人品端正、議論通達者，擔任教員，同時也消弭官紳仇教。

　　傳教士對庚子變亂後的談判態度，明顯溫和不強求，主張以和平爲基調。基督教在東北損害傷亡如此嚴重，傳教士按理應向清政府索取更大的賠償，但是他們沒有這樣做，而且同意清政府的減少賠償的提議。清廷對於傳教士的善意，作出了回應，頒發勳章給有功的傳教士，以表其感念之意。除了雙方態度的轉變，天主教、耶穌教加強了開辦醫療和教育事業，具體的表現在醫療衛生功能的提高、社會救濟事業、提倡新式教育等方面。義和團變亂後，天主教和耶穌教都重視擴大文化教育和慈善事業的投入，以爭取民眾認同基督教。民教衝突，往往是雙方文化上的差異，對事情的看法往往大相逕庭，因此產生誤會與爭執。爲了改善這種關係，基督教透過文化教育的方式，使得彼此互相交流，傳遞西方文化給中國人，使他們了解西方世界，進而化解誤會與爭執，傳教士也在文化教育過程中，接觸中國文化，對於中國的社會有新的認知，也因而調整他們的傳教策略。另一種傳教策略，以慈善醫療事業爲傳教服務，本來就是基督教的傳統做法，此時只不過是擴大而已。慈善醫療事業的目的，不僅是要減少人身體上的痛苦，更重要拯救人的靈魂，從慈善醫療事業中，東北人民認識到了西醫以及西方文化的價值，包括其宗教文化。基督教的慈善醫療事業，除了醫療活動外，還包括防疫、救災等社會救濟事業，皆以慈善拉近民教彼此的距離。在義和團運動後，透過和解態勢、文化教育對於認知的扭轉、慈善醫療對於實際社會的幫助等方式傳教，不論是在傳教據點增長，傳教士與信徒人數日益增加，也奠定日後東北基督教的傳教基礎。

徵引書目

一、檔案資料

1. 《中西紀事》，〔清〕夏燮，臺北：文海出版社，1962 年。
2. 《許文肅公遺稿 9 卷，〔清〕許景澄，臺北：典藏藝術家出版社，1918 年。
3. 《各國立約始末記》（清光緒 32 年刊本影印），〔清〕陸元鼎著，臺北：華文書局，1968 年。
4. 《路橋志略》，〔清〕楊晨撰，楊紹翰增訂，臺北：黃岩楊氏崇雅堂，1936 年。
5. 《柳邊紀略》，〔清〕楊賓，瀋陽，遼瀋書社，1985 年。
6. 《軍機處檔摺件》，臺北：國立故宮博物院。
7. 《宮中檔光緒朝》，臺北：國立故宮博物院，1973 年。
8. 《清仁宗睿皇帝實錄》，北京：中華書局，1986 年。
9. 《清宣宗成皇帝實錄》，北京：中華書局，1986 年。
10. 《清高宗純皇帝實錄》，北京：中華書局，1985 年。
11. 《清穆宗毅皇帝實錄》，北京：中華書局，1987 年。
12. 〈康熙與羅馬使節關係文書〉，《文獻叢編》上冊，臺北：臺聯國風出版社，1964 年。
13. 《中外條約彙編》，于能模編，臺北：文海出版社，1964 年。
14. 《教務教案檔》第一輯，中研院近史所，臺北，中研院近史所，1974 年。
15. 《教務教案檔》第七輯，中研院近史所，臺北，中研院近史所，1981 年。
16. 《教務教案檔》第二輯，中研院近史所，臺北，中研院近史所，1974 年。
17. 《教務教案檔》第三輯，中研院近史所，臺北，中研院近史所，1975 年。
18. 《教務教案檔》第五輯，中研院近史所，臺北，中研院近史所，1977 年。

19. 《教務教案檔》第六輯，中研院近史所，臺北，中研院近史所，1980 年。

20. 《教務教案檔》第四輯，中研院近史所，臺北，中研院近史所，1976 年。

21. 《第二次鴉片戰爭》，中國史學會編，上海：上海人民出版社，1978 年。

22. 《辛丑和約訂立之後的商約談判》，中國近代經濟史資料叢刊編輯委員會主編，北京：中華書局，1994 年。

23. 《光緒宣統兩朝上諭檔》，中國第一歷史檔案館，廣西：廣西師範大學出版社，1996 年。

24. 《清末教案》（1～5 冊），中國第一歷史檔案館、福建師範大學歷史系合編，北京：中華書局，1996

25. 《中華歸主：中國基督教事業統計（西元 1901～1920 年）》，中華續行委辦會調查特委會編，北京：中國社會科學出版社，1987 年。

26. 《籌辦夷務始末》道光朝、咸豐朝、同治朝，文慶、賈楨、寶鋆等編，臺北：國風出版社，1963 年。

27. 《反洋教書文揭帖選》，王明倫編，濟南：齊魯書社，1984 年。

28. 《教務紀略》，李剛巳編，臺北：文海出版社，1987 年。

29. 《義和團檔案史料（上、下冊)》，故宮博物院明清檔案部編，北京：中華書局，1979 年。

30. 《中國近代對外關係史資料選輯（西元 1840～1949 年）‧上、下卷》，上海：上海人民出版社，1977 年。

31. 《教案奏議彙編》，程宗裕編，臺北：國風出版社，1970 年。

32. 《義和團文獻彙編》，楊家駱主編，臺北：鼎文書局，1973 年。

33. 〈女學先聲〉，《東方雜志‧第三十一卷》第 7 號，褚季能，上海：上海古籍出版社，1934 年。

34. 《約章分類輯要》，蔡乃煌總纂，臺北：文海出版社，1986 年。

35. 《讀例存疑》，薛允升，臺北：成文出版，1970 年。

二、官書典籍

1. 《黑龍江志稿》，〔民〕萬福麟修，張伯英纂，臺北：文海出版社，1965 年。

2. 《瀋陽縣志》，〔民〕趙恭寅修，曾有翼纂，臺北：成文出版社，1989 年。

3. 《吉林通志》，〔清〕長順，臺北：文海出版社，1965 年。

4. 《東三省政略》，〔清〕徐世昌撰，臺北：文海出版社，1968 年。

5. 《西伯利東偏紀要》，〔清〕曹廷杰撰，哈爾濱市：黑龍江人民出版社，2001 年。

6. 《呼蘭府志》，〔清〕黃維翰編，臺北：成文出版社，1989 年。

7. 《吉林外記》，〔清〕薩英額纂輯，臺北：成文出版社，1989 年。

8. 《吉林省志・宗教志》，吉林省地方志編纂委員會編，長春：吉林人民出版社，2000 年。

9. 《黑龍江省志・宗教志》，黑龍江省地方志編纂委員會編，哈爾濱：黑龍江人民出版社，1999 年。

10. 〈圍場史略〉，《東遼文史資料》第一輯，齊國梁，吉林：政協吉林省東遼縣文史資料委員會，1991 年。

11. 《遼陽文史資料・第五輯》，遼陽市政協文史資料研究委員會編，瀋陽：遼陽市政協文史資料研究委員會，1990 年。

12. 《遼寧省志・宗教志》，遼寧省地方志編纂委員會編，瀋陽：遼寧人民出版社，2002 年。

13. 《東北義和團檔案史料》，遼寧省檔案館、遼寧社會科學院歷史研究所合編，瀋陽：遼寧人民出版社，1981 年。

14. 《營口市志》，營口市地方志編纂委員會編，北京：中國書籍出版社，1992 年。

15. 《大東文史資料・第五輯》，瀋陽大東區文史資料工作委員會編印，瀋陽：大東區文史資料工作委員會，1991 年。

16. 《文史資料選輯・第一輯》，瀋陽市委員會文史資料研究委員會編，瀋陽：遼寧人民出版社，1962 年。

17. 《漢鐵史資料》，吉林省社會科學院主編，北京：中華書局，1979 年。

三、專書論著

1. 《清國漫志：北中國紀行》，〔日〕曾根俊虎；范建明譯，北京：中華書局，2007 年。

2. 《法國對華傳教政策：清末五口通商和傳教自由》上、下卷，〔法〕衛青心著、黃慶華譯，北京：中國社會科學院，1991 年。

3. 《中國和基督教：中國和歐洲文化之比較》，〔法〕謝和耐著、耿昇譯，上海：上海古籍出版社，1991 年。

4. 《俄國的遠東政策（西元 1881～1904 年）》，〔美〕安德魯・馬洛澤莫夫，北京：商務印書館，1977 年。

5. 《劍橋中國晚清史（西元 1800～1911 年）上、下卷》，〔美〕費正清等編；中國社會科學院歷史研究所編譯，北京：中國社會科學出版社，1985 年。

6. 《李提摩太在華回憶錄》，〔英〕李提摩太；李憲堂、侯林莉譯，天津：天津人民出版社，2005 年。

7. 《奉天三十年（西元 1883～1913 年）——杜格爾德·克里斯蒂的經歷與回憶》，〔英〕杜格爾德·克里斯蒂；〔英〕伊澤·英格利斯編；張士尊、信丹娜譯，武漢：湖北人民出版社，2007 年。

8. 《中國天主教史人物傳》，方豪，北京：宗教文化出版社，2007 年。

9. 《中國近世史上的教案》，王文杰，福州：私立福建協和大學中國文化研究協會，1947 年。

10. 《中國近代外交制度史》，王立誠，蘭州：甘肅人民出版社，1995 年。

11. 《教會、文化與國家：對基督教會史研究的思索與案例》，王成勉，臺北：宇宙光全人關懷出版社，2006 年。

12. 《六十年來中國與日本》第 4 卷，王芸生編著，北京：生活·讀書·新知三聯書店，1980 年。

13. 《晚清商約外交》，王爾敏，香港：中文大學出版社，1998 年。

14. 《東北古代交通》，王綿厚，瀋陽：瀋陽出版社，1990 年。

15. 《中外舊約章匯編》，王鐵崖編，北京：三聯書店，1957 年。

16. 《塞外傳教史》，古偉瀛，臺北：光啟文化出版社，2002 年。

17. 《基督教育與中國知識份子》，史靜寰、王立新合著，福州：福建教育出版社，1998 年。

18. 《李鴻章與中國鐵路：中國近代鐵路建設事業的艱難起步》，朱從兵，北京：群言出版社，2006 年。

19. 《清代地方政府的司法職能研究》，吳吉遠，北京：中國社會科學出版社，1998 年。

20. 《清代民事訴訟與社會秩序》，吳欣，北京：中華書局，2007 年。

21. 《中國官紳反教的原因》，呂實強，臺北：中國學術著作獎助委員會，1966 年。

22. 〈教會分裂〉，《歷史的軌跡：二千年教會史》，李林靜芝譯，臺北：校園書房出版社，1986 年。

23. 《近代中國反洋教運動》，李時岳，北京：三聯書店，1986 年。

24. 《清末洋教傳入對東北社會的影響》，李國輝，長春：東北師範大學碩士論文，2007 年。

25. 《義和團運動史》，李德徵，臺北：漢京文化事業有限公司，1987 年。

26. 《清末對外交涉條約輯：宣統條約》，汪毅，張承棨，臺北：國風出版社，1963 年。

27. 《清代州縣衙門審判制度》，那思陸；范忠信、尤陳俊校，北京：中國政法出版社，2006 年。

28. 《中國東北史·5 卷》，佟冬，長春：吉林文史出版社，1998 年。

29. 《基督教小辭典》，卓新平，上海：上海辭書出版社，2008 年。

30. 《義和團運動的起源》，周錫瑞著、張俊義譯，南京：江蘇人民出版社，1998 年。

31. 《序論合集》，林治平，臺北：基督教宇宙光全人關懷機構出版，2006 年。

32. 《義和團史事考》，林華國，北京：北京大學出版社，1993 年。

33. 《清末民初基督教在東北施醫布道探析》，邱廣軍，長春：東北師範大學碩士論文，2005 年。

34. 《外人在華特權與利益》，威羅貝著、王紹坊譯，上海：三聯書局，1957 年。

35. 《中國基督教人物小傳》，查時傑，臺北：中華福音神學院，1983 年。

36. 《普遍主義的挑戰：近代中國基督教教育研究（西元 1877～1927 年)》，胡衛清，上海：上海人民出版社，2000 年。

37. 《黑龍江述略》，徐宗亮，哈爾濱：黑龍江人民出版社，1985 年。

38. 《近代中國東北基督教研究——以政教關係為視角（西元 1867～1945 年)》，徐炳三，武漢：華中師範大學博士論文，2008 年。

39. 《「滿鐵舊影」：旅順博物館藏「滿鐵」老照片》，旅順博物館，北京：中國人民大學出版社，2007 年。

40. 《黑龍江古代道路交通史》，桑樹森等著，北京：人民交通出版社，1988 年。

41. 《庚子教會華人流血史・第五冊》，柴蓮馥，漢口：中國基督聖教書會，1925 年。

42. 《黑龍江宗教界憶往》，馬維權主編，哈爾濱：黑龍江人民出版社，1992 年。

43. 《中國教會學校史》，高時良，長沙：湖南教育出版社，1994 年。

44. 《中國教案史》，張力、劉鑑唐，成都：四川社會科學院出版社，1987 年。

45. 《清季東三省的鐵路開放政策（西元 1905～1911 年)》，張守真，高雄：復文圖書出版社，1995 年。

46. 《清朝法制史》，張晉藩，北京：中華書局，1998 年。

47. 《宗徒大事錄》，張雪珠，臺北：光啟出版社，1991 年。

48. 《傳教士與中國科學》，曹增友，北京：宗教文化出版社，1999 年。

49. 《中國近世醫療與社會》，梁其姿，臺北：行政院國科會社資中心，1996 年。

50. 《清史論集》，莊吉發，臺北：文史哲出版社，1997 年。

51. 《倫理與生活：清代的婚姻關係》，郭松義，北京：商務印書館，2000 年。

52. 《中國天主教史料彙編》，陳方中，臺北：輔仁大學，2003 年。

53. 《法國天主教傳教士在華傳教活動與影響（西元 1860～1870 年）》，陳方中，臺北：師範大學歷史研究所博士論文，1999 年。

54. 《圖像晚清：點石齋畫報（珍藏本）》，陳平原、夏曉虹編著，天津：百花文藝出版社，2006 年。

55. 《日本侵略中國東北史》，陳本善主編，長春：吉林大學出版社，1989 年。

56. 《陳垣早年文集》，陳垣，臺北：中央研究院文哲所，1992 年。

57. 《陳垣集》，陳垣；黃夏主編，北京：中國社會科學出版社，1995 年 12 月。

58. 《清季民教衝突的量化分析（西元 1896～1899 年）》，陳銀崑，臺北：臺灣商務印書館，1991 年。

59. 《中國近代教育史教學參考資料》，陳學恂編，北京：人民教育出版社，1993 年。

60. 《基督教與近代山東社會》，陶飛亞，濟南：山東大學出版，1994 年。

61. 《劍橋中國晚清史·上卷》，費正清，北京：中國社會科學出版社，1985 年。

62. 《歷史的反思》，雅各布·布克哈特著，施忠連譯，顧曉鳴校閱，臺北：桂冠出版社，1992 年。

63. 《教案與近代中國》，馮祖貽、范同壽、顧大全主編，貴陽：貴州人民出版社，1990 年。

64. 《清人生活漫步》，馮爾康，北京：中國社會出版社，1999 年。

65. 《中國基督教史》，楊森富，臺北：臺灣商務印書館，1991 年。

66. 《清代東北史》，楊餘練，瀋陽：遼寧教育出版社，1991 年。

67. 《龍與上帝——基督教與中國傳統文化》，董叢林，北京：三聯書店，1992 年。

68. 《中國教育史綱·近代之部》，董寶良，北京：人民教育出版社，1990 年。

69. 《近代中國東北基督教教會學校研究》，鄒丹丹，長春：東北師範大學碩士論文，2006 年。

70. 《歷代教宗簡史》，鄒保祿，臺南：聞道出版社，1983 年。

71. 《近世東三省研究論文集》，趙中孚，臺北：成文出版社，1999 年。

72. 《清代的地方官制》，劉子揚，北京：紫禁城出版社，1994 年。

73. 《中外宗教文化交流史》，樓于烈、張志剛，長沙：湖南教育出版社，1998 年。

74. 《中法關係史論》，樓均信、鄭德弟、呂一民主編，杭州：杭州大學出版社，1996 年。

75. 《帝國的回憶：《紐約時報》晚清觀察記（西元 1854～1911 年）》，鄭曦原編；李芳惠，胡書源，鄭曦原譯，北京：當代中國出版社，2007 年。

76. 《中國天主教史》，穆啓蒙著、侯景文譯，臺北，光啓出版社，1992 年。

77. 《盛京風物：遼寧省圖書館藏清代歷史圖片集》，遼寧省圖書館編，北京：中國人民大學出版社，2007 年。

78. 《義和團研究》，戴玄之，臺北：文海出版社，1967 年。

79. 《董福祥》，薛正昌，蘭州：甘肅人民出版社，1994 年。

80. 《清季職官表》，魏秀梅編，臺北，中央研究院近代史研究所，2002 年。

81. 《教廷與中國使節史》，羅光，臺北，傳記文書出版社，1983 年。

82. 《庚子國變記》，羅惇曧，上海：上海書店，1982 年。

83. 《從馬禮遜到司徒雷登：來華新教傳教士評傳》，顧長聲，上海：上海人民出版社，1985 年。

84. 《傳教士與近代中國》，顧長聲，上海：上海人民出版社，1981 年。

85. 《中國與教廷關係史略》，顧衛民，北京：東方出版社，2000 年。

86. 《基督教與近代中國社會》，顧衛民，上海：上海人民出版社，1996 年。

87. 《融合四方文化的智慧》，襲方震，浙江：浙江人民出版社，1990 年。

四、期刊論文

1. 〈義和團、基督徒和神──從宗教戰爭角度看 1900 年的義和團鬥爭〉，〔美〕柯文，《歷史研究》第 1 期，山東：山東大學，17～28，2001 年。

2. 〈重新認識晚清基督教民──兼評義和團運動中「打殺」教民現象〉，于作敏，《煙臺大學學報》第 18 卷第 3 期，山東：煙臺師範學院，352～355，2005 年。

3. 〈曾國藩與天津教案〉，尤文遠，《文物春秋》第 4 期，河北：保定直隸總督署博物館，1997 年。

4. 〈近代西方教會在華購置地產的法律依據及特點〉，王中茂，《史林》第 3 期，河南：河南洛陽師範學院》，69～76，2004 年。

5. 〈基督教的中國化及其難點〉，王美秀，《世界宗教研究》第 1 期，北京：中國社科學院世界宗教研究所，74～82，1996 年。

6. 〈從條約來看晚清禁教政策的解凍〉，王雅麗，《湖北職業技術學院學報》第 9 卷第 1 期，福建：廈門大學，45～48，2006 年。

7. 〈19 世紀上半葉法國對華政策的主要特徵〉，王曉焰，《首都師範大學學報》總第 127 期，四川：四川師範大學，62～67，1999 年。

8. 〈清末民初在華基督教醫療衛生事業及其專業化〉，田濤，《近代史研究》

第 5 期，天津：天津師範大學，169～185，1995 年。

9. 〈清末在華教會、傳教士的經濟活動及其影響述略〉，任念文，《晉陽學刊》
　　第 3 期，江蘇：華東師範大學，79～84，2002 年。

10. 〈從清政府對西洋教態度的變化看中國近代社會的半殖民地化〉，朱云鵬、
　　盧國強，《柳州師專學報》第 11 卷第 4 期，河北：河北衡水師專政史系，
　　5～10，1996 年。

11. 〈近代東北移民史略〉，吳希庸，《東北集刊》第 2 期，瀋陽：東北大學，
　　1941 年。

12. 〈清末基督教在華傳教策略改變述論〉，呂厚軒、張傳，《濟南大學學報》
　　第 14 卷第 6 期，北京：北京師範大學，34～38，2004 年。

13. 〈反洋教鬥爭與中西文化衝突〉，李偉，《山東師大學報》第 3 期，山東：
　　山東師大學報，68～71，1994 年。

14. 〈京奉鐵路述略〉，汪洋著，《東洋地方史研究》第 1 期，瀋陽：遼寧民族
　　出版社，1986 年。

15. 〈試析 20 世紀初晚清教案趨於消亡的原因〉，周萍，《史學研究》第 8 期，
　　江蘇：江蘇省揚州市田家炳實驗中學，27～32，2002 年。

16. 〈明清間平民信奉天主教原因之探析〉，周萍萍，《南京曉庄學院學報》第
　　20 卷第 1 期，江蘇：南京曉庄學院，100～104，2004 年。

17. 〈歷史意識是種思維的方法〉，周樑楷，《當代》第 112 期，臺北：當代出
　　版社，2006 年。

18. 〈文化衝突與反洋教鬥爭〉，胡維革、鄭權，《東北師範大學報》第 1 期，
　　吉林：東北師範大學，20～29，1996 年。

19. 〈拒斥與接納──基督教在華傳播與中國民間信仰關係的文化透視〉，范
　　正義，《福建師範大學學報》第 3 期，福建：福建師範大學，101～106，
　　2001 年。

20. 〈清末中西祭祖糾紛與中國教民〉，范正義，《廈門大學學報》第 5 期，廈
　　門：廈門大學，102～109，2002 年。

21. 〈從反羊洋鬥爭看近代中西文化衝突〉，唐毅，《文史雜志》第 5 期，四川：
　　四川大學，28～30，1997 年。

22. 〈清末民初知識分子對基督教的接納與認同〉，夏俊霞，《世界宗教研究》
　　第 3 期，天津：南開大學，75～86，1999 年。

23. 〈曾國藩辦理天津教案中的懊傷──略論曾國藩對天津知府張光藻、知縣
　　劉杰的處置〉，孫春芝，《西南師範大學學報》第 5 期，山西：太原師範
　　專科學校，110～115，〈近代天主教在吉林的傳播與發展〉，徐炳三，《中
　　國天主教》第 2 期，吉林：教史資料，37～39，2006 年。

24. 〈從「天下」到「主權」──從條約、傳教看清末社會觀念的變化〉，馬

自毅,《史林》第 6 期,上海:華東師範大學,15〜22,2004 年。

25. 〈近代中國東北基督教教會學校評析〉,高樂才、鄒丹丹,《長春師範學院學報》第 25 卷第 5 期,吉林:東北師範大學,50〜53,2006 年。

26. 〈說《神助拳,義和團》〉,張守常,《歷史研究》第 3 期,北京:北京師範大學,124〜135,1997 年。

27. 〈柳條邊、印票與清朝東北封禁新論〉,張杰,《中國邊疆史研究》第 1 期,北京:中國社會科學院,1999 年。

28. 〈清前期漢民出關開發三遼述論〉,張杰,《遼寧大學學報》第 3 期,瀋陽:遼寧大學,1992 年。

29. 〈十九世紀末的中法文化交流述略(西元 1860〜1900 年)〉,張雪永,《天府新論》第 2 期,四川:西南交通大學,92〜96,2003 年。

30. 〈清代盛京沿海貿易重心轉移述略〉,張博,《開南大學學報》第 6 期,天津:南開大學,73〜76,2001 年。

31. 〈晚清西書的流行與西學的傳播〉,張曉靈,《檔案與史學》第 1 期,北京:上海市檔案館,36〜43,2004 年。

32. 〈清政府與近代中國教案〉,莫宏傳、郭漢民,《貴州文史叢刊》第 2 期,貴州:貴州大學,19〜23,2003 年。

33. 〈論巴黎外方傳教會對天主教中國本土化的影嚮〉,郭麗娜、陳靜,《宗教研究》第 4 期,廣東:中山大學,128〜134,2006 年。

34. 〈基督教在中國近代傳教權的攫取〉,陳重耕,《文山師範高等專科學校學報》第 1 期,雲南:邱北縣八道哨中學,40〜42,2003 年。

35. 〈晚清教案中的習俗衝突〉,程歗、張鳴,《歷史檔案》第 4 期,99〜106,1996 年。

36. 〈晚清鄉村社會的洋教觀──對教案的一種文化心理解釋〉,程歗、張鳴,《歷史研究》第 5 期,北京:中國人民大學政治思想文化所,108〜116,1995 年。

37. 〈關於黑龍江省天主教、基督教概況及其教徒信仰趨向的調查分析〉,舒景祥,《黑龍江民族叢刊》3 期,黑龍江:黑龍江省政協民宗委,113〜118,2003 年。

38. 〈晚清天主教會與耶穌會的衝突〉,楊大春,《史學月刊》第 2 期,江蘇:蘇州大學,55〜61,2003 年。

39. 〈晚清政府的教會育嬰政策述論〉,楊大春,《貴州師範大學學報》第 4 期,蘇州:蘇州大學,80〜83,2000 年。

40. 〈晚清政府關於外國教會在華持有武裝政策試論〉,楊大春,《安徽史學》第 5 期,江蘇:蘇州大學歷史系,36〜41,2003 年。

41. 〈從近代教案看基督教和中國社會習俗的衝突〉,溫欽虎,《甘肅社會科學》

第 3 期，甘肅：天水市委黨校，47～53，2000 年。

42. 〈法國與第二次鴉片戰爭〉，葛夫平，《近代史研究》第 1 期，北京：中國社會科學院近代史所，97～111，1997 年。

43. 〈清末天主教和新教在華傳教活動的異同〉，趙玉華、劉凌霄，《山東大學學報》第 1 期，山東：山東大學，13～17，2003 年。

44. 〈晚清教案起因的量化分析〉，趙潤生、趙樹好，《人文雜志》第 2 期，山東：山東聊城師範學院，112～115，1996 年。

45. 〈晚清時期的法國天主教對華傳教政策〉，劉正祥，《中共四川省委黨校學報》第 1 期，廣東：中山汕頭市委黨校，90～94，2003 年。

46. 〈中國近代基督教教會學校的生成探討〉，劉金玉，《衡陽師範學院學報》第 25 卷第 1 期，衡陽：衡陽師範學院，2004 年。

47. 〈傳教士與華洋義賑會〉，蔡勤禹，《歷史檔案》第 3 期，73～79，2006 年。

48. 〈晚清教民的尷尬身份：「二毛子」另類百姓、大清子民〉，鄧常春，《西南民族大學學報》總 177 期，四川：四川大學歷史文化學院，217～222，2006 年。

49. 〈來華傳教士鄉村經濟活動研究（西元 1840～1949）──以長陽擔子山堂口為個案〉，龍群、張議丹，《重慶社會科學》第 6 期，湖北：湖北大學，83～116，2007 年。

50. 〈東北早期鐵路發展對地區經濟和社會的影響〉，戴五三，《社會科學戰線》第 2 期，長春：吉林省社會科學院，1992 年。

51. 〈社會分野與思想競爭：傳教士與義和團的微妙互動關係〉，羅志田，《清史研究》第 1 期，四川：四川大學，48～61，2002 年。

五、西文資料

1. Barnett, Suzanne Wilson, Protestant expansion and Chinese views of west. MAS, 6.2（April1972）.

2. Choen, Paul A. China and Christianity: the missionary movement and the growth of Chinese antiforeignism, 1860-1870. Cambridge, Mass: Harvard University Press, 1963.

3. Cohen, Paul A. 'The anti-Christian tradition in China'.JAS, 20.2（Feb.1961）.

4. Fairbank, John K., ed. The Chinese world order: traditional China's foreign relation. Cambridge , Mass: Harvard University Press, 1968, also cited as CWO.

5. Lee, Robert H.G. The Manchurian frontier in Ch'in history. Cambridge, Mass: Harvard University Press, 1970.

附　表

附表一　光緒二年（西元 1876 年）營口五月分物價表

品　項	數　量	等　級	價　格
洋銀	1 美元		1180 文
米	1 擔（約 60 公斤）		5 美元
雞	1 隻		160 文
牛肉	1 磅		6 錢
羊肉	1 磅		8 錢
魚類	1 磅		1 錢 3 厘
青菜	1 磅		16 文
麵包	1 磅		17 錢
雞蛋	1 個		7 文
鹽	1 斤		不詳
清水	1 噸		1 美元
煤炭	1 噸		8 美元起價
運水者代價	船吃水 1 尺		4 兩
白葡萄酒	12 瓶	上等	10 美元
啤酒	12 瓶	下等	3.5 美元
葡萄酒	12 瓶	下等	4 美元
葡萄酒	12 瓶	上等	15 美元

白蘭地	12 瓶	下等	3 美元
白蘭地	12 瓶	上等	16 美元
洋銀	1 美元		900 文
米	1 斤（160 錢）		40 文
鹽	1 斤		6 文
豬肉	1 斤		60 文
雞蛋	1 個		6 文

附表二　東北古今地名對照表（1）

遼寧省		吉林省		黑龍江省	
古　名	今　名	古　名	今　名	古　名	今　名
奉天、承德	瀋陽市	新京、寬城子	長春市	濱江縣	哈爾濱市
安東縣	丹東市	烏拉城、船廣	吉林市	卜奎	齊齊哈爾市
牛莊	營口市	西安縣	遼源市	北團林子	綏化市
寧遠縣	興城市	洮安	白城市	珠河縣	尚志市
金州	大連市金州區	郭爾羅斯前旗	松原市	龍鎮、通北	北安市
鳳凰縣	鳳城市	臨江縣	白山市	通肯	海倫市
廣寧縣	北鎮縣	局子街	延吉市	阿勒楚喀	阿城市
蓋平	蓋州市	北山城子	今入梅河口市	安達	大慶市
復州	復縣	龍灣	農安縣	三姓	依蘭縣
懷仁縣	桓仁縣	夾皮溝	樺甸縣	墨爾根	嫩江縣
中後所	綏中縣	和龍峪	和龍縣	柞樹岡	青岡縣
義州	義縣	孤榆樹	榆樹市	巴拜	拜泉縣
法庫門	法庫縣	東平縣	東豐縣	寧古塔	寧安市
威遠堡門	今屬開原市	額穆縣	蛟河市	同賓縣	延壽縣
靉陽	今入鳳城市	法特哈	吉林市北法特	綏東	綏濱縣
旺清	今屬新賓縣	樺皮甸子	樺甸縣北	湯旺河	湯原縣

資料來源：范立君：《近代關內移民與中國東北社會變遷》，頁 347～348。

附表三　東北古今地名對照表（2）

遼寧省		吉林省		黑龍江省	
古　名	今　名	古　名	今　名	古　名	今　名
興京	新賓縣	伯都訥	松原市扶餘區	巴彥蘇蘇	巴彥縣
熊岳	今入蓋州市	鎮東縣	鎮賚縣	余慶街	慶安縣
清源縣	清原縣	瞻榆縣	今入通榆縣	蜂密山	密山市
土口子	今入清原縣	安廣縣	今入大安市	綏遠縣	撫遠縣
興仁縣	撫順市	朝陽鎮	今入輝南縣	呼瑪爾	呼瑪縣
新民屯	新民市	金川	今入輝南縣	黑龍江城	今入黑河市
青泥洼	大連市	那丹伯	今入東豐縣	恒升堡	蘭西縣境
紅崖子	莊河縣	海龍府	海龍縣	克音	今入綏棱縣
八角台	臺安縣	輯安縣	集安市	郭爾羅斯後旗	肇源縣
本溪湖	本溪市	敖東城	敖東市	甘井子	今甘南縣
寬甸堡	寬甸縣	四平街	四平市	烏雲縣	今入嘉蔭縣
鎮安縣	黑山縣			佛山鎮	嘉陰縣
				三岔口	東寧縣
				景星	今入龍江市
				拉林	今入五常市
				賓州	賓縣
				大通	通河縣
				愛輝	今黑河市

資料來源：范立君：《近代關內移民與中國東北社會變遷》，頁 347～348。

附表四　咸豐十年（西元 1860 年）至宣統三年（西元 1911 年）東北副都統表（1）

年代＼名稱	盛京將軍	吉林將軍	黑龍江將軍
咸豐十年（西元 1860 年）	玉明（八月入衛京師十月回任）	景淳	特普欽
咸豐十一年（西元 1861 年）	玉明	景淳	特普欽
同治元年（西元 1862 年）	玉明	景綸（景淳改名為景綸）	特普欽

同治二年 （西元 1863 年）	玉明	景綸	特普欽
同治三年 （西元 1864 年）	玉明（三月入京）	景綸（十一月召十二革）阜保（十二署）	特普欽
同治四年 （西元 1865 年）	思合（玉明七月解）（思合七月署十二月革）都興阿（十二月命）	阜保（閏五月解）思合（閏五月命七月調盛京）阜保（七月署）德英（九月署）	特普欽
同治五年 （西元 1866 年）	都興阿	德英（二月丁憂）富明阿（二月命）	特普欽
同治六年 （西元 1867 年）	都興阿	富明阿	特普欽（十月病解）德英（十月署）
同治七年 （西元 1868 年）	都興阿	富明阿	德英
同治八年 （西元 1869 年）	都興阿	富明阿	德英
同治九年 （西元 1870 年） （天津教案）	都興阿	富明阿（九月病解）奕榕（九月署）	德英（九月實授）
同治十年 （西元 1871 年）	都興阿	奕榕（四月實授）	德英（五月丁憂旋回任）
同治十一年 （西元 1872 年）	都興阿	奕榕	德英
同治十二年 （西元 1873 年）	都興阿	奕榕	德英
同治十三年 （西元 1874 年）	都興阿	奕榕	德英（正月卒）豐紳（正月命）

附表五　咸豐十年（西元 1860 年）至宣統三年（西元 1911 年）東北副都統表（2）

名稱 年代	盛京將軍	吉林將軍	黑龍江將軍
光緒元年 （西元 1875 年）	都興阿（二月卒）崇實（二月署）	奕榕（六月革）穆圖善（六月署）	豐紳

光緒二年 （西元 1876 年）	崇實（十月卒）崇厚 （十月署）	穆圖善（四月革）古 尼音布（四月署）	豐紳
光緒三年 （西元 1877 年）	崇厚	古尼音布（四月解） 銘安（四月署）	豐紳
光緒四年 （西元 1878 年）	崇厚（五月召）岐元 （五月署）	銘安（十月赴黑龍江 辦教案）崇綺（十月 暫署）	豐紳
光緒五年 （西元 1879 年）	岐元（十一月實授）	銘安（五月實授）	豐紳（十一月調綏遠 城將軍）希元（十一 月命）
光緒六年 （西元 1880 年）	岐元	銘安	希元（二月召）定安 （二月署三月命）
光緒七年 （西元 1881 年）	岐元（六月召七月調 成都將軍）崇綺（閏 七月命）	銘安	定安（十二月病解） 文緒（十二月署）
光緒八年 （西元 1882 年）	崇綺	銘安	文緒
光緒九年 （西元 1883 年）	宗綺（十二月病解） 慶裕（十二月命）	銘安（二月病解） 希元（二月命）	文緒
光緒十年 （西元 1884 年）	慶裕	希元	文緒（四月實授）
光緒十一年 （西元 1885 年）	慶裕	希元	文緒
光緒十二年 （西元 1886 年）	慶裕	希元	文緒（五月病解）恭 鏜（五月署）
光緒十三年 （西元 1887 年）	慶裕	希元	恭鏜
光緒十四年 （西元 1888 年）	慶裕	希元（四月調福州將 軍）長順（四月命）	恭鏜（四月實授）
光緒十五年 （西元 1889 年）	慶裕（七月病解）裕 祿（七月命）	長順	恭鏜（正月調杭州將 軍）依克唐阿（正月 命）

資料來源：章伯鋒：《清代各地將軍都統大臣等年表（西元 1796～1911 年）》，
頁 34～61。

附表六　咸豐十年（西元 1860 年）至宣統三年（西元 1911 年）東北副都統表（3）

年代＼名稱	盛京將軍	吉林將軍	黑龍江將軍
光緒十六年（西元 1890 年）	裕祿	長順	依克唐阿
光緒十七年（西元 1891 年）	裕祿	長順	依克唐阿
光緒十八年（西元 1892 年）	裕祿	長順	依克唐阿
光緒十九年（西元 1893 年）	裕祿	長順	依克唐阿
光緒二十年（西元 1894 年）	裕祿	長順（九月出師奉天）恩澤（九月署）	依克唐阿（七月出師奉天）增祺（七月署）恩澤（十月命未到任）
光緒二十一年（西元 1895 年）	裕祿（八月調福州將軍）依克唐阿（八月命）	恩澤（十月解）長順（十月回任）	增祺（十月解）恩澤（十月到任）
光緒二十二年（西元 1896 年）	依克唐阿	長順（四月病解）延茂（四月署）	恩澤
光緒二十三年（西元 1897 年）	依克唐阿	延茂	恩澤
光緒二十四年（西元 1898 年）	依克唐阿	延茂（五月實授）	恩澤
光緒二十五年（西元 1899 年）	依克唐阿（正月卒）文興（正月署）增祺（三月命）	延茂（七月召）長順（七月命）	恩澤（十二月病解旋卒）壽山（十二署）
光緒二十六年（西元 1900 年）（庚子拳團）	增祺（八月調江寧將軍旋革）崇善（八月命未到任）	長順	壽山（八月自殺）綽哈布（九月命未到任）薩保（十月署）
光緒二十七年（西元 1901 年）	崇善（正月調綏遠城將軍）增祺（三月復任）	長順	薩保

光緒二十八年 （西元 1902 年）	增祺	長順	薩保
光緒二十九年 （西元 1903 年）	增祺	長順	薩保
光緒三十年 （西元 1904 年）	增祺	長順（正月卒）富順 （正月署）	薩保（九月病解）達 桂（九月署）

資料來源：章伯鋒：《清代各地將軍都統大臣等年表（西元 1796～1911 年）》，
頁 34～61。

附表七　咸豐十年（西元 1860 年）至宣統三年（西元 1911 年）東北副都統表（4）

名稱 年代	盛京將軍	吉林將軍	黑龍江將軍
光緒三十一年 （西元 1905 年） （日俄戰爭）	增祺（四月解）趙爾 巽（四月命）	富順（七月召）達桂 （七月署）	達桂（四月召七月署 吉林將軍）程德全（四 月署）
光緒三十二年 （西元 1906 年）	趙爾巽	達桂（二月丁憂）誠 勳（二月暫署）	程德全
光緒三十三年 （西元 1907 年）	趙爾巽（三月改盛京 將軍爲東三省總督調 四川總督）	達桂（三月設古林巡 撫缺裁回阿勒楚喀副 都統本任）	程德全（三月設黑龍 江巡撫缺裁改署巡 撫）

附註：

東三省總督：（1）徐世昌（西元 1907 年 6 月 12 日至西元 1909 年 2 月 8 日）

（2）錫良（西元 1909 年 2 月 8 日至西元 1911 年 4 月 20 日）

（3）趙爾巽（西元 1911 年 4 月 20 日至西元 1912 年 2 月 12 日）

資料來源：章伯鋒：《清代各地將軍都統大臣等年表（西元 1796～1911 年）》，
頁 34～61。

附　圖

附圖一　奏報寧遠州教堂賠款作正開銷事（1）

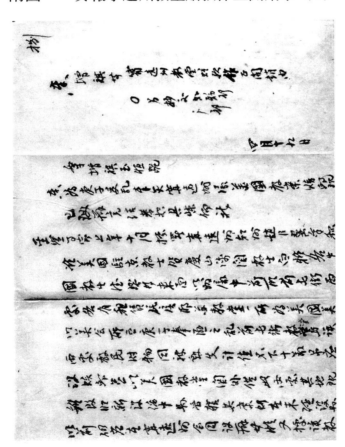

資料來源：《軍機處檔摺件》（臺北，國立故宮博物院），第 156033 號，奏報寧
遠州教堂賠款作正開銷事。

附圖二　奏報寧遠州教堂賠款作正開銷事（2）

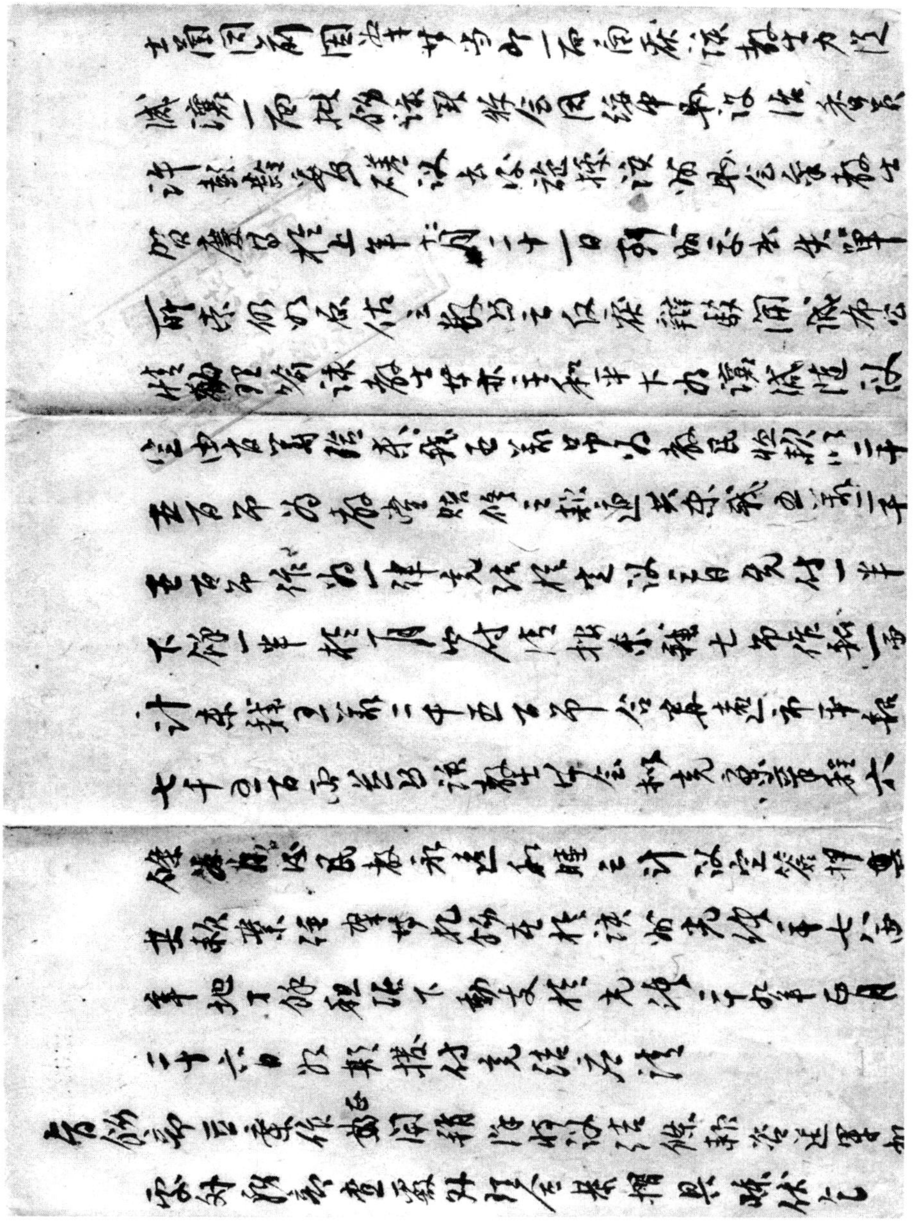

資料來源：《軍機處檔摺件》（臺北，國立故宮博物院），第 156033 號，奏報寧遠州教堂賠款作正開銷事。

附圖三　奏報寧遠州教堂賠款作正開銷事（3）

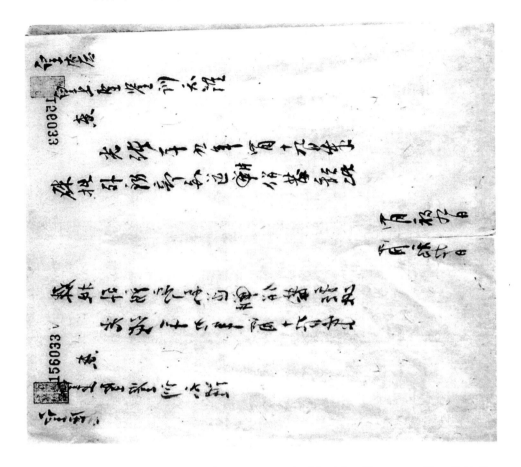

資料來源：《軍機處檔摺件》（臺北，國立故宮博物院），第156033號，奏報寧
　　　　遠州教堂賠款作正開銷事。

附圖四　奏為黑龍江省償卹教案各銀係由俸餉墊給懇飭部速撥彌補圖
（1）

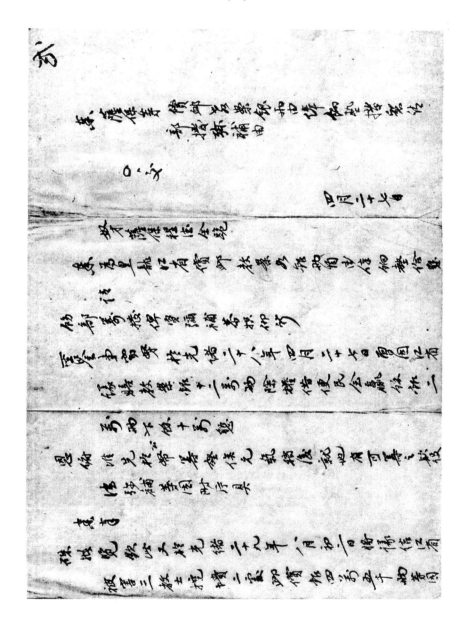

資料來源：《軍機處檔摺件》（臺北，國立故宮博物院），第 160239 號，奏爲黑
　　　龍江省償卹教案各銀係由俸餉墊給懇飭部速撥彌補。

附圖五　奏為黑龍江省償卹教案各銀係由俸餉墊給懇飭部速撥彌補圖
（2）

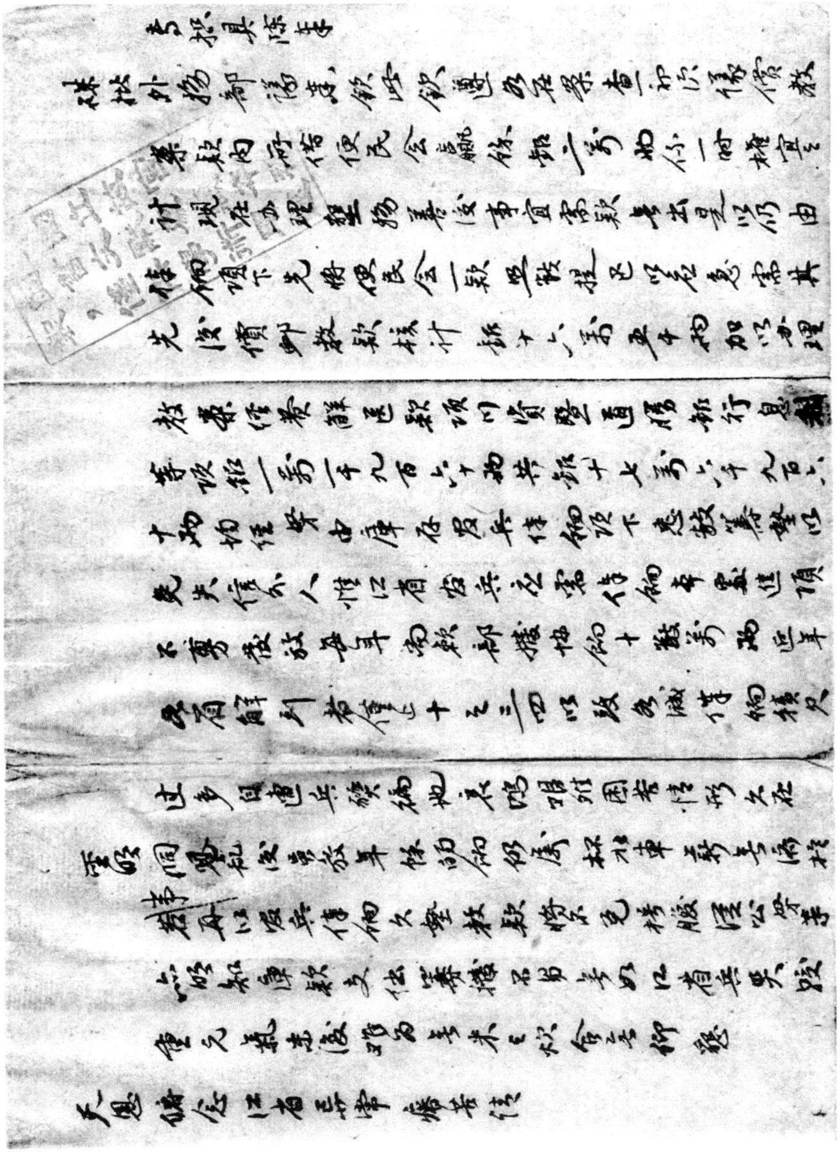

資料來源：《軍機處檔摺件》（臺北，國立故宮博物院），第 160239 號，奏爲黑
龍江省償卹教案各銀係由俸餉墊給懇飭部速撥彌補。

附圖六　奏為黑龍江省償卹教案各銀係由俸餉墊給懇飭部速撥彌補圖（3）

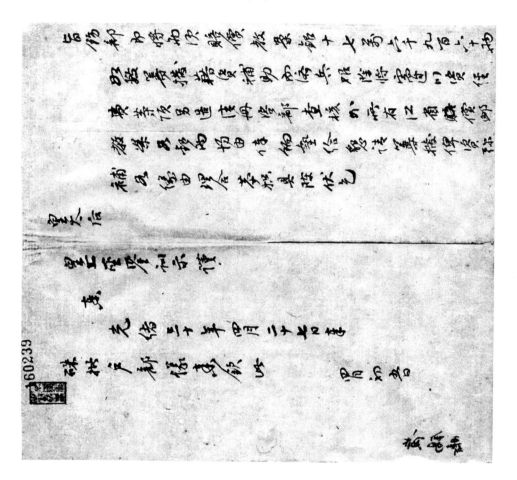

資料來源：《軍機處檔摺件》（臺北，國立故宮博物院），第 160239 號，奏爲黑龍江省償卹教案各銀係由俸餉墊給懇飭部速撥彌補。

附圖七　奏為教案賠款數鉅擬分三年劃撥並以公款僅先動用按年以釐金歸圖（1）

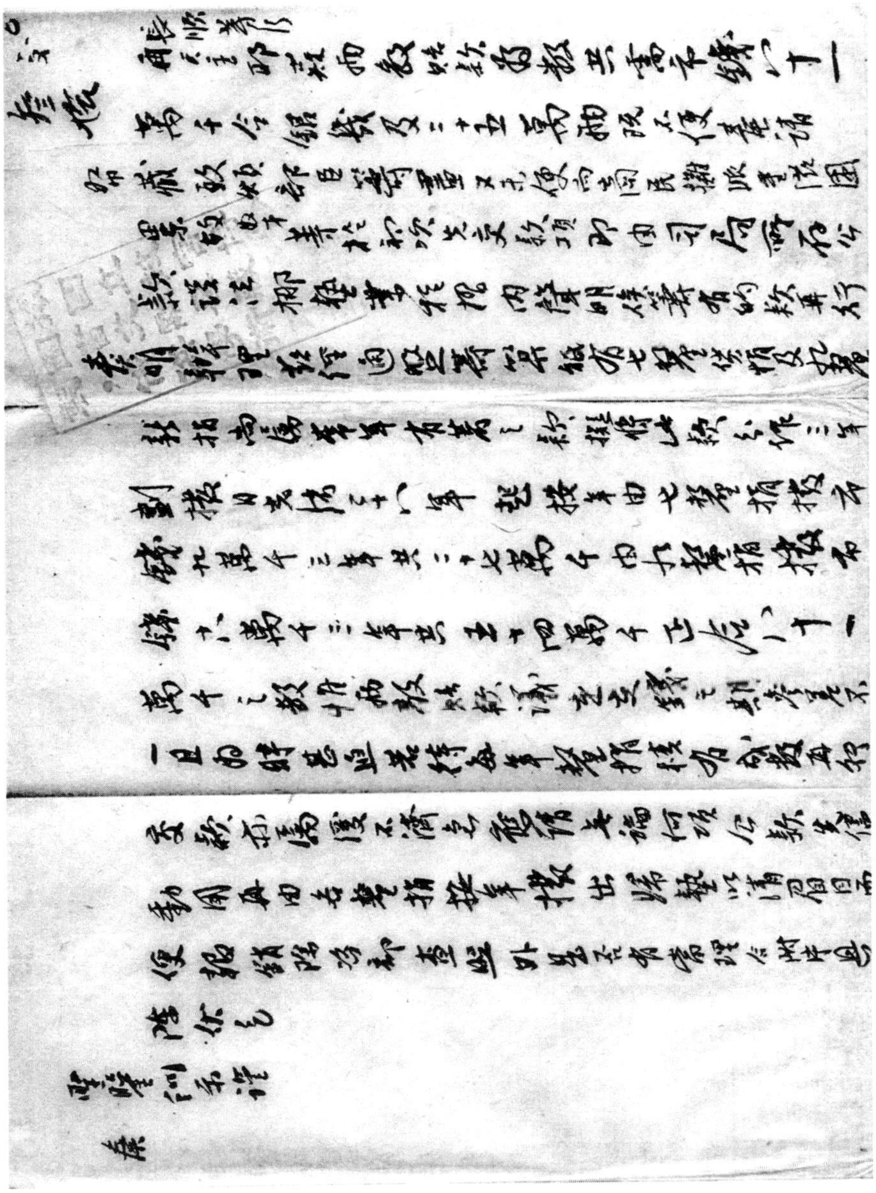

資料來源：《軍機處檔摺件》（臺北，國立故宮博物院），第157923號，奏爲教案賠款數鉅擬分三年劃撥並以公款僅先動用按年以釐金歸。

附圖八　奏為教案賠款數鉅擬分三年劃撥並以公款僅先動用按年以釐金歸圖（2）

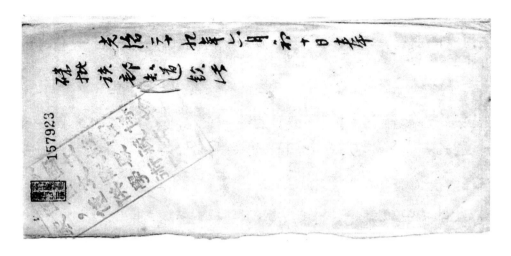

資料來源：《軍機處檔摺件》（臺北，國立故宮博物院），第157923號，奏爲教案賠款數鉅擬分三年劃撥並以公款僅先動用按年以釐金歸。

附圖九　奏為吉林省教案賠恤款項議結圖（1）

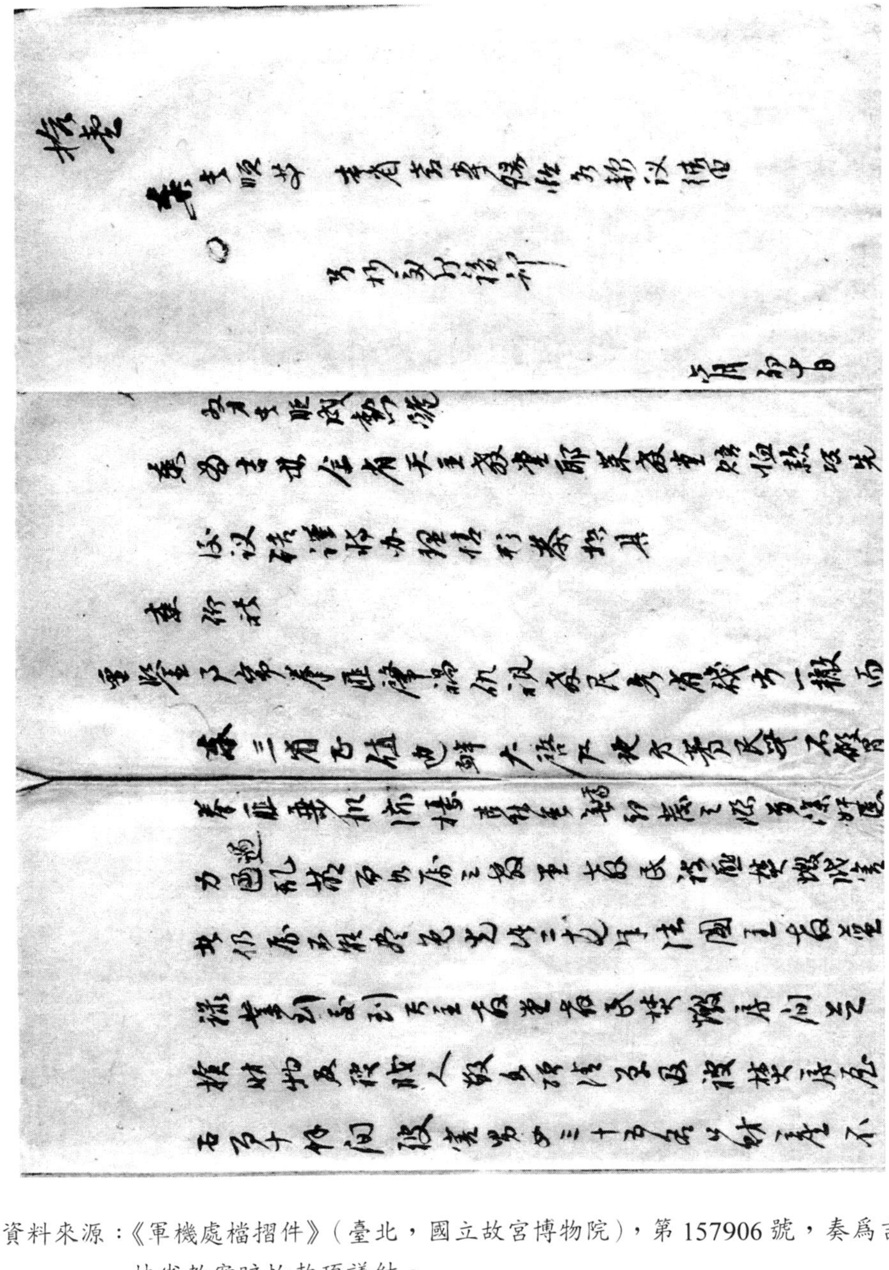

資料來源：《軍機處檔摺件》（臺北，國立故宮博物院），第 157906 號，奏爲吉林省教案賠恤款項議結。

附圖十　奏為吉林省教案賠恤款項議結圖（2）

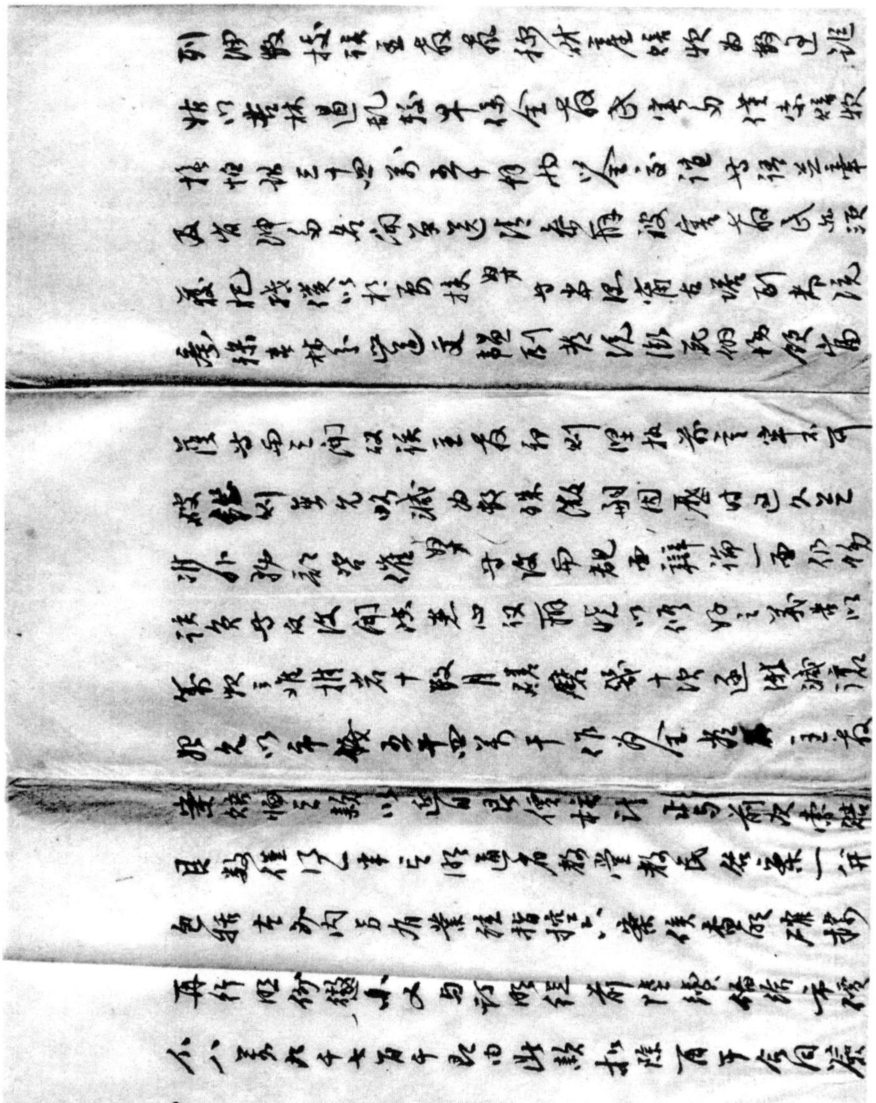

資料來源：《軍機處檔摺件》（臺北，國立故宮博物院），第157906號，奏為吉
　　　林省教案賠恤款項議結。

附圖十一　奏為吉林省教案賠恤款項議結圖（3）

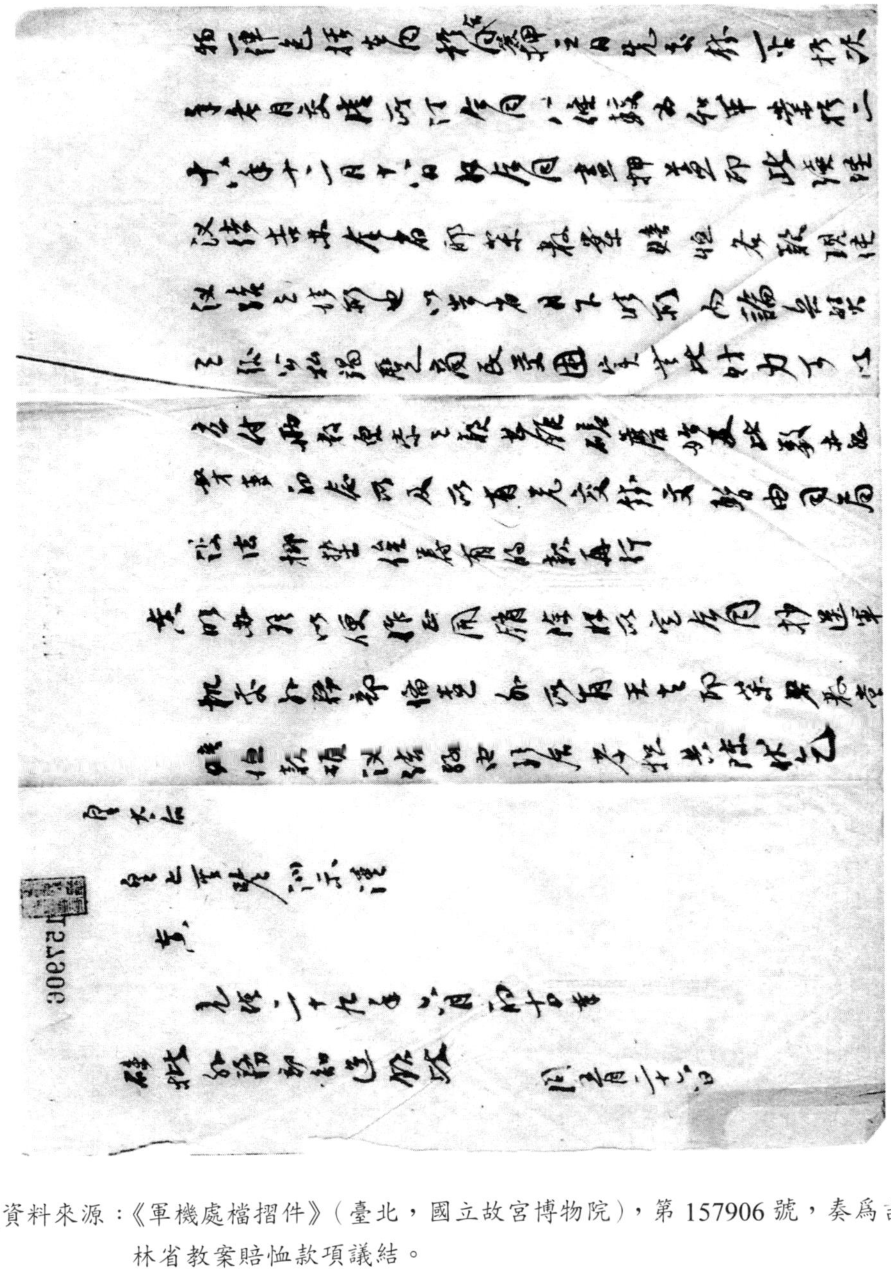

資料來源：《軍機處檔摺件》（臺北，國立故宮博物院），第 157906 號，奏爲吉
林省教案賠恤款項議結。

附圖十二　奏為吉林省教案賠恤款項議結圖（4）

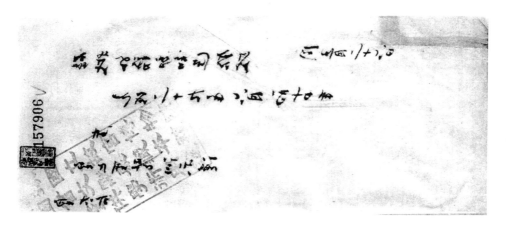

資料來源：《軍機處檔摺件》（臺北，國立故宮博物院），第 157906 號，奏為吉
　　　　　林省教案賠恤款項議結。

附圖十三　　奏報辦理奉天省天主教案賠恤事圖（1）

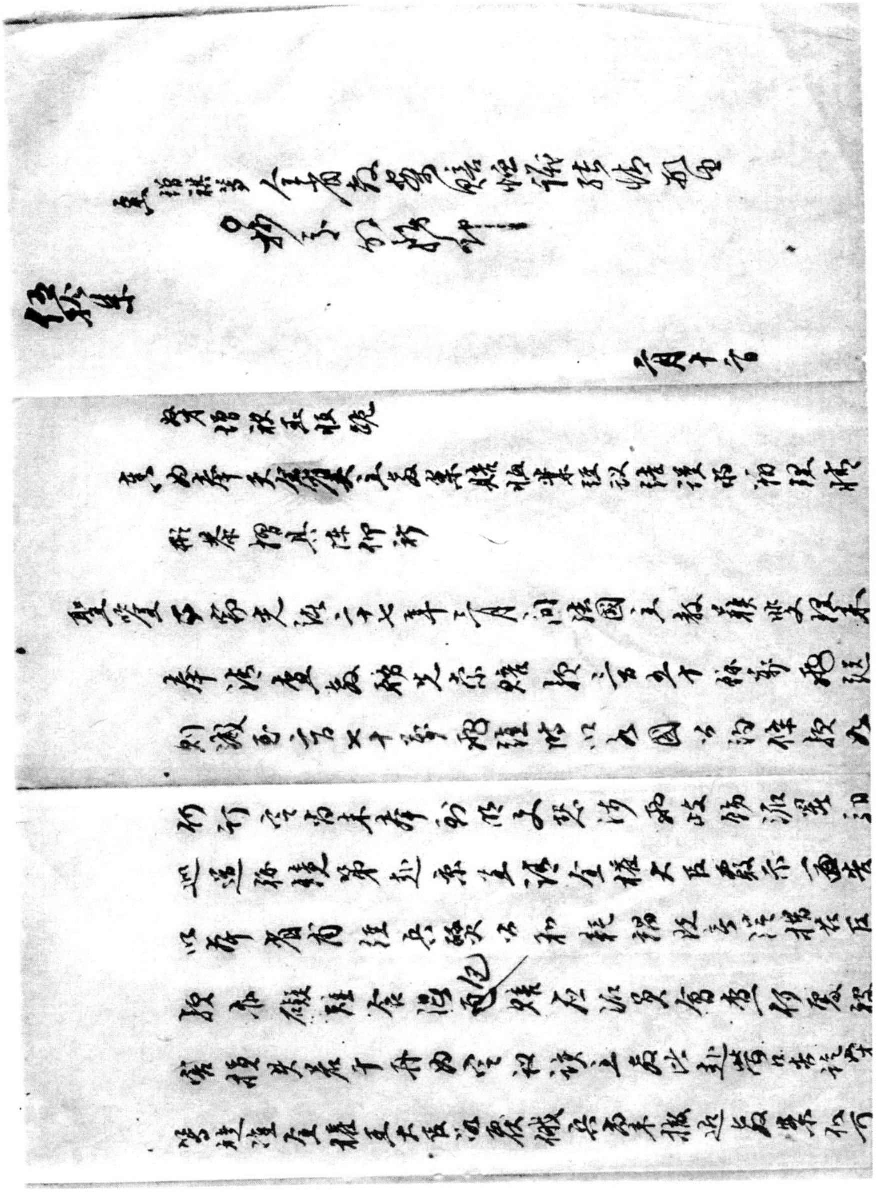

資料來源：《軍機處檔摺件》（臺北，國立故宮博物院），第 154109 號，奏報辦
理奉天省天主教案賠恤事。

附圖十四　奏報辦理奉天省天主教案賠恤事圖（2）

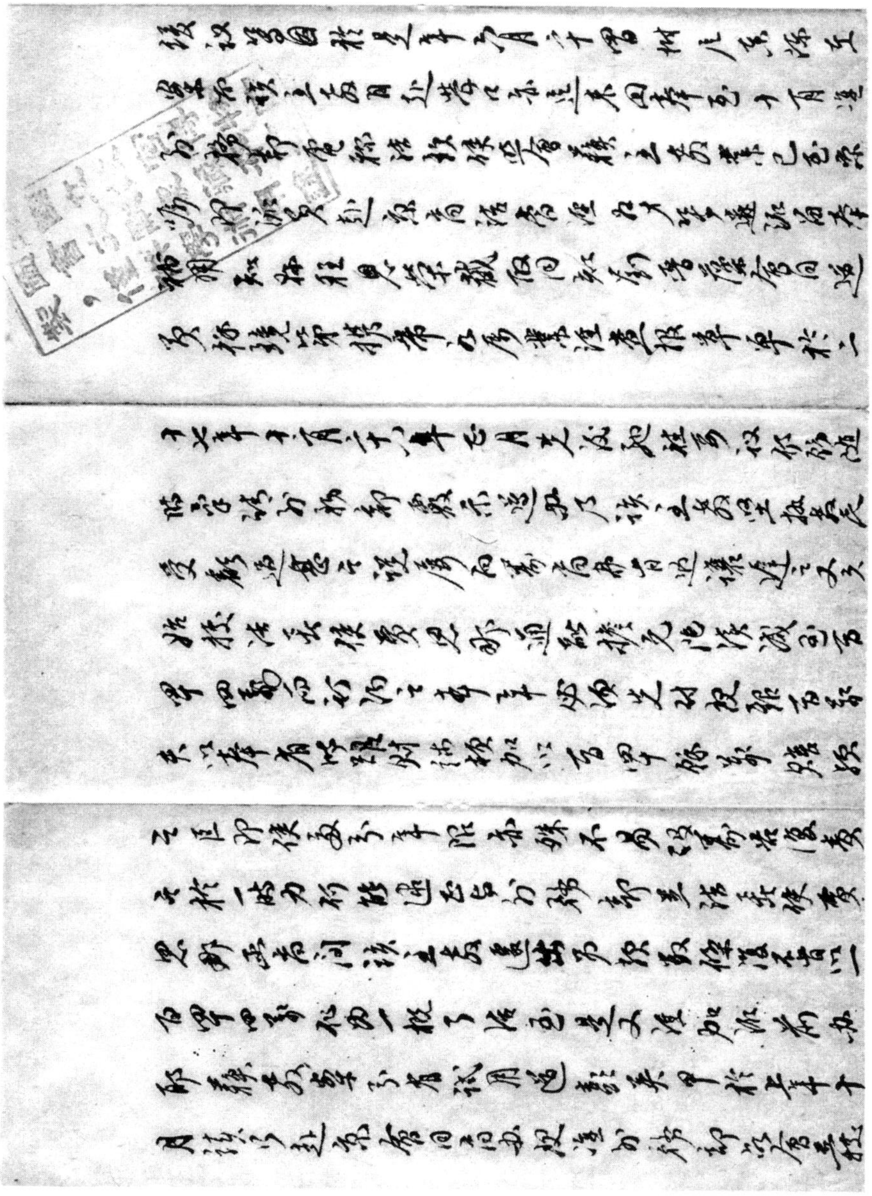

資料來源：《軍機處檔摺件》（臺北，國立故宮博物院），第 154109 號，奏報辦
　　　理奉天省天主教案賠恤事。

附圖十五　　奏報辦理奉天省天主教案賠恤事圖（3）

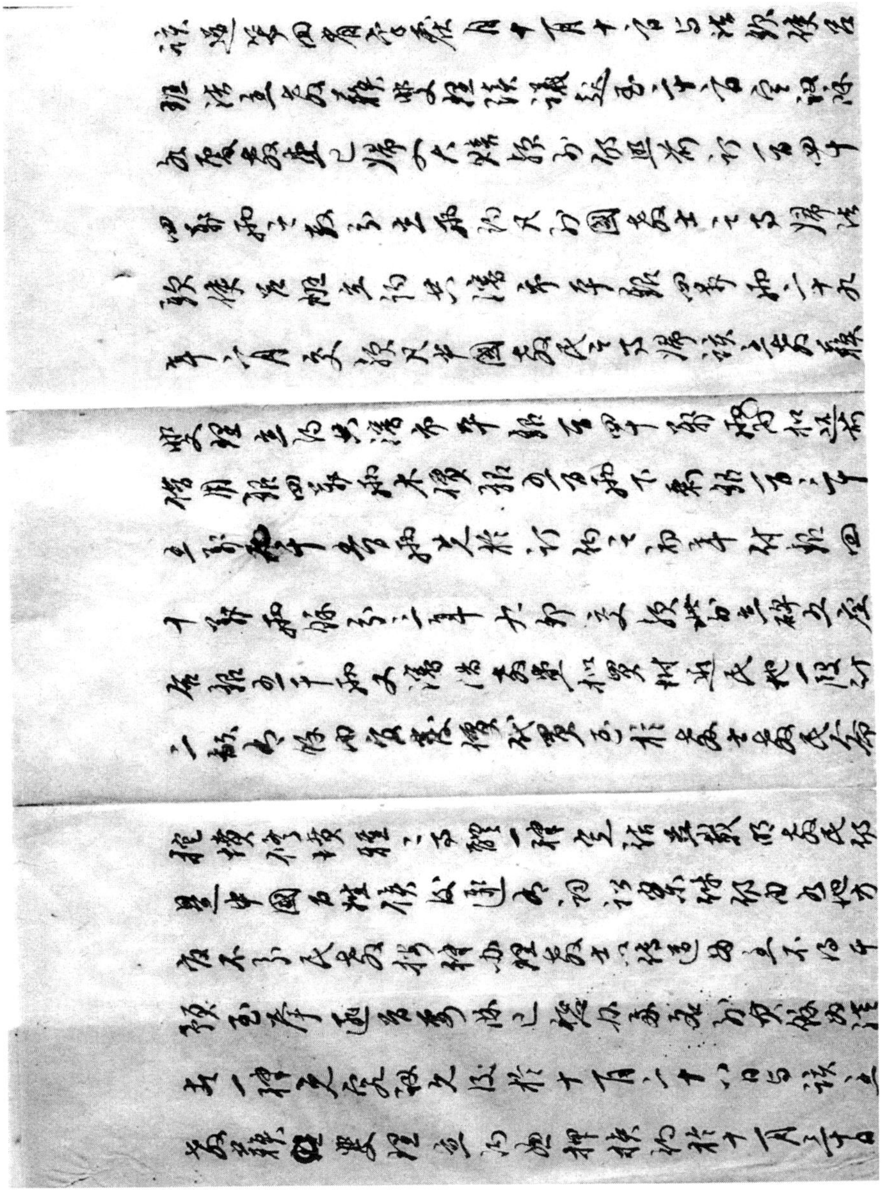

資料來源：《軍機處檔摺件》（臺北，國立故宮博物院），第 154109 號，奏報辦
　　　　　理奉天省天主教案賠恤事。

附圖十六　奏報辦理奉天省天主教案賠恤事圖（4）

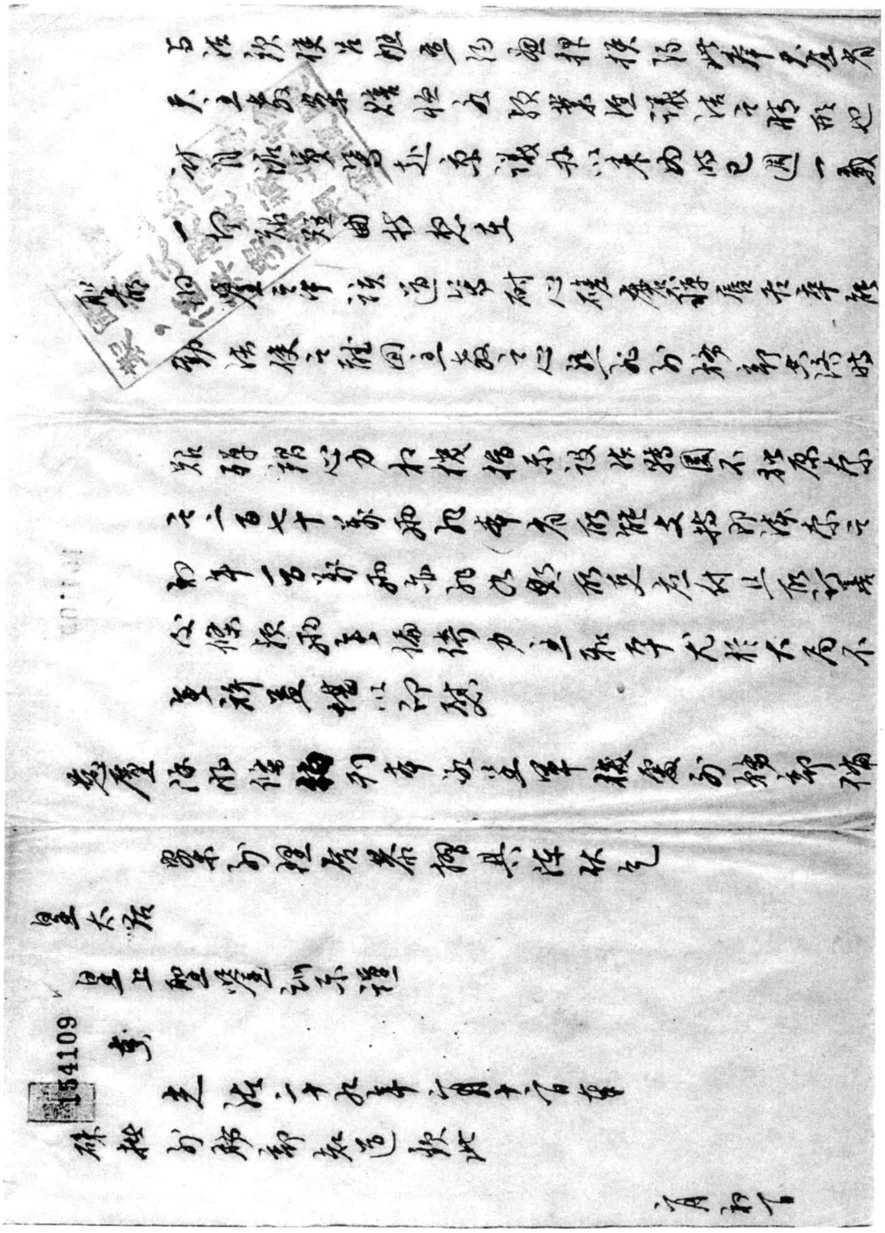

資料來源：《軍機處檔摺件》（臺北，國立故宮博物院），第 154109 號，奏報辦
　　理奉天省天主教案賠恤事。

附圖十七　奏以日俄失和沿江海應設防禦及保護教堂財產添募兵力圖（1）

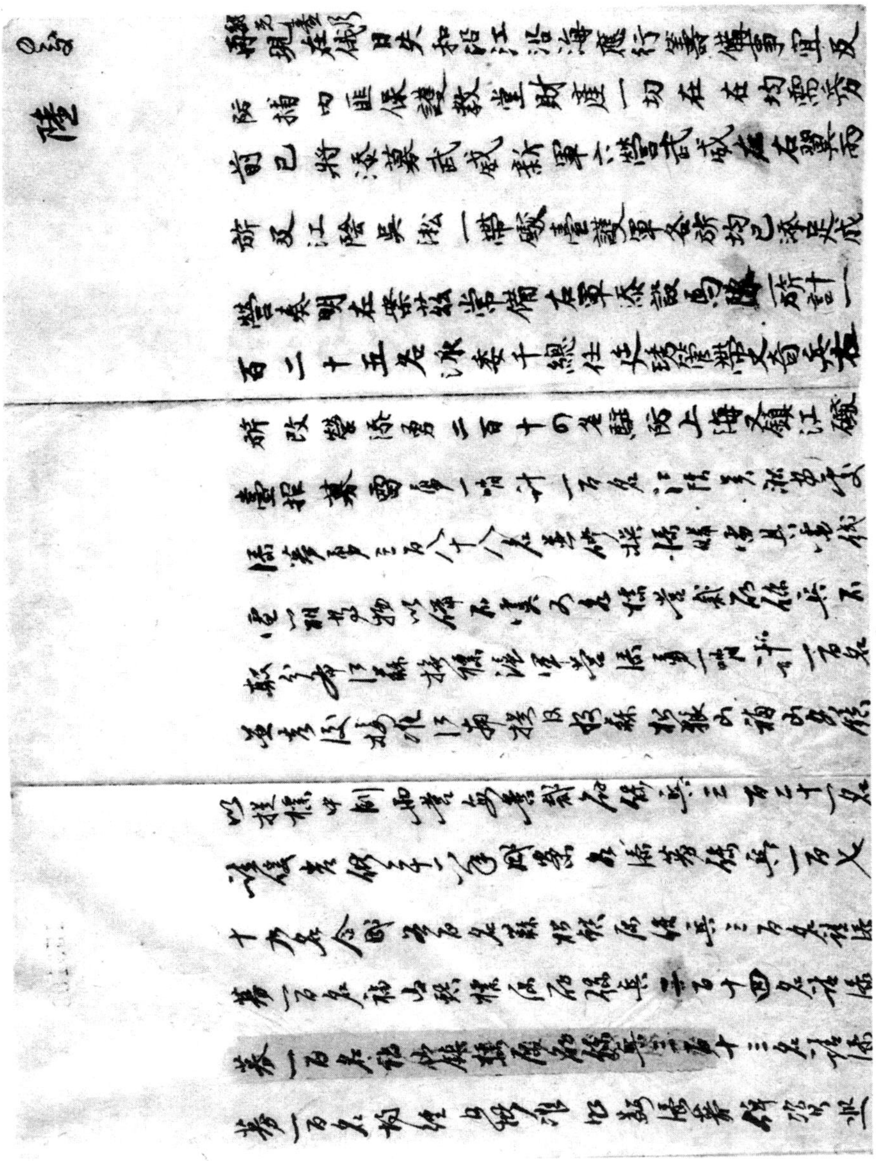

資料來源：《軍機處檔摺件》（臺北，國立故宮博物院），第159168號，奏以日
俄失和沿江海應設防禦及保護教堂財產添募兵力。

附圖十八　奏以日俄失和沿江海應設防禦及保護教堂財產添募兵力圖
（2）

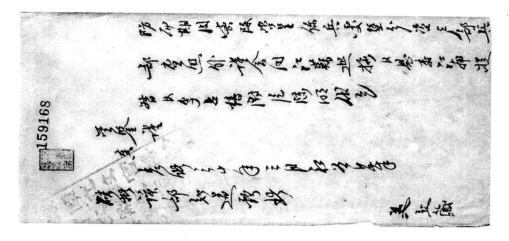

資料來源：《軍機處檔摺件》（臺北，國立故宮博物院），第 159168 號，奏以日
　　　　俄失和沿江海應設防禦及保護教堂財產添募兵力。

附圖十九　奉天圖

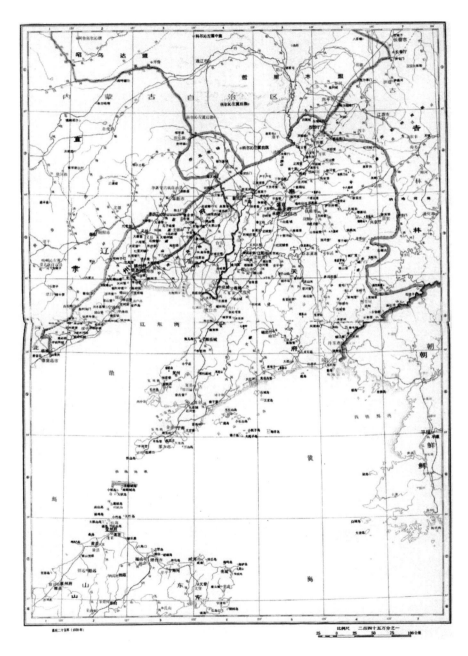

資料來源：譚其驤，《中國歷史地圖集・第八冊（清時期）》（上海：地圖出版社，
　　　西元 1987 年），頁 10～11。

附圖二十　吉林圖

資料來源：譚其驤，《中國歷史地圖集・第八冊（清時期）》（上海：地圖出版社，
　　　西元 1987 年），頁 12～13。

附圖二十一　黑龍江圖

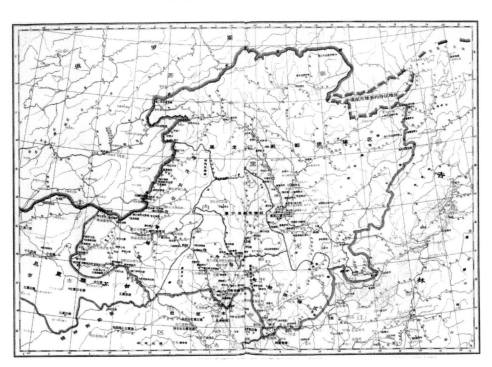

資料來源：譚其驤，《中國歷史地圖集・第八冊（清時期）》（上海：地圖出版社，
　　西元 1987 年），頁 14～15。